GOLF
PASSION

GOLF
PASSION

Malcolm Campbell

PRÉFACE
PATRICE GALITZINE

Libre Expression

Je dédie ce livre à mon père et à Janey, ainsi qu'à ma chère mère qui a montré beaucoup de courage pour sa toute dernière partie… et à Bill McCandlish qui a malheureusement moins joué qu'il ne l'aurait dû.

RÉALISÉ PAR COOLING BROWN
9-11 HUGH STREET, HAMPTON, TW12 2SA
POUR LE COMPTE DE DORLING KINDERSLEY

Contribution technique
Steve Newell
Photographies techniques
Dave Cannon

L'édition originale de ce livre
a été publiée sous le titre
Ultimate Golf Techniques
par Dorling Kindersley Limited
9 Henrietta Street, London WC2E 8PS

Traduction : Olivier Le Goff
Relecture technique : Patrice Galitzine
Couverture : Graph'M
Photos de couverture :
Dave Cannon/Allsport

© 1996, Hachette Livre
(Hachette Pratique)
pour la traduction
et l'adaptation française.

© Éditions Libre Expression, 1996
pour le Canada.

Dépôt légal : 4ᵉ trimestre 1996
ISBN : 2-89111-687-9

Titre (page 2) *Jack Nicklaus, le légendaire.*

SOMMAIRE

PRÉFACE

Patrice Galitzine

Malcolm Campbell a composé ici un beau livre d'images, la galerie des champions de l'histoire du golf, une hagiographie destinée à l'édification des pécheurs que nous sommes. Suivons-le donc pas à pas, si nous voulons maîtriser nos passions du golf.

L'acquisition d'un bon swing fait partie des vertus cardinales. Ayons toutefois à l'esprit que ce n'est pas nous qui frappons la balle mais la tête du club. Le swing n'est pas une fin en soi mais le moyen de mettre la tête du club en mouvement et de lui communiquer l'énergie nécessaire à l'impact.

Nonobstant les principes de base-grip, posture, stance, alignement-, il n'y a pas de swing universel. En revanche, quoi que l'on fasse avant ou après l'impact, il n'y a qu'une seule façon de frapper la balle : elle doit être percutée où il faut, comme il faut. Or la tête du club est à peine plus volumineuse que la balle, elle se trouve à un mètre de vos mains, à deux mètres de vos yeux, elle descend très vite sur la balle, et la moindre fausse note - physique ou psychique - suffit à en dérouter la course ou à en désorienter la face. C'est pourquoi les professionnels font tant d'efforts pour entretenir leur swing. Nous sommes des amateurs et nous ne savons pas nous défendre des pulsions anarchiques du buste ou des hanches. Le comprendre c'est déjà faire un pas sur la voie du progrès.

Vous ferez le second en cherchant à jouer la balle plus que le geste.

Travailler la balle vous aidera à ressentir le poids de la tête du club et à redevenir attentif à l'impact.

N'est-ce pas la sensation que vous éprouvez lorsque, en rythme et en confiance, vous laissez la tête du club frapper la balle ?

Walter Hagen
Vainqueur de onze tournois du Grand Chelem, il inspira fortement ses cadets et contribua aussi à donner beaucoup de style au jeu.

Bobby Jones (à droite)
Jones apprit à jouer en s'inspirant du rythme de swing d'un professionnel de sa région.

L'origine du golf (page de gauche)
Le mythique links de St Andrews.

Sam Snead
On le surnommait «Slammin Sam» tant il envoyait la balle à de longues distances (to slam signifie claquer, en parlant d'une porte). Mais on aurait tout aussi bien pu l'appeler «Swingin Sam», car il avait aussi la réputation bien établie d'exécuter l'un des swings les meilleurs et les plus fluides.

INTRODUCTION

Un jour, il y a fort longtemps, l'homme a associé une balle et un club dans un jeu qu'il a appelé golf. Depuis, il n'a eu de cesse de trouver les moyens de se perfectionner. Car il aborde là un jeu implacable : les gagnants sont les gagnants et les perdants sont les perdants, et chacun veut être du bon côté de la barrière. Le golf est un sport qui ne laisse pas place à l'appréciation. Chacun a une carte de score qui donne un résultat sans appel. Il n'y a pas de dissimulation possible.

S'AMÉLIORER, L'OBSESSION

Il faut rechercher les origines du golf sur la côte Est de l'Écosse, où il a pris racine il y a cinq siècles. Dans toute l'histoire du sport organisé, on ne trouve nulle part d'exemple aussi fort d'une telle obsession de la technique. De véritables gourous du golf ont joué les meneurs dans la recherche

Ben Hogan
Ben Hogan, qui fut l'un des meilleurs golfeurs de tous les temps, est le parfait exemple d'un joueur qui s'est dévoué corps et âme au golf et dont le travail inlassable a fait une figure légendaire.

d'une vérité éternelle. Le résultat, c'est cet état d'euphorie éprouvé par tous les golfeurs quand ils croient l'avoir enfin découverte. Mais dans la plupart des cas, il s'agit d'un sursaut qui fait long feu. Ce livre n'a pas pour objet de donner de faux espoirs ou de fournir le «remède miracle» à un certain nombre de «maladies du golf». Il ne va pas non plus vous révéler un secret qui aurait été jalousement gardé depuis des générations. Car en fait, le seul «secret» qui permette d'améliorer son jeu, c'est celui-ci : le golf ne s'accommode d'aucun «truc» qui donnerait d'extraordinaires résultats ; il impose au contraire de passer par les sentiers battus que doit, un jour ou l'autre, emprunter tout joueur digne de ce nom. Et cette loi fondamentale du golf s'applique aussi bien au professionnel qu'à l'amateur : ce qui diffère entre l'un et l'autre, ce sont tout simplement les proportions. D'une manière générale, on peut dire que les professeurs de golf sont soit des joueurs professionnels, soit des amateurs passionnés. Or un golfeur professionnel sait comment jouer, certes, mais n'est pas forcément bon pédagogue ; et un

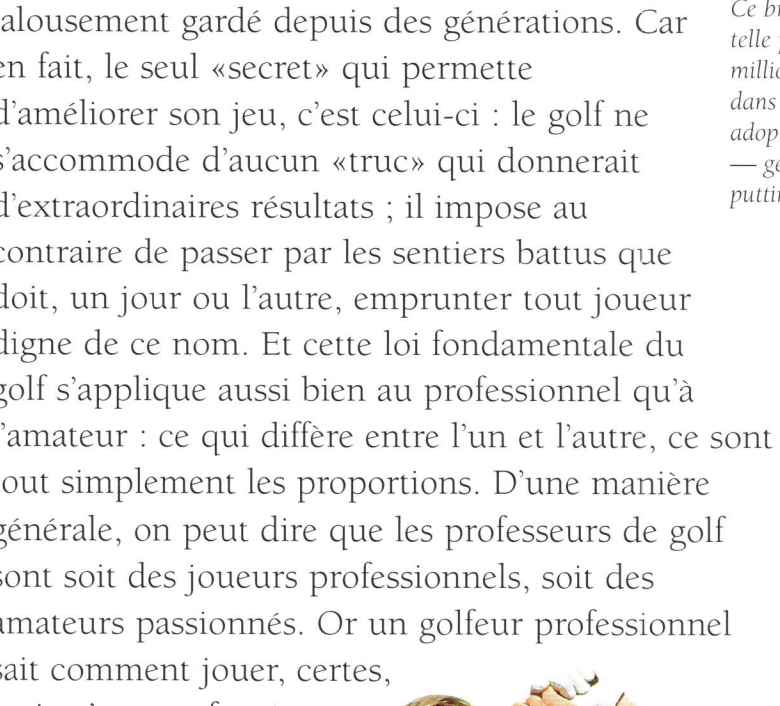

Arnold Palmer
Ce bretteur avait une telle popularité que des millions de golfeurs dans le monde adoptèrent sa posture — genoux serrés — au putting.

Gary Player
Le Sud-Africain constitue un modèle dont peut s'inspirer un golfeur doté d'une taille modeste. Cela ne l'a pas empêché, à force de travail, de devenir l'un des joueurs les plus puissants de toute l'histoire du golf.

Jack Nicklaus
Jack Nicklaus détient le record des victoires remportées. Il arrive à une intense concentration et sait toujours choisir le meilleur coup à jouer : en cela, c'est un modèle pour quiconque souhaite améliorer son jeu.

amateur passionné est rarement qualifié pour parler du jeu, et encore moins pour l'enseigner. Cette constatation nous a donc amenés à la conclusion que votre meilleur enseignant, c'est vous-même. Et c'est de cette conviction qu'est né ce livre. En devenant votre propre professeur, vous allez avoir l'occasion tout à fait unique de faire votre manne des générations de golfeurs qui ont apporté leur pierre à l'édifice et de réaliser ainsi de substantiels progrès. Car, tous autant que nous sommes, nous avons beaucoup à apprendre des grands joueurs d'hier et d'aujourd'hui.

David Leadbetter
L'expertise de David Leadbetter, l'un des plus grands gourous de l'époque actuelle, a été profitable à plus d'un joueur de très haut niveau, comme Nick Faldo ou Nick Price.

Byron Nelson
Son swing était réputé pour être l'un des meilleurs de toute l'histoire du golf. Il se consacra dans ses dernières années à assurer le phénoménal succès de Tom Watson.

APPRENDRE EN OBSERVANT

Considérons les grands joueurs de l'ère moderne du golf, de Ben Hogan et Sam Snead à Jack Nicklaus et Arnold Palmer, et arrivons même plus près de nous avec des hommes comme Nick Faldo, Ernie Els ou John Daly : leur réussite doit à peu près tout au développement des techniques de jeu déjà mises au point par les grands champions de la génération précédente comme Walter Hagen, Bobby Jones ou Sir Henry Cotton qui se sont, eux-mêmes, inspirés de leurs aînés. Reprenons l'humble attitude qui consiste à étudier avec soin le jeu de nos anciens, et nous en tirerons un grand profit personnel.

Bob Toski
Tout comme Gary Player, Bob Toski ne bénéficiait pas d'une haute stature, mais il n'en devint pas moins un joueur de très haut niveau et, plus tard, l'un des meilleurs professeurs.

LE BUT ULTIME DE CE LIVRE

En réalisant ce livre, j'ai eu comme constant souci de ne jamais parler de bonne ou de mauvaise méthode pour jouer au golf, et de ne jamais promouvoir un quelconque point de vue. J'ai préféré distiller une sorte d'élixir du golf dont les ingrédients se puisent dans le savoir-faire, la pédagogie et l'expérience de générations de golfeurs de très haut niveau ; chacun pourra ainsi, à petites gorgées, améliorer son jeu. Tel est mon objectif : si je l'atteins, je serai satisfait !

Ernie Els
Ernie Els constitue l'exemple typique du joueur moderne, alliant une puissance exceptionnelle à un toucher de balle très subtil.

MALCOLM CAMPBELL
Lower Largo, Fife, Écosse.

Nick Faldo
Pour devenir le meilleur joueur du monde, Nick Faldo a consacré deux ans de sa carrière à remodeler son swing sous la houlette de son mentor, David Leadbetter.

John Daly
Si John Daly est réputé pour les extraordinaires distances auxquelles il peut envoyer la balle, il n'en possède pas moins, aux abords et dans les limites du green, un toucher de balle qui constitue une bonne source d'inspiration pour ceux qui pensent que la puissance n'est pas le seul paramètre qui compte.

Robt T Jones Jr.
June 25, 1930.

CHAPITRE 1

JOUEURS
et
ENSEIGNANTS

Années vingt : la technique du golf associée au tabac.

Pour différent que soit chaque swing, il est toujours destiné à obéir aux fondements du golf moderne, à devenir répétable et prévisible. Mais il n'a pas toujours représenté la référence, et l'enseignement du golf a considérablement évolué avec les changements intervenus dans l'équipement et les règles. De génération en génération, les plus grands joueurs ont aussi laissé leur empreinte sur le jeu, dont la pédagogie représente aujourd'hui un énorme marché. Nous allons voir comment les joueurs, les équipements et les enseignants ont contribué à cette évolution.

Un maître en tous points
Bobby Jones, le plus grand joueur amateur de tous les temps, abandonna la compétition en 1930 mais continua à inspirer des générations de joueurs grâce à ses écrits et ses films.

Les magazines de golf ont toujours constitué un outil important pour tout joueur désireux de s'améliorer.

Les aînés dans la carrière

Bien des professionnels d'aujourd'hui hésiteraient à reproduire le swing de leurs prédécesseurs du XIXe siècle et seraient encore plus déroutés par l'équipement utilisé à l'époque. Pourtant, le golf suscite depuis toujours des comportements liés à trois axes : observer, apprendre, affiner. Les grands joueurs ont influencé la pratique ou l'enseignement du golf, par leurs actes, leurs inventions ou même leurs inspirations.

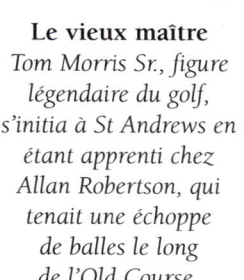

Le vieux maître
Tom Morris Sr., figure légendaire du golf, s'initia à St Andrews en étant apprenti chez Allan Robertson, qui tenait une échoppe de balles le long de l'Old Course.

Gentlemen golfeurs
Jusqu'au milieu du XIXe siècle, le fait de jouer au golf était une activité si onéreuse que ce passe-temps était réservé à la «gentry» : témoin cette illustration du North Berwick Club, en Écosse. Les personnes moins fortunées, quant à elles, tenaient le rôle de caddies.

Aujourd'hui, on acquiert les notions et la pratique du golf en observant et en apprenant auprès d'autres : professionnels, professeurs ou même simplement partenaires d'un quatre-balles joué par un beau dimanche matin. Or, jusqu'à la moitié du XIXe siècle, il n'existait qu'une poignée de privilégiés à savoir jouer au golf.

À l'époque, le golf s'apparentait plus ou moins à un passe-temps ne s'appuyant pratiquement sur aucune organisation, réservé à un nombre de joueurs assez limité. Ceux-ci appartenaient généralement à la gentry, classe sociale dont les membres avaient les moyens de se payer des équipements très chers, notamment les balles de plume qui s'utilisaient alors.

«Tenez-vous comme à l'escrime. Raidissez les muscles des jambes, du dos et des bras, sans les relâcher pendant le mouvement avant l'impact. Vos bras doivent bouger, mais très peu ; tout le mouvement doit être réalisé par la rotation du corps.» Voici à peu près ce que consignait Thomas Kincaid en 1687. Pour étrangères qu'elles soient aujourd'hui, ces techniques continuèrent à constituer la référence jusqu'au milieu du siècle dernier.

Parmi les premiers maîtres au jeu à la balle de plumes, citons Tom Alexander et Tom Geddes, de Musselburgh (près d'Édimbourg), ainsi que les frères Tom et Alexander Pirie, de St Andrews. Mais c'est Allan Robertson, considéré comme le meilleur joueur de son époque, qui est généralement reconnu comme

le premier golfeur professionnel. Il fabriquait des balles de plumes dans son échoppe qui bordait le célèbre Old Course de St Andrews ; il était assisté de Tom Morris Sr., une des figures les plus légendaires du golf, resté célèbre sous le surnom de Old Tom.

LA FIN DE LA BALLE DE PLUMES

Tous ces joueurs jouaient avec une balle composée d'une enveloppe de cuir remplie de plumes d'oie bouillies. On peut dire que les techniques de jeu de l'époque avaient pour objectifs d'éviter d'endommager une balle fort onéreuse tout autant que de faire un coup correct. Mais l'apparition de la balle en gutta-percha (guttie), en 1848, marqua la fin de la balle de plumes et, conséquemment, de l'activité de Robertson. Cette nouvelle balle était constituée d'une substance présentant des analogies avec le caoutchouc, extraite d'un arbre tropical, le palaque. C'était un matériau réutilisable et moins onéreux, qui permit un plus large accès au golf.

En Écosse, patrie de ce jeu, la condition sociale n'a jamais constitué un obstacle pour une personne intéressée par le «gowf» ; mais ce qui le restreignait à un cercle d'initiés, c'était son coût prohibitif. La guttie permit de s'initier à un nombre croissant de nouveaux joueurs. Mais il n'existait pas alors de cadre éducatif pour apprendre à jouer aux novices. La plupart d'entre eux prirent contact avec le jeu en étant caddies, et en saisissant toutes les occasions qui leur étaient données de jouer, s'inspirant des mouvements de leurs maîtres.

La guttie étant nettement plus résistante, les joueurs purent donner plus de force à leurs coups, d'où l'apparition de techniques nouvelles. Mais il devint nécessaire d'amortir le choc de l'impact. C'est ainsi que l'on fut amené à protéger les mains des joueurs en

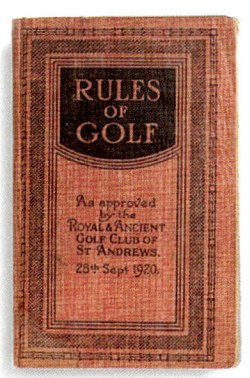

Les Règles de Golf
Édictées en 1764, elles définissent précisément le type d'équipement autorisé.

L'évolution du grip
Le base-ball grip (à gauche) constitue la seule prise en main d'un club qui fût reconnue avant l'apparition de la prise superposée (ci-dessus), à la charnière des XIXᵉ et XXᵉ siècles.

habillant les manches de «grips» rembourrés, recouverts de lanières de peau de chamois ; parallèlement, on munit les têtes des clubs d'inserts de cuir, destinés à amortir les chocs et à protéger les fragiles têtes en hêtre.

LA PRISE BASE-BALL

Du fait de l'épaisseur des grips, il fallait tenir son club des deux mains en le coinçant entre les paumes, les pouces vers l'extérieur, un peu comme une batte de base-ball. On laissait ensuite les mains glisser sur le manche pendant le swing. C'est en tenant ainsi leur club que tous les plus grands joueurs de l'époque se taillèrent leur réputation. Ce fut notamment le cas de Robertson et de Morris, sur qui prirent exemple les grands amateurs de la fin du XIXᵉ siècle comme John Ball Jr., Edward Blackwell, Harold Hilton, Horace Hutchinson ou J.L. Low.

Ce type de grip était sûrement efficace, mais semble bien incongru à notre époque où le club se tient bien plus avec les doigts. Le grand champion britannique Henry Cotton se demandait d'ailleurs comment tous ces grands joueurs avaient bien pu acquérir une telle célébrité avec un grip aussi peu ferme.

Dans les dernières années du XIXᵉ siècle apparut une nouvelle race de joueurs qui découvrit les bienfaits, pour le grip, de la

1840

1890

Balles anciennes
La balle de plumes (en haut) était très chère à fabriquer, mais aussi extrêmement fragile. Son usage ne survécut pas à la balle en gutta-percha (en bas).

Swing Belle Époque
Deux phases d'un swing de James Braid, photographiées en 1903. Si le pied gauche est disposé à 90° (à gauche), le reste de l'adresse et le back-swing (à droite) ont relativement peu évolué depuis.

solidarité des deux mains. Parmi ceux-ci figuraient les membres du Grand Triumvirat, James Braid, Harry Vardon et John H. Taylor, ainsi que Leslie Balfour, Melville et John Graham Jr. Encore aujourd'hui, leur grip ne semblerait pas incongru sur un parcours.

LES DEUX MAINS POUR UN GRIP

C'est à peu près à la même époque que se répandit l'usage de la prise superposée (overlapping grip), appelée aussi Vardon grip (voir page 69). Dans ce grip, on superpose l'auriculaire de la main droite sur l'index de la main gauche (cas d'un droitier) ; on en attribue souvent l'invention à Harry Vardon. En fait, avant lui, Melville et Taylor avaient remporté de grands succès grâce à ce type de grip.

Déjà dans les années 1880, on avait reconnu l'avantage d'un grip où les deux mains étaient aussi proches que possible. Sir Walter Simpson, dans son célèbre ouvrage *The Art of Golf* publié en 1887, indiquait qu'à chaque fois que l'on écartait les mains d'un pouce (2,54 cm) lors du grip, on écourtait ses coups de 30 pieds (9 m environ). La vogue fut alors à un swing long et fluide qui favorisait les mouvements du corps. On en doit notamment le développement au Vardon grip, ainsi qu'à la balle guttie.

Cette balle exerça une influence considérable et joua sans aucun doute un grand rôle dans l'établissement des bases du swing tel que nous le connaissons aujourd'hui. Mais l'arrivée des U.S.A., en 1902, de la balle Haskell fut encore plus importante dans l'histoire du golf. Elle ne représenta pas seulement un simple progrès technique, car elle inaugura véritablement l'ère moderne du golf et apporta un changement considérable dans le jeu.

Cette «balle merveilleuse» à noyau de caoutchouc fut inventée par un Américain, Coburn Haskell, golfeur amateur fortuné, en collaboration avec Bertram Work, technicien originaire d'Akron, Ohio. Étant plus vive et allant beaucoup plus loin que la guttie, elle connut un succès immédiat. Et quand Sandy Herd eut gagné le British Open avec une balle Haskell, à Hoylake en 1902, qui plus est en égalant le record du championnat, la balle en gutta-percha fut complètement dépassée.

LA DÉMOCRATISATION PAR L'INNOVATION

Cette nouvelle balle donna un énorme surcroît de popularité au golf, le moins doué des joueurs pouvant désormais espérer obtenir un score satisfaisant, malgré de mauvais coups. Mais la balle Haskell eut d'autres conséquences : en augmentant la longueur des coups, elle obligea les longs frappeurs à mieux contrôler la balle et leur swing. Un backswing limité et contrôlé pour les approches, ainsi que l'apparition de clubs en fer dont l'angle d'ouverture plus grand («loft») permettait une augmentation du back-spin et un meilleur

Grip contre grip
J.H. Taylor, membre du Grand Triumvirat, fut l'un des premiers adeptes de la prise superposée.

Physiologie de l'hickory
C'est dans le follow-through que ce swing de James Braid diffère. Du fait de la torsion du manche, les mains roulent davantage et sont plus basses sur le grip après l'impact (à gauche) pour garder le contrôle du club (à droite).

contrôle. La balle Haskell exigeait aussi du joueur une réflexion plus poussée sur chaque coup et offrait une diversité d'actions que l'on ne connaissait pas précédemment. La stratégie devenait donc un compartiment essentiel du jeu.

LA PÉRIODE EXPÉRIMENTALE

On fit des expériences poussées, destinées à aider le joueur à développer son véritable potentiel sur les links. On essaya toutes sortes de combinaisons extrêmes, les dimensions et le poids de la balle n'étant pas réglementés. Certains joueurs préféraient que la balle fût lourde et petite, d'autres plus grande et légère au point de flotter si elle arrivait sur un obstacle d'eau. On testa des combinaisons entre ces deux extrêmes : des balles lourdes et petites pour jouer contre le vent, d'autres plus grandes et plus légères pour profiter du vent.

Entre 1902 et 1921, date de l'introduction de la balle standardisée, l'esprit tactique fut aussi important que le maniement correct du club, les meilleurs étant ceux qui combinaient au mieux ces deux facteurs. Cette période vit aussi de nombreuses expérimentations sur les clubs, sur les manches tout particulièrement.

Les manches de club avaient toujours été réalisés en bois d'hickory (noyer blanc d'Amérique) en règle générale ; en équarrissant plus ou moins le bois, on obtenait pour chaque club d'une série des caractéristiques différentes. Les manches étaient

considérablement soumis à la torsion, ce qui obligeait les joueurs à assimiler les caractéristiques de chacun d'entre eux avant de pouvoir maîtriser tous les coups. Toucher, sentir, synchroniser, telles étaient les clefs du succès. Les mains, qui sont encore les éléments essentiels dans le swing, prenaient encore plus d'importance et demandaient un entraînement bien plus grand qu'aujourd'hui.

Quand on regarde des illustrations des grands joueurs du début du XXᵉ siècle, on constate effectivement une grande flexibilité des manches que trahit une rotation très prononcée des poignets, des avant-bras et des épaules pour un coup «pitch and run». Un autre exemple en est fourni par le fait que, au début du swing, les mains se ferment légèrement vers l'objectif pour laisser la tête du club à la traîne. C'était là une technique commune à tous les grands joueurs pour vider le club d'une partie de l'énergie libérée par la flexibilité du manche.

LE SAVOIR-FAIRE AVANT LA FORCE

Ce qui comptait, c'était de pouvoir faire des coups très différents. Aucun des membres du Grand Triumvirat ne manquait de force, mais vers la fin du XIXᵉ siècle ce n'est pas cette qualité qui faisait un grand joueur : il fallait aussi savoir concevoir et exécuter les coups.

Le bois était bien sûr le matériau standard de l'époque, mais les têtes de clubs en métal

Le géant de Jersey
Harry Vardon domina le golf à la charnière des XIXᵉ et XXᵉ siècles, et associa son nom à la prise superposée : le «grip Vardon».

apparurent en 1890, à peu près à la période où un forgeron du nom de Thomas Horsburgh, associé au champion professionnel Willie Dunn Jr., commençait des expériences sur les manches en acier. Horsburgh alla jusqu'à en faire breveter l'idée, mais laissa expirer la protection. En 1912, les premiers manches en acier sans raccords furent fabriqués en Grande-Bretagne, mais ce furent les Américains qui exploitèrent véritablement le potentiel de cette innovation.

LA BALLE STANDARD

La standardisation de la balle de golf en 1921 et l'apparition à la fin des années vingt du manche d'acier marquèrent un grand changement dans le jeu. La décision de standardiser la balle de golf, à un diamètre de 1,62 pouce (4,12 cm) et à un poids maximal de 1,62 once (45,93 g), ne fut pas saluée unanimement, certains craignant qu'on ne sacrifiât le talent individuel à la conformité.

L'art de l'hickory
Les fabricants de manches en hickory, comme ici l'Écossais Robert Forgan, ont transformé en art la fabrication des clubs, sélectionnant avec un soin extrême les matériaux qu'ils utilisaient.

Avec cette nouvelle balle standard, on n'avait plus besoin de sélectionner une balle selon des considérations stratégiques ou des conditions de jeu. Il suffisait de mettre au point une technique adaptée à cette innovation. Ce fut considérablement facilité par l'arrivée, en provenance des États-Unis, des sets de clubs à manche d'acier. Le set de clubs constitua une étape essentielle dans la nouvelle approche de la technique du golf. Avec ces sets (des clubs au loft de plus en plus marqué, généralement numérotés de un à neuf) vint la théorie selon laquelle le jeu se réduisait à un seul swing standard, pratiqué avec des clubs différents selon les distances et les trajectoires.

C'est le légendaire Bobby Jones, originaire d'Atlanta, Georgie, qui fut le premier à maîtriser ce swing mécanique, mais en même

Cotton au drive
Sir Henry Cotton, seul joueur à avoir été anobli, fut un très fin observateur du jeu de golf.

temps long et fluide. Jones avait toutefois bien d'autres qualités, et Harry Vardon disait de lui qu'il savait évaluer les distances mieux que personne. Il était par ailleurs aussi à l'aise avec de l'hickory qu'avec de l'acier. Son exemple fut très suivi dans tout le pays et son influence s'étendit rapidement jusqu'en Grande-Bretagne.

PAS DE CHICHIS

Débarqué en 1928 aux États-Unis, pour comprendre pourquoi les Américains avaient commencé à prendre des positions dominantes dans le golf, le très grand joueur britannique Henry Cotton trouva bien vite la réponse à sa question. Il découvrit un jeune Américain du nom de Horton Smith qui gagnait les tournois du circuit d'hiver grâce, dans une très large mesure, à son set de clubs à manches acier. Voici le souvenir qu'il inspirait à Henry Cotton : «Smith n'avait que vingt ans et n'avait pratiquement connu que les manches acier. Il n'y avait aucun maniérisme dans son jeu. Il faisait un trois quarts de swing,

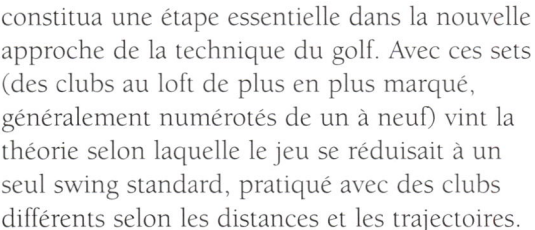

Club de fairway par Willie Park Sr., 1870 env.

Bois long par Peter McEwan, 1890 env.

lent et calculé, qu'il répétait de façon
mécanique à chaque coup, et il ne prenait
jamais trois putts.»

Cotton ne tarda pas à prendre la mesure de
cette découverte et à suivre l'exemple de
Smith, qui allait d'ailleurs devenir le premier
vainqueur du Masters. Dans *A history of Golf in
Britain,* Cotton écrivait : « J'ai compris qu'était
révolue l'époque où il fallait apprendre tous les
coups, que le manche acier avait fait du golf
un jeu plus facile. J'avais la démonstration
qu'un seul coup, pour peu que vous puissiez
le répéter, suffisait pour gagner une compétition.»

«La Grande-Bretagne n'a pas connu une
telle situation avant d'avoir légalisé le manche
d'acier ; et alors, nous aussi avons cherché
l'unique swing qui correspondrait à notre set
de clubs à manche d'acier. Enfin, chacun
pouvait avoir le même set que son champion
préféré.»

LA GRANDE-BRETAGNE ET L'ACIER
Sir Henry fut l'un des plus grands observateurs
de la technique et n'eut aucun mal à passer de
l'hickory à l'acier, contrairement à beaucoup
d'autres. Ce fut le dernier professionnel à
gagner un championnat important
avec des manches en hickory contre
des adversaires équipés de
clubs à manche d'acier !
Mais il gagna aussi
trois fois le British
Open avec des
manches d'acier. Pour lui, toutes les
études sur les styles et méthodes de son
époque montraient que les conseils donnés
étaient fondamentalement les mêmes que
cinquante ans plus tôt. Il disait que ces
conseils resteraient encore valables pendant
cinquante autres années ; et, effectivement,
il existe peu de différences entre le jeu
d'aujourd'hui et celui de l'époque de Cotton
ou, avant lui, du Grand Triumvirat.

Pour pertinentes qu'aient été les
observations du grand Sir Henry, il existait
parmi les grands noms du golf, un petit
nombre d'hommes décidés à
«pactiser» avec l'acier : parmi eux,
George Duncan, vainqueur du British
Open en 1920, et Abe Mitchell. Et ce

n'est qu'en 1929 que le Royal & Ancient Golf
of St Andrews, dernier bastion de l'opposition
au métal, approuva l'utilisation de manches
d'acier en Grande-Bretagne. On suppose
d'ailleurs que ce revirement permettait d'éviter
l'embarras qu'aurait entraîné la disqualification
du Prince de Galles : celui-ci s'était en effet
présenté à un match en brandissant fièrement
un tout nouveau set de clubs à manche
acier… En autorisant l'acier, le R & A signait
l'arrêt de mort du manche
hickory, mais aussi celui de la
fabrication artisanale des
manches.

UN MANQUE DE VARIÉTÉ
Selon l'éminent auteur
Bernard Darwin : «La fabrication
des manches passa de l'établi à
l'usine, de l'artisan au Cartel de
l'Acier qui produisait désormais
les manches en masse, laissant
aux artisans (les «clubmakers»)
bien peu de choses à faire
sinon fixer les têtes et les grips,
et donner aux clubs leur
finition.» Et il ajoutait :
«Hormis la variété des têtes et
des grips qui dépend des
préférences des clubmakers et
des professionnels, l'uniformité a
supplanté l'individualité dans
l'équipement et le jeu.» S'il est
vrai que l'uniformité fut une
conséquence, les joueurs

**Domination
incontestée**
*Le type de manche ne
changeait pas les
performances de Bobby
Jones. Même après la
légalisation des
manches d'acier, il
réussit en jouant avec
de l'hickory à
remporter en 1930 les
Championnats Amateurs
et Open, à la fois en
Grande-Bretagne et
aux États-Unis.*

Le premier gagnant
*Horton Smith (à
gauche) fut l'un des
premiers adeptes des
séries de clubs d'acier
qui lui permirent de
décrocher de nombreux
titres. C'est ainsi qu'il
gagna deux fois le
Masters et, notamment
en 1934, année de
naissance de cette
prestigieuse
compétition.*

comme les fabricants ont tout fait pour donner tort à Darwin, tant dans le style du jeu que dans l'évolution des clubs.

LES NOUVEAUX CLUBS

Peut-être la percée la plus significative fut-elle réalisé avec l'invention du sandwedge dans les années trente. On l'attribue à Gene Sarazen, qui remporta sept grands tournois au cours des années vingt et trente. Ce club à face trempée, comportant un large patin destiné à aider le club à rebondir dans le sable plutôt qu'à s'y enfoncer, rendait les bunkers moins menaçants et contribuait également à d'importantes améliorations dans le petit jeu autour du green.

La légalisation des manches d'acier fut sans doute le dernier événement à avoir véritablement influé sur la façon de jouer ; cela n'empêcha pas les fabricants de proposer sans cesse des innovations annoncées comme révolutionnaires. En réalité, du fait d'une réglementation très stricte définissant ce qui peut ou ne peut pas être utilisé, la plupart des idées ne constituent que des réinventions. L'acier reste le matériau le plus utilisé dans la fabrication des manches. Mais la fibre de carbone commence à menacer cette prédominance, comme le bois a menacé l'acier dans les années vingt.

Les «bois» à tête de métal ont aujourd'hui pratiquement pris la relève du plaqueminier ou du bois lamifié ; dans les années quatre-vingt, ils furent salués comme la plus importante invention ; c'était oublier un peu vite les drivers à tête métal vieux de quatre-vingt-dix ans.

Une modification plus significative fut constituée par la mise au point de têtes de clubs (bois ou fers) dont le centre de gravité est réparti sur la périphérie. Cela permet donc de compenser, du moins dans une certaine mesure, les effets d'impacts mal centrés.

Mais la popularité toujours croissante du golf tient autant à l'évolution technologique qu'à ses plus grands joueurs devenus des héros internationaux, qui ont permis au golf

La vieille école

Abe Mitchell est considéré comme le meilleur parmi les joueurs à n'avoir jamais remporté le British Open. Il souffrit de l'apparition des manches d'acier qui lui donnaient moins d'aisance pour travailler la balle.

d'être remarquablement couvert par la télévision. Il existe peut-être des milliers de golfeurs qui pensent pouvoir «s'acheter» un meilleur jeu dans un magasin leur proposant des clubs et autres équipements ; mais ils sont au moins aussi nombreux à préférer s'inspirer de ces grands golfeurs pour améliorer leur jeu.

LE BOOM DE L'APRÈS-GUERRE

Le golf entra dans une phase nouvelle après la Seconde Guerre mondiale. La télévision prit alors une importance considérable dans ce sport, comme d'ailleurs dans bien d'autres domaines. Le golf toucha un nombre d'adeptes nettement plus conséquent, et les joueurs purent étudier le jeu des plus grands sans

Bois anciens, bois nouveaux

Les bois à tête métal s'utilisent depuis plus d'un siècle. Si leur conception a peu évolué, les manches sont maintenant en acier ou en graphite, et les têtes en acier.

Driver en hickory avec tête aluminium, 1890

Driver en acier, 1990

«Pro shop»

Les plus grands golfeurs ont depuis longtemps cherché à satisfaire la soif d'apprendre manifestée par le public : témoin cette prestation de J.H. Taylor dans le grand magasin Harrods de Londres, en 1914.

avoir à bouger de chez eux. La retransmission des tournois attira bientôt de très nombreux spectateurs aux U.S.A. ; et la télévision mit en lumière l'ascension de trois Américains fort doués, dont l'influence se ressent encore aujourd'hui sur tous les aspects du jeu.

HOGAN LE HÉROS

Bien que Ben Hogan ait été professionnel dès 1931 et ait commencé en 1940 à dominer les tournois américains, ce n'est qu'après la Seconde Guerre mondiale que son influence sur le jeu se fit véritablement sentir. Hogan «Le Faucon», ainsi surnommé à cause de son impassibilité et de sa froide résolution, avait 36 ans en 1948 ; il n'était donc plus dans la prime jeunesse, mais était sans conteste le meilleur joueur du monde. Il s'entraînait des heures durant, coiffé de la célèbre casquette blanche qui allait devenir son emblème. Il frappait la balle avec une précision qui sidérait les commentateurs les plus chevronnés.

Chaque fois qu'Hogan tapait une balle, celle-ci donnait un son qui était, sans erreur possible, un «son Hogan». Le Faucon devint un héros national, puis le destin s'en mêla. Le 2 février 1949, il fut grièvement blessé au Texas dans la collision de sa voiture avec un autocar de ligne Greyhound. Les bulletins médicaux allaient jusqu'à pronostiquer la mort, mais Hogan le battant survécut. Il dut réapprendre à marcher, à jouer au golf. Et aussi incroyable que cela paraisse, Hogan domina le golf au début des années cinquante, notamment en 1953 où il gagna les trois tournois qu'il disputait. Sa victoire à

Le practice rend parfait
Bien peu de golfeurs ont été aussi assidus sur les practices que Ben Hogan.

Carnoustie, sa seule et unique participation au British Open, donna aux Britanniques un extraordinaire aperçu de ses capacités. Il avait un jeu absolument parfait, mais aussi une détermination à gagner qui constituent un magnifique exemple.

PALMER LE PHÉNOMÈNE

La faveur que connaît aujourd'hui le golf, tant parmi les joueurs que les spectateurs, tient plus à l'empreinte d'Arnold Palmer qu'à quiconque dans toute l'histoire du golf. Il avait un jeu intrépide et un charisme certain. Ces atouts, associés à la perspicacité de Mark McCormack, homme de loi américain, inaugurèrent la grande époque du golf professionnel, encourageant des milliers de nouveaux venus à se lancer sur un parcours de golf. Le quatre-balles du dimanche matin ne fut plus jamais le même après Arnold Palmer. L'homme avait une façon très personnelle de putter, les genoux calés l'un contre l'autre, notamment. Ainsi est née une génération de golfeurs puttant les genoux serrés et ponctuant leurs drives d'un étrange moulinet : le «finish» flamboyant que Palmer s'était fabriqué pour lutter contre le hook. Mais avant tout, Palmer apporta une notion de plaisir dans le golf. Il dédaignait les chichis au

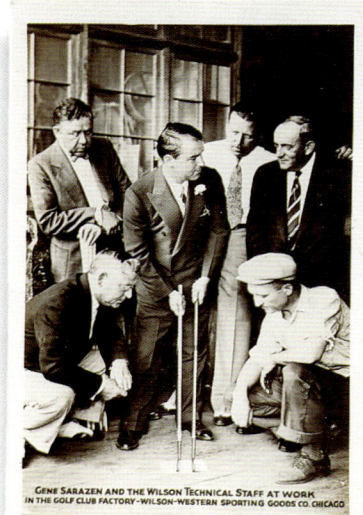

Le roi du sable
Vainqueur de trois tournois majeurs à 21 ans, Gene Sarazen (au centre) dut attendre 9 ans pour remporter le British Open et l'US Open en 1932, grâce à un nouveau sandwedge.

À gauche, toute
En remportant en 1963 le British Open à Royal Lytham et St Annes, Bob Charles déconcerta les pontifes qui prétendaient qu'un gaucher ne pourrait jamais gagner une grande compétition. En devenant l'un des principaux gagnants de l'US Senior Tour, il a continué à être un modèle pour tous ceux qui souffrent d'un complexe.

L'inspirateur
À l'évidence, personne n'a fait autant qu'Arnold Palmer pour amener le public à jouer au golf et à regarder les retransmissions des compétitions. C'est aussi son enthousiasme qui a permis au British Open de redevenir le premier des majeurs.

«Le Grand Ours»
Jack Nicklaus, l'un des plus grands joueurs de tous les temps, eut une influence considérable sur les parcours, mais aussi bien au-delà. On le voit ici à la cérémonie de remise des récompenses, au British Open de 1970.

profit de l'émotion. «Si vous pouvez le voir, vous pouvez le faire.» : telle était sa philosophie. C'était un chevalier, un bretteur en armure étincelante, un commandeur de légions constituant «Arnie's Army», l'armée d'Arnie. Personne n'a jamais éprouvé un amour aussi profond pour le jeu.

Dans son livre *My Game and Yours,* Palmer écrivait «Le golf, c'est plus facile que vous ne le pensez.» Il considérait que les auteurs et professeurs s'étaient trop fourvoyés dans les complications. «Nous avons oublié que ce jeu a commencé avec la découverte, par un berger d'Écosse n'ayant aucune instruction, qu'il pouvait envoyer un caillou à une distance incroyable avec un bon coup de crosse.»

LA VOLONTÉ DE GAGNER

Si Palmer popularisa le golf, Jack Nicklaus lui donna une nouvelle dimension. Cet Américain domina le golf professionnel pendant un quart de siècle, avec un jeu contrastant nettement avec celui de Palmer. C'était un joueur concentré, tenace, pesant ses coups.

Alors qu'il était austère dans ses années de formation, l'impressionnant Jack Nicklaus devint dans les années soixante-dix l'exemple même du joueur décontracté. Mais ce qui est plus important encore, c'est qu'il était devenu le meilleur joueur du monde, en grande partie grâce à une exceptionnelle force physique et à une intense volonté de gagner.

LE PRACTICE REND PARFAIT

Nicklaus a passé un nombre incalculable d'heures à l'écart des parcours pour perfectionner son jeu. Il a dû aussi surmonter le handicap de mains et de doigts extrêmement courts, ce qui explique qu'il est l'un des rares très grands champions à utiliser la prise entrecroisée ou interlocking grip (voir page 69). Mais s'il est arrivé à un tel niveau de force et de talent pour devenir le plus grand golfeur de l'ère moderne, c'est en grande partie grâce à Jack Grout, un professionnel de Floride.

Grout est le seul professeur que Nicklaus ait jamais accepté. Il contribua à lui inculquer les valeurs de " fair play " et d'esprit sportif qui ont toujours fait partie intégrante du golf. Le meilleur exemple en est la Ryder Cup de 1969 à Royal Birdlake, au cours de laquelle Nicklaus concéda un putt de 3 pieds (1 m) à Tony Jacklin, offrant ainsi un match nul à son adversaire.

Personne, à l'exception peut-être de Hogan et Cotton, n'a fait autant de practice que Nicklaus au cours de ses années de formation. Il a ainsi contribué à dissiper l'idée, longtemps largement répandue en Europe, que practice était presque un gros mot. Autrefois, en Grande-Bretagne notamment, on considérait le practice comme déloyal et quasiment synonyme de tricherie. Ceci explique que très peu de vieux terrains du Royaume-Uni disposent d'équipements de practice dignes de ce nom. Le practice représente en effet un lieu et une culture récents, grâce notamment à Jack Nicklaus.

Le golf européen, notamment britannique, a connu un marasme prolongé après l'époque dorée de

Henry Cotton. Même quand l'élite des joueurs américains ne se déplaçait pas, Sud-Africains et Australiens venaient combler le vide et rafler les titres du British Open.

Ce qui chagrina plus encore les traditionalistes, c'est la victoire de Bob Charles au British Open de 1963 : un tournoi remporté par un Néo-Zélandais… et gaucher, c'était la première et, pour l'instant, unique fois dans l'histoire des quatre majeurs. Toutefois, on constate depuis 1969 un renversement de tendance.

L'EUROPE À NOUVEAU

Par sa victoire au British Open à Royal Lytham et à St Annes, l'Anglais Tony Jacklin a brisé une prédominance d'outre-Atlantique devenue chronique et redonné espoir du même coup à un public frustré de succès. Cette victoire fut confirmée onze mois plus tard : en 1970, Jacklin devenait le premier Britannique à remporter l'US Open, à Hazeltine. Même s'il ne réédita pas ces succès, on peut dire qu'il joua un rôle majeur dans le développement du golf en Europe, malgré une courte carrière. D'autres joueurs y ont contribué : Severiano Ballesteros ou Bernhard Langer, par exemple. Et leurs exploits, auxquels les conseils ou l'inspiration de Jacklin ne sont pas étrangers, ont nettement

contribué à modifier l'équilibre des forces entre continents.

RETOUR SUR LES PARCOURS

Sous l'inspiration de Jacklin, Ballesteros et Langer firent équipe avec Nick Faldo, Sandy Lyle et Sam Torrance pour arracher aux Américains la victoire à la Ryder Cup, en 1985. L'exploit fut réédité deux ans plus tard. Ces hauts faits constituèrent l'un des principaux facteurs d'un énorme regain d'enthousiasme pour le golf en Grande-Bretagne, mais aussi dans tous les autres pays d'Europe.

Si le golf a séduit des milliers de nouveaux adeptes, c'est sans aucun doute grâce à l'incontestable contribution de Jacklin, mais aussi à la moisson de victoires rapportée sur le Vieux Continent. On constate aujourd'hui plus que jamais une envie d'apprendre et de se perfectionner qui tient à des inspirateurs aussi différents que le charismatique Ballesteros ou le professionnel ardent, Nick Faldo.

Deux modèles
Deux hommes ont, avec des qualités et des tempéraments différents, contribué à inspirer toute une nouvelle génération de golfeurs. Avec son talent brut et explosif, l'Espagnol Severiano Ballesteros (à gauche) fut en première ligne du renouveau du golf en Europe à la fin des années soixante-dix. Quant à l'Anglais Nick Faldo (à droite), il a montré que le travail et la volonté de se perfectionner peuvent transformer en réalité un potentiel de joueur de grande classe.

Le casseur de moule
Tony Jacklin est l'un de ceux qui ont le plus contribué à la revitalisation du golf européen. Vainqueur du British Open en 1969, il inspira, la victoire à des Européens en 1985, dans le cadre de la Ryder Cup.

Pédagogie d'antan
Vers 1910, le golfeur qui voulait en savoir plus avait un très large choix en matière de publications pédagogiques.

L'exemple par l'image

Peu de sports incitent autant que le golf à la passion d'apprendre. Depuis les premiers écrits émanant de gentlemen au XIXᵉ siècle, la pratique du golf a constitué un marché qui s'est développé à un point tel qu'il touche aujourd'hui tous les aspects de ce sport. Nous allons voir comment, avec plus ou moins de bonheur, la bible du bien-jouer au golf s'est propagée dans le monde.

Ce n'est qu'avec l'arrivée de la balle en gutta-percha, aux environs de 1848, que les golfeurs éprouvèrent véritablement le besoin de s'appuyer sur des professeurs et des outils pédagogiques. On assista alors a un afflux soudain de nouveaux joueurs désireux d'apprendre. Ces récents adeptes durent attendre neuf ans environ après l'arrivée de la gutta-percha, avant que soit publié en 1857 un livre entièrement consacré au golf et à sa technique. *The Golfers' Manual* fut écrit par un joueur écossais du nom de Henry B. Farnie, sous le pseudonyme de «A Keen Hand». Farnie divisait les joueurs en deux catégories selon des critères physiques et athlétiques : les

Bibliothèque
Ce livre date de 1930 : plus de soixante-cinq ans après, on constate que le swing obéit toujours aux mêmes conseils en deux volets : Faites…/Ne faites pas.

agiles et les non-agiles. Il est certain que Farnie fut un pionnier dont l'ouvrage constitua le point de départ d'une abondante littérature sur le golf.

Parmi les livres les plus importants qui furent consacrés à ce sujet à la fin du XIXᵉ siècle, citons *Golf : A Royal and Ancient Game* par Robert Clark (publié en 1875) ; *The Art of Golf* par Sir Walter Simpson (1877) ; *Reminiscences of Golf on St Andrews' Links* par James Balfour (1887) ; et *Golfing* par Robert Chambers (1887).

LES ÉCRITS SE PROPAGENT

Les publications sur le golf commencèrent à toucher un public de plus en plus large, et c'est ainsi que naquit en 1899 le premier magazine consacré à ce sport. Publié en Grande-Bretagne, *Golf Illustrated* était un hebdomadaire qui traitait de l'actualité golfique et donnait des conseils de jeu. Ce magazine existe encore aujourd'hui sous un autre nom, *Golf Weekly Illustrated* ; il constitua la littérature de base des joueurs, jusqu'à l'arrivée en 1911 d'un nouveau magazine, *Golf Monthly*.

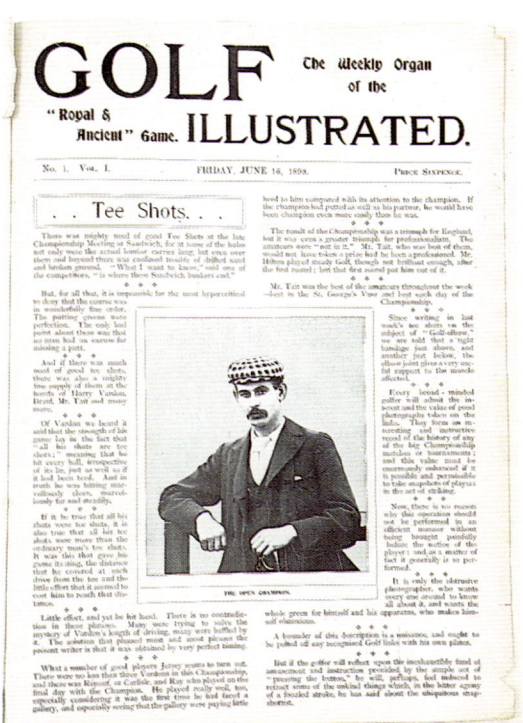

«Trucs» de stars
Depuis 1889, des magazines (comme, ici, Golf Illustrated) répondent à l'attente des golfeurs et livrent les secrets des stars permettant d'améliorer leur jeu.

C'est en 1890 que parut le premier livre véritablement complet consacré au golf : *Golf*. Il fut publié dans la collection sports de The Badminton Library, sous la direction de Horatio (Horace) Gordon Hutchinson. Celui-ci était l'un des plus grands joueurs de son époque (deux fois champion d'Angleterre amateur) et devint un auteur très prolifique qui fit autorité en matière de technique du golf. Parmi ses ouvrages, citons *Famous Golf Links* (1890) *The Golfing Pilgrim* (1898) ; *The Book of Golf and Golfers* (1899) ; et *Fifty Years of Golf* (1919).

Golf était un ouvrage remarquable à tous égards. Il regroupait les textes de golfeurs tout à fait éminents de l'époque comme le Rév. Hon. A.J. Balfour, membre du Parlement, Andrew Laing, et H.S.C. Everard.

DE LA PRATIQUE NAÎT LA THÉORIE

Même si certains des plus célèbres livres sur le golf ont été écrits par des professionnels comme Tommy Armour, on doit constater que jusqu'à la fin du XIXᵉ siècle ce sujet fut le domaine exclusif des joueurs amateurs, gentlemen s'exprimant mieux que les professionnels. L'un des premiers de ceux-ci à sauter le pas fut en 1896, avec *The Game of Golf*, Willie Park Jr. qui fut deux fois vainqueur du British Open. C'est à

Prose de pro
Vainqueur de trois majeurs dans les années trente, l'Écossais Tommy Armour fut aussi l'auteur de Play Your Best Golf All the Time, *un ouvrage pédagogique à succès.*

La pédagogie en paquets
Comme bien d'autres sports, le golf a fait l'objet de l'édition de cartes pédagogiques distribuées par un fabricant de cigarettes, et donnant des conseils de jeu dispensés par les stars de l'époque.

Park que l'on doit la formule : «Un homme qui sait putter peut se mesurer à n'importe qui.» Il illustra d'ailleurs ce *credo* en 1920, en publiant *The Art of Putting*.

Les membres du Grand Triumvirat (voir page 16) ne tardèrent pas à emboîter le pas à Park : dès le début du XXᵉ siècle, James Braid, J.H. Taylor et Harry Vardon fournirent des textes régulièrement et en abondance : l'écriture allait rapidement se révéler un à-côté très lucratif. Leur influence est bien illustrée par les séries de cartes pédagogiques distribuées avec des paquets de cigarettes, dans lesquelles ils donnaient des conseils sur des coups divers.

OUTRE-ATLANTIQUE

Aux États-Unis, c'est en 1895 que fut publié le premier livre sur le golf. Dans sa préface, *Golf in America : A Practical Guide*, l'auteur James P. Lee écrivait qu'un nouveau jeu était venu s'ajouter à la liste des sports de plein air. Cet ouvrage était très rudimentaire, comme le suggère bien l'auteur dans son avertissement, précisant que le golf ne demande aucune qualité de rapidité, ni effort d'aucune sorte, pour réussir un trou dans un

L'homme des best-sellers
Après avoir abandonné sa carrière en 1930, Bobby Jones exploita son personnage de légende en écrivant une série d'ouvrages pédagogiques qui remportèrent un très vif succès.

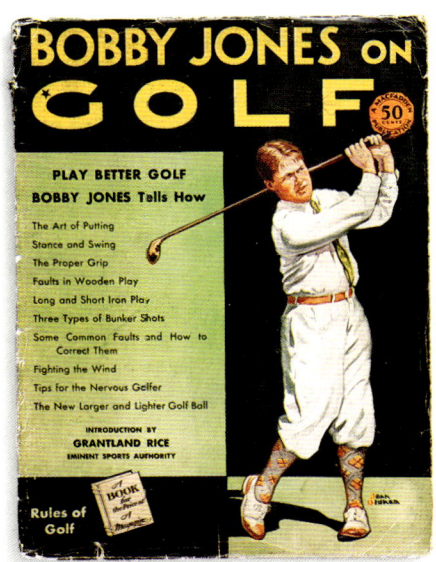

CHAPITRE 2

SE PRÉPARER

au

JEU

Un golfeur ne doit se lancer sur un parcours qu'une fois correctement équipé.

Aujourd'hui, un magasin spécialisé ressemble à une caverne d'Ali Baba regorgeant d'équipements et d'accessoires ; on y évolue au milieu de centaines d'articles qui sont tous destinés à apporter au golfeur un petit plus en termes de jeu ou de tenue. Mais sélectionner un équipement exige la prise en compte d'un certain nombre de paramètres importants. Nous allons voir dans ce chapitre quels sont les critères à prendre en compte pour l'achat et l'entretien de son équipement de golf.

Golfons sous la pluie
Le golf exige que l'on soit prêt à toutes les éventualités : ici, Ian Woosnam (à droite) et son cadet Wobbly affrontent la pluie, le jour de l'ouverture de l'US Masters 1995 à Augusta.

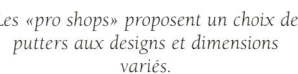

Les «pro shops» proposent un choix de putters aux designs et dimensions variés.

Tirer le meilleur de ses clubs

Acheter le bon équipement et l'entretenir correctement est presque aussi essentiel dans l'apprentissage du golf que le fait de s'exercer au swing. Trop de joueurs se pénalisent eux-mêmes en jouant avec des clubs ne répondant pas à leurs besoins. Voici quelques conseils pour acheter votre équipement et en tirer le meilleur profit.

Le bois à la suédoise
Jarmo Sandelin joue avec un bois extra-large aux applications multiples. Il peut ainsi mettre dans son sac un large choix de wedges.

Depuis la fin des années trente, les Règles de Golf ont limité à quatorze le nombre de clubs autorisé sur un parcours. En deçà, c'est à chacun de décider de combien de clubs il souhaite s'aider.

Un set de base comprend : trois bois (en général un driver, un bois 3, un bois 5), neuf fers (les fers 3 à 9, un pitching wedge, un sand wedge), plus un putter. Soit treize clubs, ce qui donne de la latitude pour remédier à telle ou telle faiblesse de jeu en emportant un autre bois ou un wedge en supplément.

Aujourd'hui, on ne peut raisonner en destinant le driver au tee, le bois ou le fer au fairway, le wedge autour du green. Entre les bois, les fers, les wedges et les putters, qui présentent une grande diversité de manches et de têtes, les combinaisons de sets sont nombreuses.

Les outils de la réussite
On classe généralement les clubs en quatre catégories : bois, fers, wedges et putters. Il existe un large choix dans la composition et la conception des manches, mais vous seul pourrez décider si un club vous convient. Dans un set donné, vous serez peut-être très à l'aise avec des fers longs mais beaucoup moins avec un wedge.

LES DRIVERS ET LES BOIS
Les golfeurs ayant un grand handicap ont été nombreux à adopter le concept du bois utile, par exemple. Il s'agit de bois loftés, idéaux pour le coup de départ, le fairway ou pour sortir du rough. Les coups sont plus faciles qu'avec un long fer, type de club qui donne le plus de problèmes aux joueurs à handicap élevé.

Dans les bois, la vogue s'est portée sur des clubs surdimensionnés où le poids est réparti à la périphérie, réalisés en acier ou en graphite et, plus récemment, en titane. Le bois-métal offre un plus grand confort de jeu. Les bois traditionnels avec une tête en bois deviennent de ce fait de plus en plus rares.

Le nombre de bois
Une série standard de bois comprend un driver (bois n° 1), un bois 3, un bois 5 ; mais le bois 7 commence à se répandre car son angle de frappe est plus ouvert, et les fabricants l'incluent de plus en plus dans un set standard. Les bois 2, 4 et 6 sont devenus moins courants mais se justifient peu, leur loft offrant des variations minimes par rapport à un set.

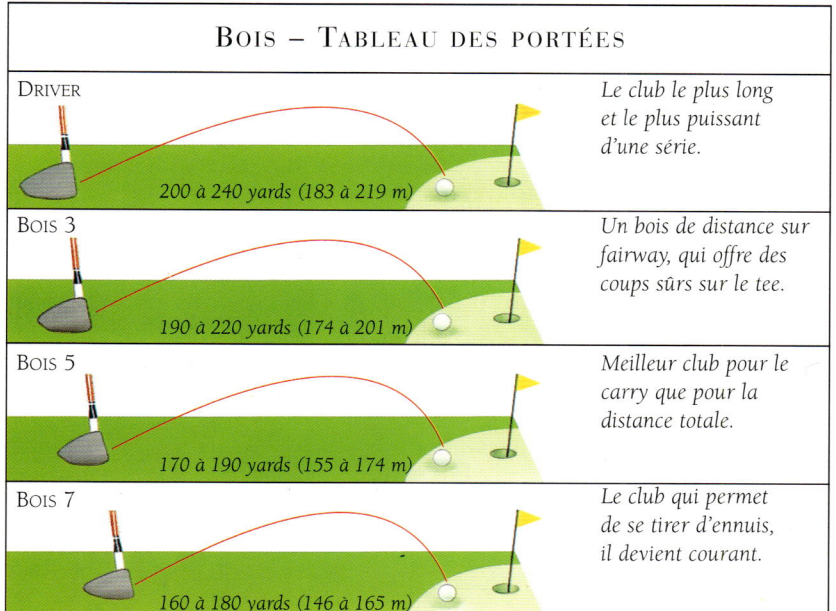

BOIS – TABLEAU DES PORTÉES

DRIVER *200 à 240 yards (183 à 219 m)*	*Le club le plus long et le plus puissant d'une série.*
BOIS 3 *190 à 220 yards (174 à 201 m)*	*Un bois de distance sur fairway, qui offre des coups sûrs sur le tee.*
BOIS 5 *170 à 190 yards (155 à 174 m)*	*Meilleur club pour le carry que pour la distance totale.*
BOIS 7 *160 à 180 yards (146 à 165 m)*	*Le club qui permet de se tirer d'ennuis, il devient courant.*

DONNÉES DE BASE SUR LES DIMENSIONS

Le choix des clubs relève du goût, mais certains éléments permettent de déterminer la dimension de club convenant le mieux à un joueur.

Le paramètre essentiel est le lie, c'est-à-dire l'angle formé par le manche et la semelle de la tête du club reposant à plat sur le sol. Cet angle doit correspondre au stance et à la posture que vous adoptez naturellement. Si le lie est trop vertical, vous aurez tendance à envoyer la balle trop à gauche, car c'est le talon du club qui touchera le sol en premier. Un lie trop plat, au contraire, produit l'effet inverse.

La longueur du manche ne varie jamais plus de 2 ou 3 cm selon la taille du joueur, mais un professionnel peut déterminer la longueur idéale. Quant au choix du bon grip, suivez notre conseil illustré (à droite).

Le grip
Pour déterminer l'épaisseur idéale du grip, tenez le club seulement de la main gauche. L'index et le majeur doivent juste effleurer le renflement de la paume.

Le lie
La semelle de la tête du club doit reposer bien à plat à l'adresse.

Lie

Tête du club

La longueur de manche doit convenir à la taille et à la posture du joueur.

VÉRIFIER LE LIE

En collant de l'adhésif et en faisant dix ou quinze frappes, on peut déterminer si la balle est touchée avec le «sweet spot» (point d'impact), ou si le lie du club est correct.

En examinant les traces de la balle, on voit si elle rencontre le milieu de la face du club.

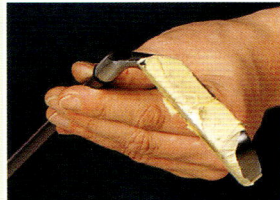

Si la plupart des marques sont près de la douille, le lie est trop vertical (et inversement).

Les différents drivers

La technologie de la fibre de carbone a influencé la conception des drivers. Les têtes et faces de club peuvent être en graphite ou en graphite et acier, et les clubs à manche de graphite sont maintenant très courants chez les professionnels. Essayez un assortiment de drivers en acier, en graphite et en bois, mais faites-vous guider par un professionnel.

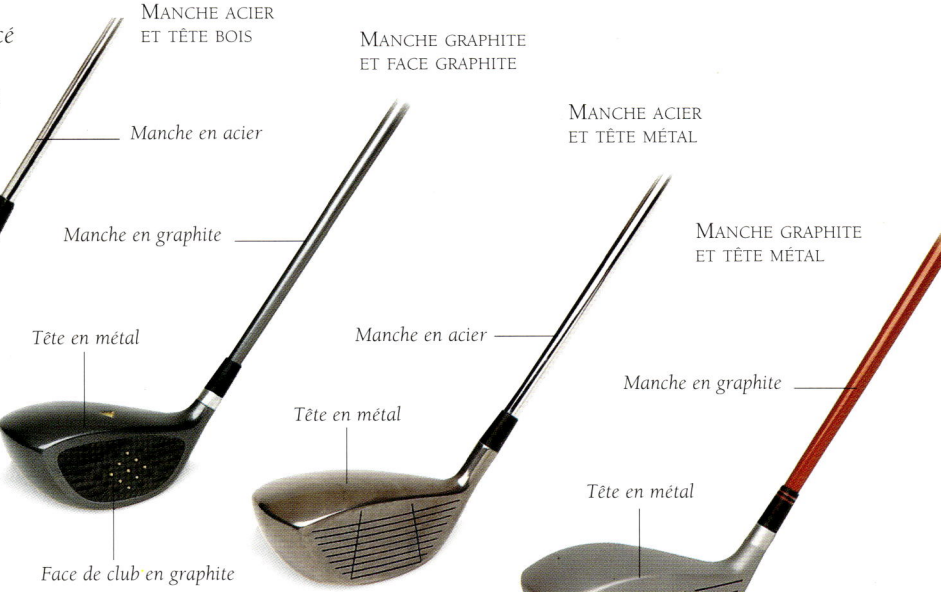

MANCHE ACIER
ET TÊTE BOIS

MANCHE GRAPHITE
ET FACE GRAPHITE

MANCHE ACIER
ET TÊTE MÉTAL

MANCHE GRAPHITE
ET TÊTE MÉTAL

Manche en acier

Manche en graphite

Manche en acier

Manche en graphite

Tête en bois

Tête en métal

Tête en métal

Tête en métal

Insert plastique pour protéger la face du club

Face de club en graphite

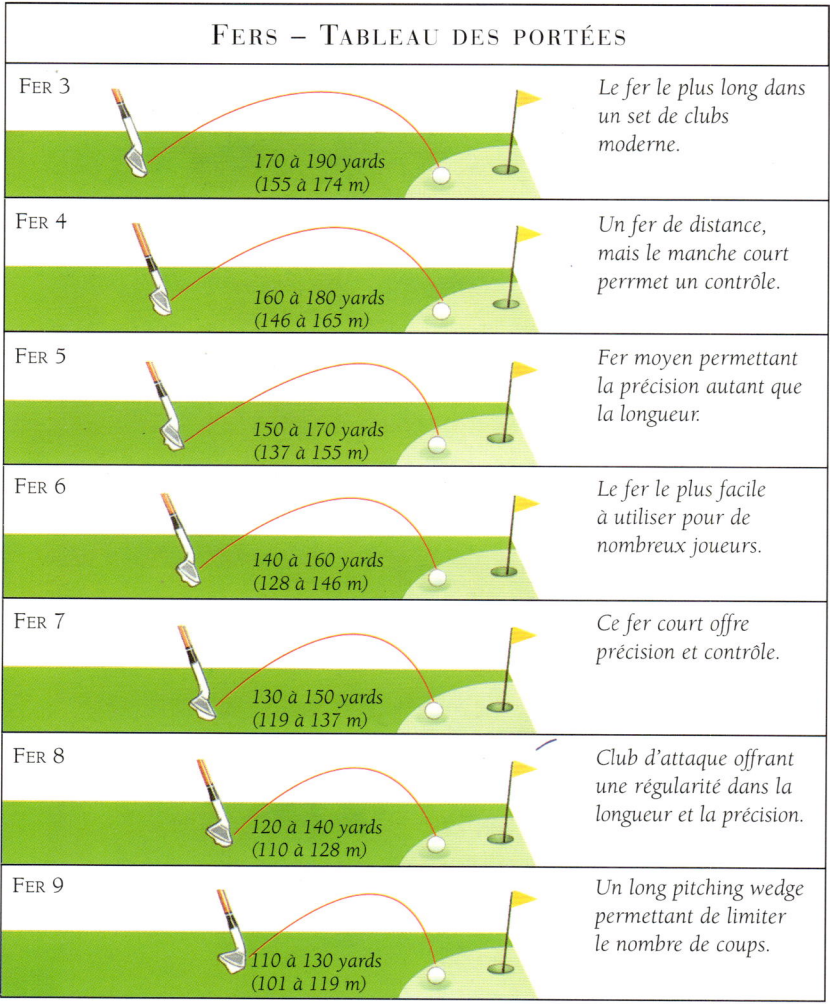

FERS – TABLEAU DES PORTÉES

FER 3	170 à 190 yards (155 à 174 m)	*Le fer le plus long dans un set de clubs moderne.*
FER 4	160 à 180 yards (146 à 165 m)	*Un fer de distance, mais le manche court perrmet un contrôle.*
FER 5	150 à 170 yards (137 à 155 m)	*Fer moyen permettant la précision autant que la longueur.*
FER 6	140 à 160 yards (128 à 146 m)	*Le fer le plus facile à utiliser pour de nombreux joueurs.*
FER 7	130 à 150 yards (119 à 137 m)	*Ce fer court offre précision et contrôle.*
FER 8	120 à 140 yards (110 à 128 m)	*Club d'attaque offrant une régularité dans la longueur et la précision.*
FER 9	110 à 130 yards (101 à 119 m)	*Un long pitching wedge permettant de limiter le nombre de coups.*

La répartition du poids dans la tête surdimensionnée augmente la zone idéale de frappe : elle donne un plus grand «sweet spot». Ce type de club permet les erreurs. Les bons contacts font les bons coups, mais des frappes un peu décentrées permettent d'obtenir des résultats honorables avec ce club.

TROUVER LE MANCHE ADAPTÉ

Les progrès réalisés dans la technologie de la fibre de carbone permettent aujourd'hui une plus grande liberté de choix de manches. Bien sélectionner les éléments d'un club, c'est comme s'habiller sur mesures : le prêt-à-porter peut convenir, mais ne donne jamais les meilleurs résultats.

Il est déraisonnable d'acheter un nouveau set de clubs après seulement quelques essais et en cédant au seul attrait du design. Un club peut sembler convenir en démonstration, mais il est presque sûr qu'une personnalisation améliorera votre jeu. Après tout, achèteriez-vous un costume avec le pantalon trop grand ?

C'est la vitesse et la puissance du swing qui dictent la détermination du manche idéal ; à s'y tromper, on rend le jeu plus difficile. Avec un manche trop raide, la tête du club peut se retrouver derrière les mains à l'impact, ce qui orientera la balle vers la droite. À l'opposé, un manche trop souple aura tendance à dévier la balle vers la gauche (pour un droitier).

Comment choisir le meilleur manche ? D'une manière générale, on peut dire qu'un club à manche raide convient à un swing puissant et rapide, tandis qu'un manche plus souple est destiné à un swing moins puissant et plus réfléchi. Un bon professionnel est capable, en vous observant faire quelques frappes et d'après le lie de la tête du club (voir page 33), de déterminer votre type de swing. Veillez cependant à ce que ses préconisations ne vous entraînent pas dans des frais. Par ailleurs, la majorité des joueurs utilisent toujours des manches acier, mais l'utilisation du graphite va croissant, surtout chez les joueurs dont le swing n'est pas très puissant.

LES FERS À TÊTE ÉVIDÉE

Une fois sélectionné le manche idéal, vous devez trouver la meilleure des têtes. Comme pour les bois, on constate une tendance à la production de fers surdimensionnés. Cette évolution est la conséquence directe du

LAME

TÊTE ÉVIDÉE

Tête évidée ou lame ?
Un nombre croissant de joueurs abandonne le traditionnel club à lames au profit du fer à tête évidée avec poids réparti à la périphérie.

L'homme couvert de wedges
Plus réputé pour sa puissance de frappe que pour son jeu sur le green, John Daly utilise fréquemment quatre wedges différents.

développement de la tête évidée surdimensionnée. Celle-ci convient aux golfeurs qui ont besoin d'avoir un club qui les aide un peu, comme le font aussi d'ailleurs les bois surdimensionnés. C'est un club idéal quel que soit le niveau du joueur.

L'autre solution est représentée par les lames. Jusqu'à l'apparition de la tête évidée, on ne trouvait que des fers à lames, réalisés en acier forgé.

Cependant, les lames ne sont en général utilisées aujourd'hui que par les meilleurs golfeurs, autrement dit des amateurs et professionnels ayant des handicaps très bas. On dit en effet que les lames offrent un meilleur contact et une meilleure sensation ; en revanche, elles ne pardonnent pas un coup décentré.

LES FERS COURTS

Si un joueur fait un mauvais coup d'approche, il risque fort d'avoir à se servir d'un wedge. Pendant fort longtemps, le choix en la matière s'est limité au pitching wedge ou au sand wedge. Il est nettement plus vaste aujourd'hui, puisque l'on trouve des wedges spéciaux permettant de couvrir pratiquement toutes les situations possibles. Le choix est très grand en matière de loft (angle d'ouverture de la face du club), et les têtes peuvent comporter des inserts

WEDGES – TABLEAU DES PORTÉES		
PITCHING WEDGE		*Disponible avec différents lofts pour des coups allant jusqu'à 101 m.*
90 à 110 yards (82 à 101 m)		
SANDWEDGE		*Conçu pour le sable, mais peut s'avérer utile sur le fairway.*
jusqu'à 80 yards (73 m)		

L'essor des wedges
Les wedges ont connu une évolution similaire à celle des bois. On trouve aujourd'hui des clubs offrant pratiquement tous les lofts imaginables, avec des inserts de cuivre ou de graphite pour améliorer le contact entre le club et la balle.

Insert de graphite

Insert de cuivre

de cuivre ou de graphite qui permettent un meilleur contrôle. Les joueurs possédant un handicap bas se munissent souvent de trois wedges au lieu des deux que l'on emporte généralement. Ainsi John Daly, qui a un très bon petit jeu, remplace un club long par un troisième wedge. Certains professionnels prennent même parfois quatre fers courts.

LES CLUBS SPÉCIAUX

Les fers longs étaient très utilisés autrefois, mais leur usage s'est raréfié au point qu'en général ils ne figurent plus dans un set standard. La longueur du manche et le manque relatif de loft laissant peu le droit à l'erreur, la plupart des joueurs préfèrent un bois de fairway qui pardonne plus les défauts.

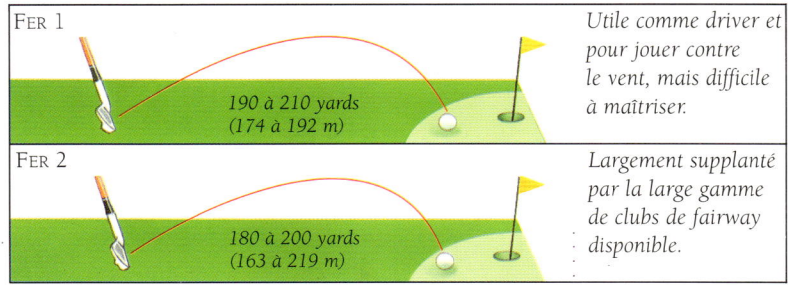

FER 1		*Utile comme driver et pour jouer contre le vent, mais difficile à maîtriser.*
190 à 210 yards (174 à 192 m)		
FER 2		*Largement supplanté par la large gamme de clubs de fairway disponible.*
180 à 200 yards (163 à 219 m)		

Choisir son putter

Si vous vous sentez bien avec, c'est très probablement qu'il vous convient. Le choix d'un putter est en effet une affaire très personnelle qui n'obéit à aucune règle précise.

LES TYPES DE PUTTER

Il existe un club qui présente bien peu de rapport avec les autres tant au niveau de la conception du manche que de celle de la tête. Le putting, plus peut-être que tout autre coup, dépend en effet des caractéristiques de chaque jouèur.

Aucun type de club n'a inspiré autant de formes étranges que le putter : c'est d'ailleurs sur un putter que fut expérimentée la répartition du poids à la périphérie, bien avant les fers à tête évidée. Malgré ce que peuvent dire les fabricants, un putter n'obéit à aucune règle générale. Le grip, la taille du manche ou le centre de gravité peuvent varier : l'essentiel, c'est que vous trouviez celui qui vous apporte aisance de maniement et confiance en vous. Il faut donc que vous en essayiez un maximum.

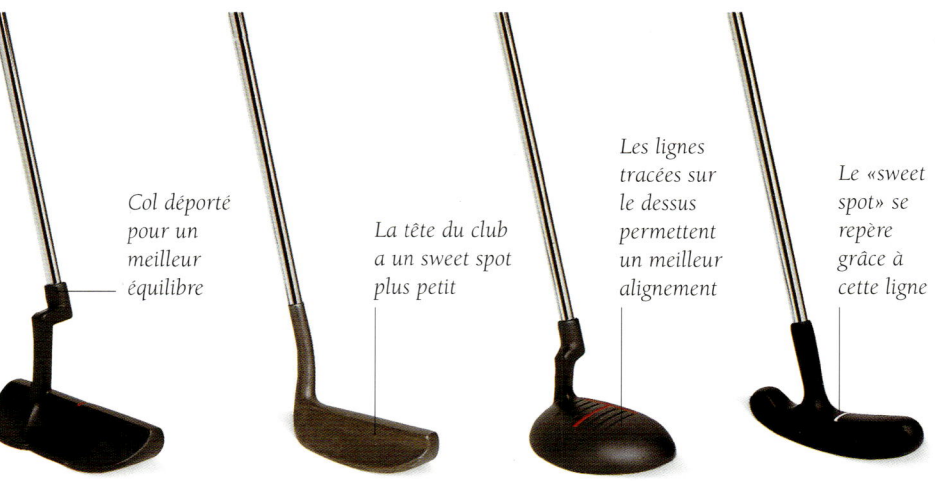

Col déporté pour un meilleur équilibre

PUTTER À POIDS RÉPARTI SUR LA PÉRIPHÉRIE

La tête du club a un sweet spot plus petit

PUTTER À LAME

Les lignes tracées sur le dessus permettent un meilleur alignement

PUTTER À TÊTE DE MAILLET

Le «sweet spot» se repère grâce à cette ligne

PUTTER À MANCHE CENTRÉ

UNE BALLE ADAPTÉE

Des études ont révélé que la majorité des joueurs savaient bien peu de choses sur les balles de golf. Or le choix de la balle adaptée, au même titre que celui d'un club adapté, peut améliorer considérablement le jeu.

D'une manière générale, une balle se compose de deux ou trois éléments (voir page 37) et son revêtement est réalisé, soit en balata, soit en

---

ENTRETENIR SON MATÉRIEL

Il est essentiel que les têtes de clubs soient régulièrement nettoyées pour débarrasser les rainures de l'herbe ou des saletés qui diminueraient le contrôle du club sur la balle. Après le parcours, nettoyez les taches plus rebelles avec une brosse et de l'eau savonneuse.
L'acier étant très résistant, il y a très peu de chances que vous brisiez un manche. En revanche, un manche en acier peut se voiler : vous pouvez le tester en maintenant le manche contre un support rectiligne. Le graphite, quant à lui, ne se courbe pas mais est sensible à des éraflures irréparables : il convient donc d'être très soigneux. Achetez des capuchons de têtes extra-longs et adaptez des rembourrages aux compartiments de sacs pour empêcher le frottement des manches.

Le grip est souvent la partie du club la plus négligée. Or il s'use et doit être remplacé tous les ans si vous jouez régulièrement. Un grip est relativement peu onéreux, et la plupart des «pro shops» vous l'adapteront sur votre manche moyennant une petite rétribution. Le grip demi-corde est probablement le meilleur compromis.

Nettoyez la tête et le manche du club avec une eau savonneuse

Essuyez le manche pour ôter les saletés et la graisse

Sur le parcours, utilisez un tee pour nettoyer les rainures

Le putter long

Le putter à manche long est l'une des innovations les plus manifestes et les plus controversées de ces dernières années. À l'adresse, le bout du manche arrive presque au menton. Plusieurs grands joueurs, comme ici Sam Torrance, l'utilisent ; d'autres estiment qu'il va à l'encontre de l'esprit du jeu.

surlyn. La plupart des très grands golfeurs optent pour des balles de balata en trois-pièces, mais celles-ci présentent l'inconvénient d'une longévité relativement courte et d'un coût élevé. La balle en surlyn est donc plus avantageuse pour un joueur moyen. On trouve encore aujourd'hui des balles en une-pièce, mais celles-ci sont généralement réservées au practice.

Les balles ont des compressions différentes (indiquant la dureté) exprimées par des nombres, en général 80, 90 ou 100. Comme pour les manches, le choix de la compression dépend de la vitesse et de la puissance du swing. Seuls les très bons joueurs amateurs tireront profit d'une balle de compression 100 (la plus dure). Une compression 90 conviendra à un joueur à handicap moyen, une compression 80 à une femme.

Ces éléments ne sont bien sûr que des points de repère : il appartient à chacun de trouver la balle la plus adaptée à son jeu.

LE CHOIX D'UNE BALLE

EN TROIS-PIÈCES

Une balle en trois parties comporte deux types différents de revêtement. Le revêtement doux en balata permet de mieux la travailler, de lui donner de l'effet (spin) et de mieux la contrôler, mais sa longévité est réduite. Le revêtement en surlyn sera plus résistant.

EN DEUX-PIÈCES

Si votre principal objectif consiste à taper le plus loin possible, prenez une balle en deux-pièces. Elle sera imbattable en termes de longévité et de distance parcourue ; toutefois, elle sera moins facile à contrôler, car elle manque de spin.

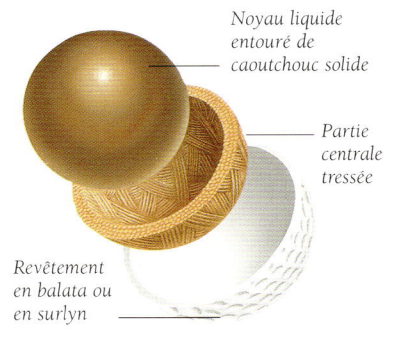

Noyau liquide entouré de caoutchouc solide

Partie centrale tressée

Revêtement en balata ou en surlyn

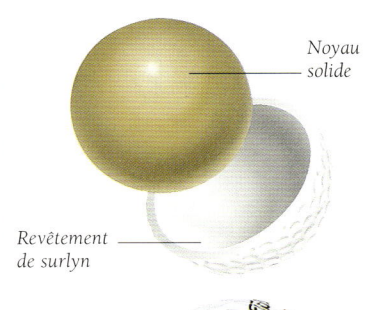

Noyau solide

Revêtement de surlyn

ACHETER DU MATÉRIEL D'OCCASION

Acheter un set d'occasion est une bonne solution quand on veut limiter ses dépenses ou que l'on n'est pas attiré par les modèles les plus récents. La plupart des magasins professionnels proposent du matériel d'occasion, et vous serez surpris de ce que l'on y trouve.

Les éraflures bénignes sur un fer se traitent facilement, et un bois, même relativement abîmé, peut être réparé par un spécialiste ; en revanche, des dégâts sérieux sur plusieurs clubs d'une même série indiquent que leur ancien proprié-taire les a fort mal traités.

Ici encore, le choix est une affaire personnelle, mais vous devez pouvoir éviter l'achat d'un mauvais set en utilisant les données de base sur les dimensions (voir page 33) et en faisant une inspection basique des clubs. On tombe souvent sur des grips fatigués, mais ceux-ci se remplacent facilement.

Les **clubs à tête de bois** sont ceux qui s'usent le plus. Vérifiez qu'il n'y a ni fêlure du col, ni usure du pourtour de l'insert et de la semelle, ni desserrement de l'assemblage.

Les **clubs à tête métallique** résistent à des traitements assez rudes, mais vérifiez que les rainures ne sont pas trop usées, qu'il n'y a pas de bosse-lures importantes et que les douilles sont en bon état.

Vérifiez que les **manches acier** ne présentent ni bosselures ni points de rouille, et qu'ils sont bien droits ; sur un manche en graphite, vérifiez qu'il n'y a pas d'éraflures.

Vérifiez l'absence de battement ou d'usure

Recherchez les fêlures

Vérifiez que la semelle n'est ni désunie ni usée

Vérifiez l'état d'usure et de lustrage du grip

Vérifiez que le manche est bien droit et ne comporte pas de bosselures

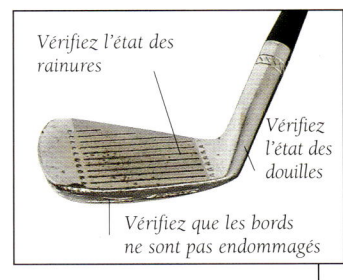

Vérifiez l'état des rainures

Vérifiez l'état des douilles

Vérifiez que les bords ne sont pas endommagés

Les nombres
Les seuls nombres à figurer sur une balle concernent sa compression (80, 90 ou 100). Si les nombres sont plus prononcés, c'est purement pour des raisons d'identification. Une compression de 90 est indiquée en rouge. Les balles de compression 80 ou 100 portent des nombres noirs.

Exploiter au mieux ses accessoires

L'équipement de golf va bien au-delà des clubs et des balles, et les accessoires représentent un énorme marché. Si la plupart répondent à des phénomènes de mode, il en existe certains qui améliorent réellement les performances.

Le sens de la parure
Le flamboyant Payne Stewart : il sélectionne des tenues pratiques et à la mode.

Les clubs et les balles sont des équipements essentiels, bien sûr ; mais un gant mal ajusté, une chaussure en mauvais état ou une tenue inconfortable, risquent de compromettre le parcours d'un joueur, et donc son score.

POUR UN BON GRIP

Aujourd'hui, la majorité des joueurs portent un gant à la main gauche pour s'assurer un meilleur grip ; cette tendance est apparue juste avant la Seconde Guerre mondiale et s'est répandue à un point tel qu'aujourd'hui tous les grands joueurs en portent un, à quelques exceptions près dont Fred Couples est le principal représentant. Actuellement, on trouve sur le marché des gants répondant à toutes les modes possibles ; mais le principal critère de sélection, c'est de

Tendu sur la paume ouverte

Ajusté sur des doigts tendus

Confortable à la base des doigts

Le gant de golf
Ne vous contentez pas de n'importe quel vieux gant, puisque vous devez en attendre avant tout un meilleur grip.

toute façon le confort et la prise en main. Nous vous conseillons les gants, pratiques et très répandus, réalisés dans un matériau permettant un grip uniforme même par temps humide.

UNE ASSISE SOLIDE

Une maison doit avoir des fondations solides, le swing également : c'est une action explosive qui a besoin d'une assise ferme pour donner

Les chaussures adéquates
Les chaussures de golf comportent tradition-nellement des clous, amovibles ou fixes ; mais les chaussures à semelle crampons constituent une autre option intéressante, particulièrement dans les climats chauds où la terre est moins spongieuse.

Chaussure de cuir équipée de clous permanents

Chaussure légère munie de crampons en caoutchouc

Chaussure de cuir de type «brogue»

Clous et clef à clous

Clous en acier

RÉPARER VOS CLOUS

Les clous sont des éléments très importants de votre équipement. Vérifiez régulièrement qu'ils sont en bon état et qu'aucun ne manque, et ayez toujours sous la main des clous de remplacement.

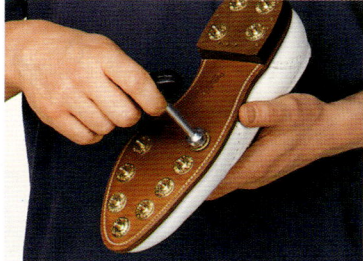

Les clous amovibles s'ôtent facilement avec une clef fournie en général avec les chaussures.

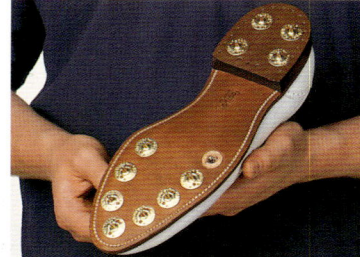

Pour faciliter le remplacement, les fils de semelle seront tenus propres et revêtus de vaseline.

Matériau léger et qui respire

Poignets élastiques

Fermeture à glissière sous cache

de golf et qui donc autorisent une plus grande aisance.

Une tenue de golf imperméable est légère, permet une grande liberté de mouvement pour un minimum de bruit, est réalisée dans un matériau qui respire et offre un confort optimal.

Ne négligez pas de vous protéger la tête : qu'il s'agisse d'une casquette, d'un chapeau de paille, d'un bonnet ou d'une visière, l'essentiel est que votre coiffure ne constitue pas une entrave à votre swing. Comme d'autres équipements, c'est un accessoire qui peut être onéreux, et vous avez donc intérêt à prendre votre temps pour faire un achat judicieux. Si vous avez un budget limité, privilégiez le confort plutôt que la marque.

Sortez couvert

Severiano Ballesteros bien protégé : le froid est aussi préoccupant que l'humidité. Sans une tenue adéquate, il n'est pas possible de se concentrer correctement.

son effet optimal, et la qualité d'une paire de chaussures est très importante. Le confort est un paramètre essentiel puisque, sur un parcours de 6 500 yards (5 941 m), un joueur va marcher environ 7 km de plus : il ne pourra donc pas donner le meilleur de lui-même s'il est mal équipé.

Ici comme ailleurs, il y a un prix à payer. Une paire de chaussures peut coûter très cher, et il vous en faudra plusieurs pour vous adapter aux différentes conditions.

AU CAS OÙ...

Le golf réservant des surprises, vous avez intérêt à emporter avec vous :
• Une paire de lacets
• Des clous de rechange
• Des pansements adhésifs (en cas d'ampoules)
• De la crème solaire
• Un produit pour éloigner les insectes

Pour que vos chaussures vous apportent le maximum, vous devez les conserver propres et bien souples. Les chaussures de cuir ont besoin d'être protégées contre l'humidité pour ne pas se craqueler ; vous trouverez dans les magasins professionels toute une gamme d'huiles de protection. Vérifiez aussi l'état des pointes : l'usure risque de compromettre la solidité de votre ancrage au green, mais représente aussi un danger sur un sol mouillé.

LES VÊTEMENTS DE LA RÉUSSITE

Les golfeurs européens sont habitués à jouer quand le temps est hostile : il est tout à fait conseillé d'investir dans une tenue imperméable. On trouve des modèles conçus spécialement pour les rigueurs d'un parcours

POUR SE DÉPLACER

Les caddies (ou cadets) ont pratiquement disparu des parcours, sauf dans quelques rares clubs d'élite. Aujourd'hui on trouve des sacs très légers en polyuréthane qui contrastent nettement avec le poids des sacs tout en cuir d'antan. On se simplifie encore la vie avec un chariot à main ou trolley.

Ces capuchons protègent les têtes en bois et les manches de graphite

Le chariot idéal a une structure légère et de grandes roues, et se replie pour rentrer dans un coffre de voiture.

Veillez à protéger des éraflures vos manches de graphite

Essuyez vos clubs après chaque frappe

Un bon parapluie est un must par temps humide

Graissez légèrement les roues tous les deux ou trois mois

L'assistance technique

L'histoire de la pédagogie du golf est jalonnée d'inventions et de gadgets destinés à améliorer le jeu. Si la plupart sont plus des obstacles que des aides, il en existe quelques-uns qui sont vraiment bénéfiques, car une «invention» se fonde souvent sur les principes de base du golf.

Sandy et ses aides
Sandy Lyle eut recours à des aides au jeu pour venir à bout d'une baisse de forme à la fin des années quatre-vingt. C'est ainsi qu'il utilisa, avec des fortunes diverses, des gants, des harnais et des accessoires de visée.

Les aides pédagogiques recouvrent pratiquement tous les aspects du golf et vont de l'accessoire le plus simple, comme un mouchoir coincé sous le bras droit et destiné à obliger le coude à rester près du corps pendant tout le mouvement, jusqu'à l'appareil informatisé le plus sophistiqué destiné à s'exercer au swing. Entre ces deux extrêmes, il existe bien d'autres astuces.

Comme pour ce qui concerne la technologie des clubs de golf, la plus grande partie des gadgets les plus récents ont en fait pour origine des dispositifs éprouvés depuis bien longtemps. Par exemple, les harnais de corps,

Un ballon empêche les coudes de s'écarter pendant le swing

Un ballon conserve aux jambes un écartement correct pendant le swing

Les vertus du ballon
Un ballon placé entre les coudes constitue une aide simple mais efficace pour garder les bras rapprochés pendant le swing. Il permet d'obtenir un takeaway bien régulier ainsi qu'une position solide en fin de montée.

conçus pour garder le coude droit serré contre le thorax, existent depuis des décennies. Sir Henry Cotton était un grand partisan du coude serré.

SIMPLE MAIS EFFICACE

Cotton utilisait en fait un simple mouchoir coincé entre le thorax et le haut du bras, qui devait rester en position pendant toute la durée du swing. C'est à lui que l'on doit bon nombre d'aides classiques pour améliorer son jeu et de techniques destinées à augmenter sa force, notamment au niveau des mains et des poignets. Il ajouta une masse de plomb à un vieux driver, obtenant ainsi le premier club lesté, qu'il utilisait pour renforcer les muscles sollicités par le jeu au niveau des épaules, des bras et des mains. Cotton voyait aussi dans ce club un bon moyen

---

LES AIDES AU PUTT

LE PUTTER À MANCHE FLEXIBLE
Ce putter, qui comporte un manche réalisé dans une fibre de carbone d'une exceptionnelle souplesse, permet d'améliorer la fluidité du takeaway et du coup. Si l'on fait un mouvement brusque à la descente, la tête du putter dépasse les mains et le manche avant l'impact.

L'ANALYSEUR DE PUTT
Un analyseur de putt permet de ressentir le mouvement parfait. Il comporte un rail de guidage destiné à obtenir un coup bien droit, ainsi qu'un miroir placé derrière la balle qui permet de repérer la position idéale des yeux et une graduation pour la longueur du swing.

Une descente trop brusque provoque une courbure du manche

Rail de guidage pour le putter

Miroir

Pour ce swing de trois quarts, le bras est bloqué : les mains plus bas que le manche, le coude est pointé vers le sol.

L'angle correct

Le fait de maintenir le club sur son plan est essentiel pour obtenir une frappe régulière. Cet accessoire permet de monter le club dans sa position idéale par rapport à la longueur du swing.

d'améliorer la fluidité du swing et de s'échauffer. L'équivalent moderne consiste en un manche coudé et une tête ayant la forme de celle d'un fer, mais le principe de base n'a absolument pas changé.

Si Cotton contribua à l'expansion initiale des aides techniques, les gourous modernes ont nettement fait progresser la chose. Ainsi par exemple, des hommes comme David Leadbetter, zimbabwéen basé en Floride, ou Harold Swash, gourou britannique du putt, ont conçu, mis au point et commercialisé des aides pédagogiques. Et la sophistication est bien présente, car si Henry Cotton se fiait à ses yeux pour relever les fautes de ses élèves, les professionnels utilisent aujourd'hui le caméscope.

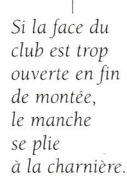

Le harnais maintient le bras gauche contre le thorax et permet d'obtenir un mouvement fluide.

Le harnais

Ce harnais a la même utilité que le ballon, en plus sophistiqué. Il maintient le bras contre la poitrine et empêche les coudes de s'écarter pendant le swing, ce qui permet d'obtenir un mouvement régulier.

LE FER À MANCHE ARTICULÉ

Ce club comportant un manche articulé est l'une des aides pédagogiques les plus efficaces. Son manche se plie dès que le takeaway n'est pas régulier et que le plan du club n'est pas correct.

Une fois que l'on a un swing régulier, on peut faire des frappes avec ce fer, malgré l'articulation. Ce club constitue une aide très efficace, tout particulièrement pour éviter un mouvement trop brusque au backswing, phase qui est très importante.

Si la face du club est trop ouverte en fin de montée, le manche se plie à la charnière.

Un swing correct

Ici, la charnière ne bouge pas en fin de montée : cela tient au fait que le club est sur un plan correct, que les mains sont placées au-dessous du grip et que la face du club est square.

Trop vers l'extérieur

Si pendant le takeaway le club est trop vers l'extérieur, le manche se coude à l'articulation.

Trop vers l'intérieur

Si l'on prend trop vers l'intérieur le club au moment du take-away, le manche se coude également.

MISE *en* FORME

Le golf a ceci de merveilleux qu'il n'est pas réservé à des personnes présentant certaines caractéristiques physiques. Chacun peut découvrir les joies d'un parcours, même s'il présente un handicap physique. Au cours des décennies qui ont composé l'histoire du golf, se sont succédé de grands joueurs dotés de conformations très différentes.

Il est possible de gagner en puissance grâce à des exercices réalisés avec un club et un pneu.

Nous allons voir comment exploiter sa morphologie et se préparer aux sollicitations physiques du golf.

Practice sur trois niveaux
Les Japonais ont des habitudes de jeu très spécifiques, comme cette installation de practice sur trois niveaux : réponse nipponne à un décalage entre une forte demande et un nombre insuffisant de terrains.

Quelques minutes par jour consacrées à des exercices sont très efficaces pour gagner en souplesse.

Jouer avec ses atouts

À voir leurs morphologies respectives, on se doute bien que Ian Woosnam, petit et trapu, ne peut avoir le même swing que Tom Weiskopf, grand et mince. Ces deux golfeurs ont remporté de grands championnats, ce qui prouve bien que le golf n'est pas une question de conformation.

En fait, Woosnam ou Weiskopf ont tous deux des gabarits inhabituels ; mais de même, bien peu d'entre nous ont la souplesse de Bobby Jones, les mains aussi entraînées que Henry Cotton. Plus rares encore sont la délicatesse de toucher de Severiano Ballesteros ou la force mentale de Jack Nicklaus. Mais chacun de nous a des atouts physiques qu'il peut solliciter pour exploiter son potentiel. Le principe de ce livre étant de s'inspirer de l'exemple, nous allons chercher des solutions chez les meilleurs joueurs. Pour autant, il est déconseillé au quinquagénaire ventripotent de prendre comme modèle le swing de Jose Maria Olazabal ; de même, un jeune homme grand et dégingandé n'aurait aucun intérêt à essayer de calquer son style sur un Jack Nicklaus d'âge mûr. Comme le disait de façon fort imagée le grand Sam Snead : «Vous devez danser avec la femme que vous avez amenée.»

Marie-Laure de Lorenzi
Avec une conformation idéale pour le golf, Marie-Laure de Lorenzi (1,70 m) a un swing à la fois long et élégant rendu possible par un corps athlétique et élancé.

Phil Mickelson
Le British Open de 1963 est le seul exemple d'une compétition de premier plan à avoir été remportée par un gaucher, Bob Charles. Pour autant, le golf n'est pas réservé aux droitiers : témoin Phil Mickelson, qui présente une morphologie et une technique parfaites tout en étant gaucher.

Tom Watson
Cinq fois vainqueur du British Open, Tom Watson est idéalement charpenté pour le golf. Il a une force énorme dans les épaules, les bras et les jambes, et sa taille (1,75 m) lui donne un centre de gravité bas et une base solide pour conduire un swing puissant. C'est l'une des raisons pour lesquelles Watson joue si bien contre le vent.

GRAND ET PLUTÔT FORT

Un joueur grand et fort aura un swing qui prendra plus d'espace ; il devra compter sur une action des mains (supination, pronation) adaptée à un plan de swing plus large et plus rond. Le golf est plus difficile pour des morphologies extrêmes, mais il y a une solution. Un joueur corpulent doit améliorer son jeu de mains, et a intérêt à trouver une position plus en recul à l'adresse.

Laura Davies
Laura Davies, meilleure golfeuse mondiale, illustre parfaitement comment un joueur peut exploiter son physique au mieux. Sa grande taille (1,80 m) lui donne l'avantage d'un long arc de cercle et lui permet d'envoyer la balle beaucoup plus loin.

GRAND ET MINCE

Le principal problème auquel est confronté un joueur grand et mince concerne l'ampleur du swing. Le rayon de l'arc de cercle est grand, ce qui est idéal pour un club long mais beaucoup plus délicat avec un manche plus court.

Les coups d'approche sont plus difficiles, car ils exigent un arc de cercle réduit. On surmonte généralement ce problème en s'avançant la balle au downswing de façon à raidir l'angle d'attaque de la face du club.

Tom Weiskopf
Weiskopf est l'un des joueurs les plus grands (1,90 m) à avoir remporté le British Open. Sa taille l'oblige à fournir un effort plus grand pour garder l'équilibre au vent.

REPLET

La rondeur est une caractéristique courante chez les golfeurs, soit par conformation naturelle soit du fait d'un âge mûr.

Mais en vieillissant, un joueur doit aussi compter avec un raidissement des muscles et une perte de souplesse des articulations. Le swing doit rester plus près du corps. Une bonne action de mains constitue l'un des éléments

permettant de compenser l'embonpoint.

Ce n'est pas un hasard si les joueurs ayant un tel physique ont toujours un petit jeu excellent pour compenser d'éventuelles faiblesses dans le long jeu.

Bobby Locke
Quatre fois vainqueur du British Open, Locke pratiquait son swing à partir d'un stance très fermé et hookait chaque coup. Cette technique était idéale pour compenser son physique.

PETIT ET TRAPU

Un joueur petit et trapu a l'avantage pour jouer dans le vent, mais il est gêné pour réaliser un arc de cercle suffisamment large. Il tire profit d'un swing plus plat et plus rond pour gagner en ampleur, et il complète souvent cela avec un par du sway au backswing, ce qui permet également d'agrandir l'arc de cercle. Les golfeurs de taille modeste deviennent souvent d'excellents golfeurs au petit jeu, leur arc de cercle naturellement raide étant idéal pour les approches pitchées.

Ian Woosnam
Ian Woosnam (1,63 m) fait un énorme pivot des épaules et utilise un swing plus plat pour créer un arc aussi large que possible ; c'est l'un des meilleurs frappeurs de coups longs.

PETIT ET MINCE

Un joueur petit et mince ne peut espérer donner autant de puissance à son swing qu'une personne grande et musclée. Mais en règle générale, la nature compense. Souvent très souple, cela lui permet un pivot complet des épaules, propre à un large arc de swing. Il peut être très bon aux approches pitchées et a souvent beaucoup de toucher au putting, ce qui lui permet de compenser la portée relativement faible de ses drivers.

Jan Stephenson
Ancienne championne de l'US Open des professionnelles dames, elle est dotée d'une morphologie peu courante à ce niveau. Malgré cela, elle s'est imposée comme l'une des joueuses les plus remarquables de l'histoire du golf féminin.

PETIT ET PUISSANT

On rencontre souvent des joueurs de petite taille dont la puissance est très grande. Cette conformation offre un certain nombre d'avantages. Le joueur peut donner à son swing le maximum de puissance du fait d'une assise solide que lui procure un centre de gravité bas, associé à un arc large. Par ailleurs, cette conformation favorise le jeu avec les fers de fairway et les petits fers.

Gary Player
Gary Player mesure 1,73 m pour 72 kg seulement. À force de sacrifices et d'exercices physiques intenses, il est devenu le golfeur le plus puissant de l'histoire du golf par rapport à sa taille.

FLUET

Les golfeurs fluets sont désavantagés au niveau de la puissance, mais compensent souvent ce déficit de poids à force d'astuce et de ténacité. Chaque situation offrant plusieurs solutions possibles, les joueurs fluets ont souvent un grand toucher autour des greens et comptent parmi les meilleurs joueurs au putting. Paul Runyan, l'un des plus grands joueurs des années trente, ne pesait que 64 kg et ne frappait pas la balle loin ; cela ne l'empêcha pas, grâce notamment à son jeu sur le green et alentour, de remporter l'USPGA en 1938 contre Sam Snead, sur un score de 8/7.

Corey Pavin
Corey Pavin, champion 1995 de l'US Open, est très mince, ce qui ne l'empêche pas de frapper la balle loin. Mais ses atouts principaux sont son adaptabilité et un toucher magistral autour des greens.

D'ÂGE MÛR

On ne peut rien faire contre un phénomène naturel comme le vieillissement, mais il est possible de modifier son swing afin de ressentir le plus tard possible les effets de l'âge. Un swing plus arrondi et plus plat permet de frapper la balle «en draw» et de compenser ainsi les pertes de puissance dues à l'âge. Jack Nicklaus est l'un de ceux qui suivirent cette évolution en vieillissant. Par ailleurs, certains équipements ont permis à plus d'un joueur d'âge avancé de retrouver une sorte de seconde jeunesse : bois-métal loftés, manches de graphite ou balles à haute performance.

Gene Sarazen
À plus de quatre-vingt-dix ans, Gene Sarazen est un exemple à suivre : il joue toujours après avoir été l'un des plus grands golfeurs de tous les temps. Il reste une star du Masters, qu'il inaugure en compagnie de Byron Nelson et de Sam Snead.

SURMONTER SON INFIRMITÉ

De nombreux joueurs sont encore capables d'être comblés par le golf malgré une infirmité, qu'elle soit congénitale ou accidentelle. Il existe de par le monde bon nombre de sociétés et de championnats destinés aux handicapés, et jusqu'à des tournois réservés aux non-voyants ou malvoyants.

On connaît un certain nombre de joueurs présentant une infirmité permanente, et qui non seulement ont surmonté leur handicap mais ont réussi à se hisser au plus haut niveau de la compétition. Ben Hogan en est proba-blement l'exemple le plus célèbre puisqu'il connut le succès malgré son handicap, et peut-être même grâce à lui. Plus sans doute qu'aucun autre sport, le golf apporte la preuve que le talent naturel et l'ardent désir de jouer permettent de surmonter le handicap physique le plus sévère.

Sir Douglas Baker
Amputé des deux jambes après un accident d'avion, cet as anglais des airs arrivait encore à jouer au golf avec un handicap très bas, à un chiffre : un exemple à méditer…

Ed Furgol
À la suite d'un accident, Ed Furgol avait un bras gauche difforme et raccourci, avec une raideur au coude. Malgré ce handicap qui l'obligeait quasiment à faire son swing du bras droit seulement, il gagna en 1954 l'US Open à Baltusrol, l'un des terrains les plus difficiles au monde.

Calvin Peete
Malgré un bras gauche qu'il ne pouvait plus tendre après être tombé d'un arbre, Calvin Peete fut pendant un temps l'un des meilleurs joueurs de l'USPGA, dans les années quatre-vingt. Son bras infirme lui interdisait les coups longs, mais il a toujours été l'un des joueurs les plus droits.

Jack Newton
La carrière professionnelle de Jack Newton fut stoppée net par un accident au cours duquel une hélice d'avion lui fit perdre un bras et un œil. Mais cela n'empêcha pas cet Australien de continuer à jouer ; il ne fut battu par Tom Watson qu'à l'issue d'un play-off au British Open à Carnoustie en 1975. Malgré son infirmité, Jack Newton reste encore redoutable pour bien des joueurs.

Gagner en puissance

C'est à Sir Henry Cotton que l'on doit cette série d'exercices très simples et pourtant efficaces pour augmenter sa force dans les mains et les poignets. Ils furent fortuitement découverts sur l'aire de stationnement d'un club anglais. Ils constituent encore aujourd'hui un entraînement très utile qui ne demande comme accessoires qu'un club de golf et un vieux pneu de voiture.

Au fil des ans, Sir Henry Cotton passa une bonne partie de son temps à jouer dans les roughs les plus fournis qu'il put trouver. Cela est moins étrange qu'il n'y paraît, puisque, en faisant des swings dans des herbes hautes qui offraient une plus grande résistance à la tête du club, Cotton réussit à acquérir plus de force dans les mains et les poignets.

Les terrains devenant plus sophistiqués, il dut trouver une autre solution pour pallier la raréfaction des herbes hautes et continuer cet entraînement pour lui-même et pour les bénéficiaires de ses programmes pédagogiques. C'est au Temple Golf Club, près de Maidenhead (Angleterre), qu'il trouva fortuitement la solution. En garant sa voiture, Sir Henry fut arrêté par un vieux pneu qui bloquait l'accès. Il descendit et dégagea du pied l'obstacle, puis réalisa qu'il venait de découvrir l'équipement idéal pour mettre au point un programme destiné à travailler la force des mains.

S'ENTRAÎNER AU POIDS

Les exercices que créa Sir Henry sur le thème du pneu constituent en fait un entraînement au poids. Ils permettent de gagner de la force dans les mains, les poignets et les avant-bras, tout en accoutumant les mains à la force d'un impact sur une face de club. Ces «exercices de résistance», comme les appelait Sir Henry, ont gardé toute leur pertinence depuis les années cinquante. Pour les pratiquer, les accessoires les plus indiqués sont un vieux club et un pneu, usé le plus possible.

Un maître
Sir Henry Cotton fut l'un des plus grands joueurs de son temps, mais contribua aussi beaucoup à innover en matière pédagogique.

LA FRAPPE À UNE MAIN

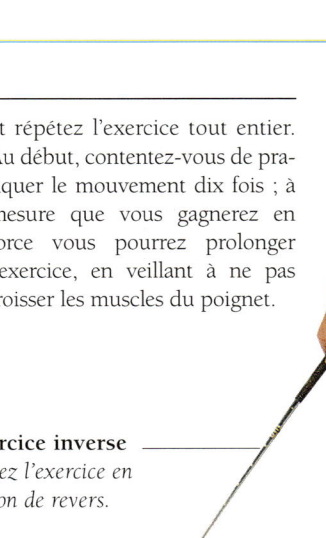

Voici une séquence destinée à vous donner de la force dans les mains, les poignets et les avant-bras. Prenez avec la main droite un fer moyen avec un grip normal. En ne sollicitant que le poignet, frappez l'extérieur du pneu sur une zone préalablement définie, sans balancer le bras et en veillant à obtenir une frappe d'équerre. Faites le mouvement dix fois, puis répétez-le en revers de l'autre côté du pneu sans modifier votre grip.

Changez ensuite de main, tenez le club de la main gauche et répétez l'exercice tout entier. Au début, contentez-vous de pratiquer le mouvement dix fois ; à mesure que vous gagnerez en force vous pourrez prolonger l'exercice, en veillant à ne pas froisser les muscles du poignet.

Rien que le poignet
Gardez le bras bien ferme en ne déplaçant le club qu'avec le poignet.

L'exercice inverse
Répétez l'exercice en position de revers.

LE SWING AU PNEU

Voici l'exercice le plus simple, celui sur lequel sont basés touts les autres. Il consiste à s'exercer au swing en utilisant le pneu au lieu d'une balle. Il permet de renforcer les muscles des bras, mais aussi de vous amener à mieux évaluer la vitesse de votre swing.

Poignets
Faites pivoter les poignets au début du takeaway.

Objectif
Fixez-vous toujours une cible à frapper, au besoin en traçant un repère.

Takeaway
Adoptez un stance normal par rapport à un pneu positionné comme une grosse balle, et un grip normal pour tenir le club. Dans un quart de swing, frappez le côté du pneu en déplaçant la tête du club le plus vite possible.

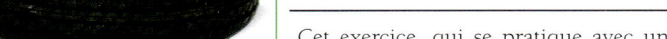

Tête
Gardez la tête en position comme pour une frappe normale.

Impact
Plus le souffle de la tête du club est sonore, plus le choc de l'impact est fort et plus le déplacement de la tête du club est rapide. Le bruit du choc est maximal quand la tête du club est correctement lancée, un peu comme quand on tape sur un clou avec un marteau. Plus le choc est retardé, plus la vitesse de la tête de club est grande.

Frappe réelle
Après plusieurs swings sur le pneu, reculez-vous et frappez la balle avec le même retard.

Coup retardé
Retardez le coup le plus possible.

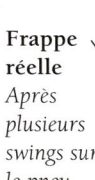

DE LA MAIN GAUCHE

Sir Henry était convaincu de l'importance d'un travail de symétrie. Il considérait que tous les exercices devaient être répétés à l'envers pour éviter que seulement l'un des côtés du corps ne se développe, et que le fait de ne pas privilégier tel ou tel côté permettait aux mains et aux bras de travailler sans déséquilibre de force. Sir Henry estimait aussi qu'en pratiquant les exercices aussi bien de la main droite que de la gauche, on limitait les problèmes de dos.

LE CLUB SANS TÊTE

Cet exercice, qui se pratique avec un vieux club sans tête, permet de s'entraîner à déplacer les mains plus rapidement. Sans bouger le bras, frappez le manche au centre du pneu, d'un côté et de l'autre, en ne mobilisant que la main et le poignet. Veillez à frapper toujours les mêmes points et à accélérer la cadence. Répétez ensuite le mouvement de la main gauche. Cet exercice n'est pleinement efficace que si le bras n'est pas sollicité.

Maintenez le bras près du corps

Club sans tête

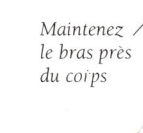

Gagner en souplesse

Ce qui est unique dans le golf, c'est que le fait de bien jouer n'est pas réservé aux personnes dotées d'une grande force physique. Celle-ci constitue bien sûr un point positif, mais tout aussi importante est la souplesse au niveau des muscles et des articulations. Voici un programme qui prend dix minutes et dont une pratique régulière vous permettra d'améliorer votre jeu.

Par manque de temps, un joueur moyen a moins d'occasions de maintenir sa forme physique que les professionnels. Pour autant, le golfeur du week-end qui cherche vraiment à s'améliorer ne peut pas ignorer le bénéfice qu'il peut retirer d'un échauffement. En fait, chaque joueur devrait pratiquer un programme d'exercices à la fois simple et efficace. Le fait d'échauffer les muscles est tout aussi important que le travail au practice, et c'est aussi la meilleure assurance contre les blessures.

Descendre de voiture pour se précipiter sur le tee n° 1, c'est se donner les meilleures chances de rater ses coups ; mais surtout, c'est courir le risque de léser muscles et tendons qui ne sont pas échauffés pour effectuer les mouvements du golf.

Voici une série d'exercices qui vont vous aider à améliorer votre souplesse au niveau du dos, des épaules et du cou, à augmenter la force de vos abdominaux et des muscles de vos jambes : tous les éléments essentiels dans le golf.

PENCHEZ-VOUS, ÉTIREZ-VOUS
Faites dix minutes par jour ce programme : grâce à lui vous améliorerez votre jeu, mais aussi votre forme et votre état de santé général.

N° 1 – ÉTIREMENT PAR RAPPROCHEMENT DES GENOUX ET DU THORAX

Voici un excellent exercice pour une séance d'entraînement quotidienne ou pour s'échauffer avant d'attaquer un parcours. Il permet de développer la force des muscles abdominaux et d'étirer les tendons du jarret situés sur l'arrière de la jambe. Pour profiter au mieux de cet exercice, il faut que pendant toute sa durée vous veilliez à garder le dos droit et la tête haute. Régulièrement : faites 3 séries de mouvements répétés 8 fois de suite.

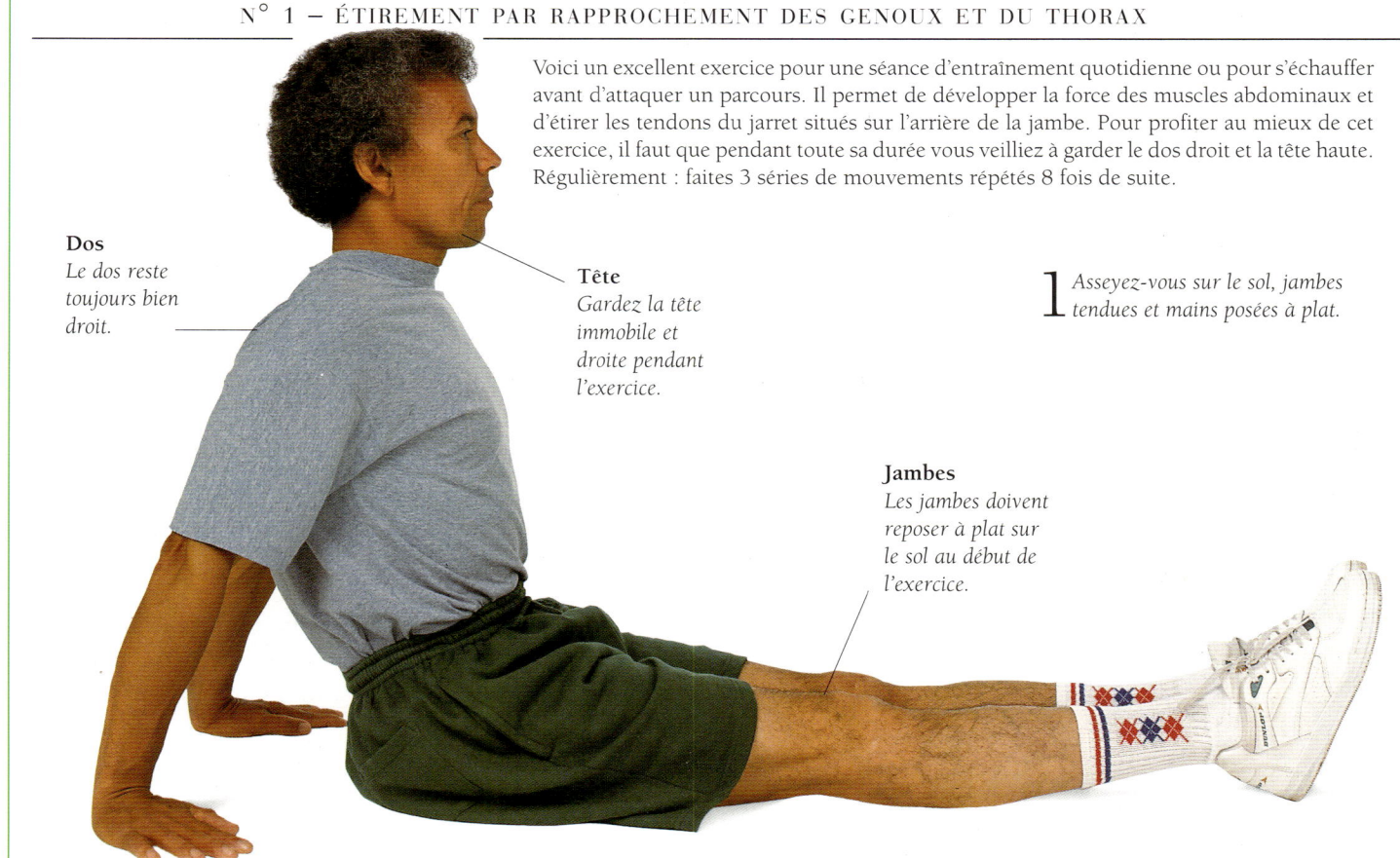

Dos
Le dos reste toujours bien droit.

Tête
Gardez la tête immobile et droite pendant l'exercice.

Jambes
Les jambes doivent reposer à plat sur le sol au début de l'exercice.

1 *Asseyez-vous sur le sol, jambes tendues et mains posées à plat.*

N° 2 – DEMI-ROTATION AU SOL

Cet exercice permet à la fois de développer la souplesse au niveau du tronc que l'on sollicite dans un mouvement de rotation, tout en tonifiant et en modelant le diaphragme. Le mouvement à effectuer s'apparente largement à celui qu'effectue le golfeur pendant le swing, au moment du backswing et du follow-through. Régulièrement : 3 séries répétées 6 fois de chaque côté.

Pieds
Les pieds restent parallèles au sol.

1 *Gardez les pieds et les genoux joints, le dos à plat sur le sol et la tête soulevée en direction des genoux. Les pieds doivent rester parallèles au sol.*

2 *Faites rouler le corps vers la gauche puis vers la droite en essayant de garder les épaules collées le plus possible au sol. Plus vous gagnerez en souplesse, plus vos épaules resteront près du sol.*

Tête
Gardez la tête soulevée et suivez les genoux.

Pieds
Maintenez-les suffisamment haut pendant le mouvement des genoux vers le thorax.

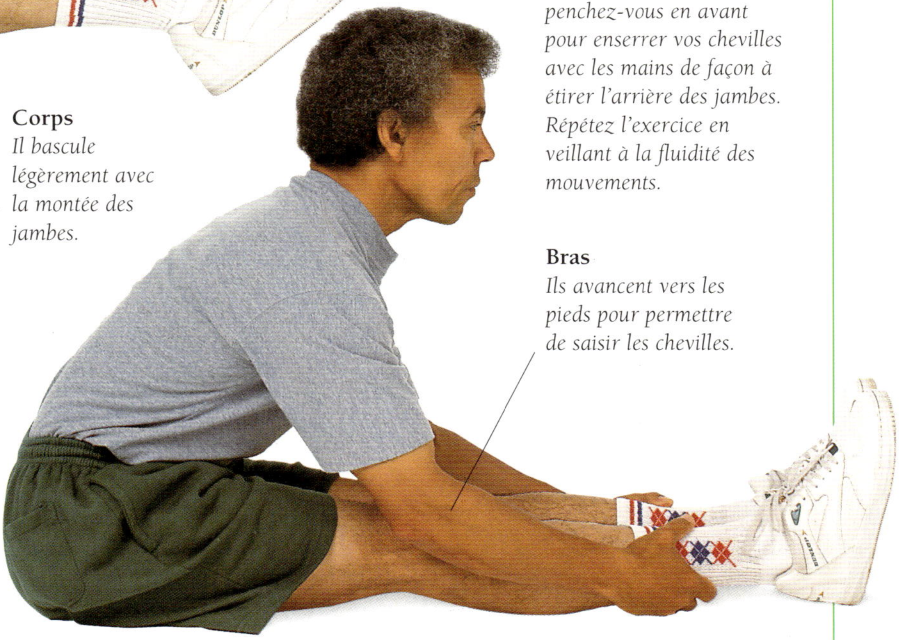

3 *Ramenez les jambes à leur position d'origine, penchez-vous en avant pour enserrer vos chevilles avec les mains de façon à étirer l'arrière des jambes. Répétez l'exercice en veillant à la fluidité des mouvements.*

Corps
Il bascule légèrement avec la montée des jambes.

Bras
Ils avancent vers les pieds pour permettre de saisir les chevilles.

2 *Levez les genoux vers le thorax, ce qui provoque un petit mouvement de basculement du corps.*

N° 3 — LE VENTRE PRIS EN SANDWICH

Cet exercice est destiné à renforcer les abdominaux et à brûler l'excès de graisse, mais permet aussi de tonifier la région cervicale. Or les muscles de ces zones jouent un rôle capital dans les mouvements pendant le swing. Pour profiter au mieux de cet exercice, vos pieds ne doivent pas touchent le sol. Régulièrement : 3 séries en répétant les mouvements 12 à 20 fois.

1 *Allongez-vous sur le dos, posez les doigts – les doigts et non les mains – sur l'arrière du crâne. Soulevez en même temps les pieds et la tête.*

Dos
Gardez toujours le dos bien collé au sol.

Pieds
Ils doivent être soulevés en permanence.

2 *Collez bien le dos au sol. La tête en position fixe, déplacez bras et jambes pour les rapprocher. Revenez à la position de départ, répétez l'exercice.*

N° 4 — ÉTIREMENT DANS TROIS DIRECTIONS

Cet exercice permet de détendre l'intérieur des cuisses afin de gagner de la souplesse. Il est en fait moins difficile qu'il n'y paraît, et vous ne devez pas vous décourager au début. Vous verrez une amélioration au bout de trois ou quatre semaines. Veillez à garder les jambes tendues pendant tout l'exercice. Régulièrement : 3 séries en répétant les mouvements 10 fois.

1 *Écartez et tendez bien les jambes, posez les mains à plat sur le sol pour soutenir le corps et contrôler l'étirement. Penchez le corps vers l'avant comme si vous vouliez coller le ventre au sol, en maintenant le dos bien droit.*

Mains
Posées à plat, elles ont un rôle de soutien et de contrôle.

Jambes
Écartées et tendues le plus possible.

2 *Rapprochez légèrement les jambes, alignez la tête, le genou et le pied. Penchez-vous vers l'avant en restant aussi droit que possible, répétez le mouvement de l'autre côté.*

Alignement
La tête, le genou et le pied doivent être alignés.

N° 5 – LE GROS DOS

Le chat est un animal particulièrement souple et agile ; il fait régulièrement le gros dos, mouvement qu'il est intéressant de reproduire pour assouplir notre propre dos et le garder bien droit, ce qui pose problème à pas mal de golfeurs. Régulièrement : 3 séries en répétant les mouvements 10 fois.

Jambes
Au départ du mouvement, écartez légèrement les jambes.

Dos
Le dos doit s'arrondir le plus possible.

1 *Mettez-vous à genoux, les mains à plat sur le sol et les genoux un peu écartés.*

2 *Basculez la tête vers l'avant en arrondissant le dos et en gardant l'œil sur votre boucle de ceinture.*

N° 6 – ÉTIREMENT VERS L'AVANT

Voici un exercice destiné à étirer les muscles des jarrets à l'arrière des jambes. Écartez légèrement les pieds et croisez les bras. Tout en gardant la tête haute, penchez-vous doucement vers l'avant en veillant à garder le dos droit et les jambes tendues et en prenant appui sur les chevilles. Allez le plus loin possible et maintenez la position trois à cinq secondes. Régulièrement : répétez 3 fois.

Dos
Veillez à ce qu'il reste bien droit.

Tête
Gardez la tête droite.

Pieds
Ils sont légèrement écartés.

N° 7 – LA COURSE SUR PLACE

L'exercice qui suit est destiné à renforcer le système cardio-vasculaire et l'endurance. En arrivant à la fin d'un parcours, un golfeur a tendance à subir une fatigue physique qui peut entraîner une baisse de sa concentration. Cet exercice est idéal pour l'état de santé général. Régulièrement : 20 à 30 secondes en 3 sessions.

Bras
Gardez à chaque enjambée les bras parallèles au sol.

Genoux
Remontez les genoux jusqu'aux mains.

1 *Les mains parallèles au sol pour vous repérer, étirez-vous le plus possible, faites les mouvements du coureur sur place.*

2 *Veillez à ce qu'à chaque changement de jambe la cuisse vienne en contact avec la main.*

S'échauffer

L'échauffement est indispensable pour deux raisons. La première, c'est qu'un muscle contracté à qui on demande un mouvement violent est très exposé à une lésion. La seconde c'est que, comme un moteur de voiture n'offre pas le meilleur rendement tant qu'il n'a pas atteint sa température normale, un swing ne peut être efficace que si la souplesse des muscles est maximale.

AVEC VOTRE SAC
Quelques exercices tout simples, avant d'attaquer le tee n° 1, tonifient les muscles et dissipent les tensions.

Chez la plupart des joueurs amateurs, la mise en condition se résume à quelques swings hâtivement réalisés au practice. Quand on sait qu'à l'inverse, pour un tournoi, la majorité des professionnels passent près d'une heure à s'échauffer, on n'est pas surpris que, chez les golfeurs amateurs, les coups de départ envoient la balle dans le rough ou beaucoup trop près du tee lors du quatre-balles du dimanche matin.

Si vous n'avez pas le temps de vous entraîner comme un professionnel avant de jouer, passez au moins quelques minutes à certains exercices qui vous éviteront des lésions

N° 1 – ROTATION DU TRONC EN POSITION ASSISE

Voici un excellent exercice pour améliorer la rotation du tronc, mouvement essentiel dans le swing, et aussi pour échauffer le corps et lui donner le maximum de souplesse. Il est à la fois tonifiant et assouplissant. Le fait de le pratiquer assis (sur un siège, mais aussi bien sur un muret pendant un parcours) privilégie la rotation du tronc sur celle des hanches. Régulièrement : 3 séquences avec 6 à 8 répétitions de chaque côté.

2 *Tout en maintenant le regard droit devant vous, faites pivotez votre tronc vers la droite en gardant les hanches immobiles : vous êtes alors dans la position du backswing.*

1 *Asseyez-vous à califourchon sur un tabouret, celui-ci vous laissant votre liberté de mouvements. Placez un club derrière le cou.*

corporelles et vous donneront le maximum de chances de jouer au mieux.

Les séquences que nous vous proposons ici, tout comme celles décrites pages 50 à 53, ne vous prendront que quelques minutes et peuvent très bien être pratiquées au début du parcours, lorsque vous attendez votre tour au premier trou.

D'un point de vue physique aussi bien que mental, le fait d'être échauffé permet d'être en position favorable par rapport à un joueur qui se présenterait au premier tee sans aucune préparation.

À se ruer ainsi sur le tee sans s'être mis dans les conditions favorables, on n'est pas loin non plus du risque de faire des swings dont le tempo sera brusqué, compromettant ainsi le rythme et le timing.

3 Revenez à la position de départ et refaites le mouvement de l'autre côté : vous êtes maintenant dans la position du follow-through.

N° 2 – ROTATION DU TRONC DEBOUT

Sans une souplesse du tronc, impossible d'effectuer correctement un pivot complet des épaules au backswing. Il s'ensuit alors un certain nombre de fautes de swing, comme le mouvement de balancier inverse qui vient cogner le pied droit. Cet exercice est destiné, par échauffement des muscles du tronc, à éviter les lésions au niveau du bas du dos, des épaules et autour du cou. Régulièrement : 3 séquences avec 5 à 8 répétitions par jambe.

1 Posez l'avant du pied droit sur votre sac et la main gauche au-dessous du genou droit, placez la main et le bras droits sur l'arrière de la hanche gauche.

2 Faites pivoter votre corps au maximum (position au backswing) en retenant la jambe droite avec le bras gauche, puis revenez en position de départ.

N° 3 – ROTATION DU BRAS ET ÉTIREMENT   DE L'ÉPAULE

Il est très important d'échauffer les muscles des épaules avant de se mettre à jouer. Les épaules doivent en effet être très souples pour permettre un pivot qui soit à la fois facile, complet et fluide pendant le backswing. Ici encore, le fait d'amener les muscles à une température appropriée permet de limiter les risques de lésion. Régulièrement : 3 séquences avec 5 répétitions de chaque côté.

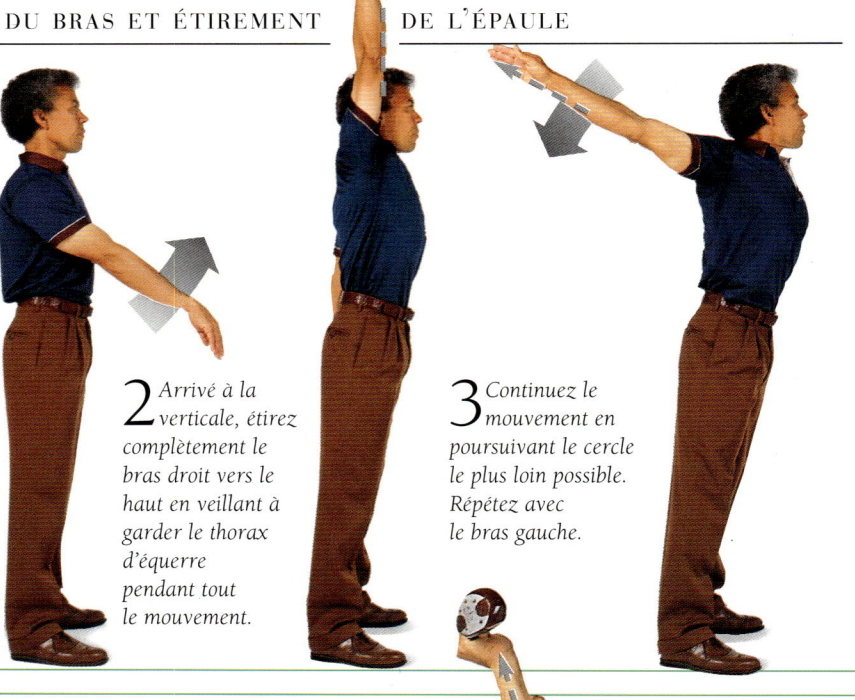

1 *Tenez-vous debout, les pieds écartés d'une largeur d'épaules, les bras détendus. Levez le bras droit tendu vers l'avant en décrivant un arc de cercle.*

2 *Arrivé à la verticale, étirez complètement le bras droit vers le haut en veillant à garder le thorax d'équerre pendant tout le mouvement.*

3 *Continuez le mouvement en poursuivant le cercle le plus loin possible. Répétez avec le bras gauche.*

N° 4 – EXTENSION DE L'ÉPAULE ET DE LA CUISSE

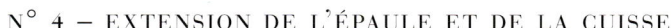

La construction d'un bon swing dépend de la qualité des fondations. Les muscles des jambes jouent un rôle important dans ce mouvement et doivent donc être échauffés au même titre que les autres. L'exercice proposé permet d'étirer les muscles des jambes et de libérer les articulations des jambes et des épaules. Bien que très simple, il doit être effectué correctement pour offrir le meilleur bénéfice possible. Régulièrement : 3 séquences avec 8 répétitions.

Station debout
Tenez le corps et la tête bien droits.

Dos
Gardez le dos bien droit pendant tout l'exercice.

Genoux
Veillez à garder les genoux en deçà de la ligne formée en position accroupie

Club de golf
Tenez un club avec les deux mains légèrement plus écartées qu'une largeur d'épaules.

D'un seul mouvement
Levez le club au-dessus de votre tête en vous baissant dans un seul mouvement.

1 *Écartez les pieds d'un peu plus d'une largeur d'épaules, prenez un club de golf avec deux mains écartées autant que les pieds. Veillez à avoir les orteils vers l'avant et le corps bien droit.*

2 *Baissez-vous tout en soulevant le club au-dessus de votre tête. Gardez les bras bien étirés en veillant à ce que vos genoux n'avancent pas plus loin que la ligne formée par vos orteils.*

N° 5 – HAUSSEMENT DES ÉPAULES

Le trapèze est un muscle triangulaire situé à l'arrière du cou et des épaules. Il fait partie d'un groupe de muscles plus important susceptibles de se contracter facilement ; or une tension musculaire dans cette zone peut être très néfaste au swing. Voici un exercice destiné à décontracter l'épaule et la région du trapèze avant d'entamer un parcours. Régulièrement : 3 séquences avec 10 répétitions.

1 *Tenez-vous debout bien droit mais détendu, les bras ballant.*

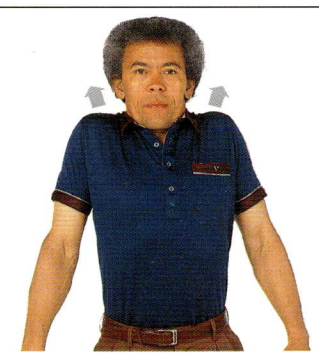

2 *Inspirez profondément tout en soulevant les épaules vers le haut.*

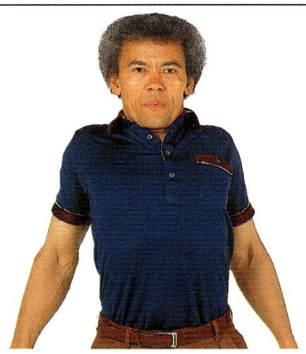

3 *Expirez en faisant rouler les épaules vers l'avant et l'arrière.*

N° 6 – EXTENSION DU DOS ET DU CÔTÉ

L'exercice qui suit est destiné à échauffer la partie supérieure du dos et les muscles des épaules en étirant doucement ceux-ci ainsi que les articulations. Il est important de veiller à garder les bras complètement étirés pendant tout le mouvement. Régulièrement : 3 séquences avec 8 à 10 répétitions.

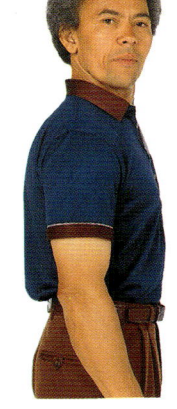

Mains
Tenez le club au-dessus de votre tête avec les deux mains écartées d'un peu plus d'une largeur d'épaules.

Club
Poussez le club vers l'arrière.

Thorax
Poussez vers l'avant la poitrine et la tête.

Jambes
Écartez les jambes d'une largeur d'épaules.

Stance
Gardez le corps droit pendant tout l'exercice.

1 *Debout, pieds et mains écartés d'un peu plus d'une largeur d'épaules, tenez un club de golf au-dessus de votre tête.*

2 *Poussez le club vers l'arrière, tête et poitrine vers l'avant. Répétez le mouvement.*

N° 7 – ROTATION DU COU

Les muscles du cou sont constamment mobilisés, tout particulièrement lors d'un parcours de golf. Or ne pas procéder aux mouvements d'extension corrects conduit à une contraction et un manque de souplesse de cette région. Cet exercice est à la fois simple mais efficace pour décontracter les muscles. Régulièrement : 3 séries avec 5 répétitions de chaque côté.

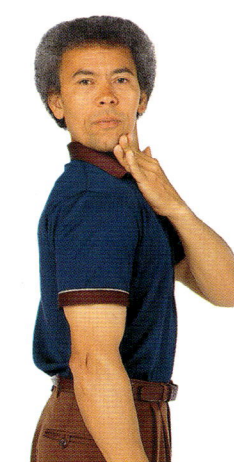

1 *Tournez la tête au-dessus de l'épaule droite jusqu'à ce que le cou soit en extension complète. Gardez le menton droit et les épaules vers l'arrière.*

2 *D'une pression ferme mais douce de la main gauche, poussez sans secousse votre cou jusqu'à ce que vous ressentiez l'étirement. Relâchez doucement la pression, répétez le mouvement.*

CHAPITRE 4

Le MASTERCLASS

Ce chapitre va vous faire pénétrer les secrets de ceux qui ont le meilleur savoir-faire : les plus grands professionnels mondiaux. Les leçons qui y sont explicitées ne représentent pas les conceptions d'un joueur en particulier. Elles sont plutôt la réunion de ce qui constitue une sagesse commune ; par le regroupement, après des années d'observation, non seulement du swing des Maîtres, mais aussi de leurs points de vue sur le jeu. Soulignons ici, car c'est très important, qu'il n'existe pas une façon unique d'exécuter un swing correct. Ce chapitre ne doit donc pas être considéré comme un guide dictant l'orthodoxie, mais plutôt comme une somme d'experts permettant à un joueur de mettre au point sa propre technique.

Pour voir de haut tous les détails d'un swing.

Pour en savoir plus grâce à des Maîtres d'aujourd'hui, comme Ernie Els.

Pour découvrir comment maîtriser au mieux les situations difficiles.

Apprendre en observant
Des milliers de spectateurs sont venus étudier le jeu des plus grands joueurs, à l'Olympic Club (Californie), lors de l'US Open 1987.

40%   60%

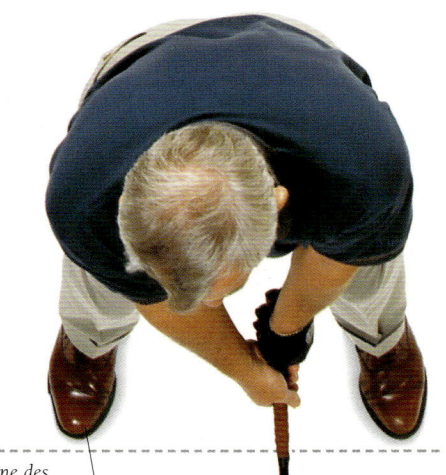

Ligne des pieds

Pieds
Ils doivent être parallèles à la ligne du jeu.

Ligne d'objectif

Les étapes clefs du swing

Qu'il soit long avec un driver ou plus précis avec un putter, un swing présente toujours les mêmes points clefs qui constituent autant d'étapes : le set-up ou adresse, le takeaway, le downswing, l'impact et le follow-through. Nous avons mentionné qu'un swing n'était jamais identique à un autre et qu'il existe des variantes, c'est entendu. Ceci posé, les étapes clefs de votre swing seront les mêmes que celles de Greg Norman ou Ernie Els, champions d'aujourd'hui, ou que celles de « Old Tom » Morris ou Harry Vardon, héros d'une époque révolue.

Balle
La balle est correctement positionnée, face au talon gauche.

Épaules
Elles pivotent en même temps que les mains et les bras.

1 LE SET-UP
C'est la position de base à l'adresse, pieds et épaules positionnés parallèlement à la ligne du jeu. Certains joueurs, comme Lee Trevino, adoptent une position plus ouverte, mais les autres éléments sont communs à tous les joueurs.

2 LE TAKEAWAY
Les premiers 60 cm du takeaway sont cruciaux, car ils conditionnent l'ampleur du mouvement et la trajectoire de la tête du club pendant le swing. Une mauvaise position à ce stade entraîne des mouvements très dommageables.

3 LA POSITION HAUTE
Grâce à un takeaway synchronisé et une rotation de l'épaule, le club se trouve dans la position la plus haute du backswing. Les éléments du backswing se combinent ici pour donner une position de départ idéale pour frapper la balle d'équerre.

Club
Attachez-vous à amener le club le plus près possible d'une parallèle à la ligne du jeu.

Mains
Les mains et les bras entraînent le club dans un même mouvement.

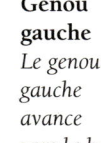

Genou gauche
Le genou gauche avance vers la balle.

ZONE DE TAKEAWAY

6 LE FOLLOW-THROUGH

Du fait de l'élan à l'impact, le club poursuit son mouvement circulaire. Le follow-through est un bon indicateur de la qualité de la frappe : s'il est couronné par un finish bien haut et équilibré, c'est que le swing a été bien contrôlé.

5 LE POINT D'IMPACT

On retrouve ici une position identique chez tous les grands joueurs, même si chacun peut avoir un swing très différent. La position est très similaire à celle adoptée à l'adresse, sauf que le poids du corps s'est déporté sur le côté gauche.

Talon
Le talon droit décolle du sol après que le poids du corps s'est déporté sur le côté gauche.

Club
Vous gardez le club sous contrôle dans un finish bien équilibré.

Tête
La tête reste en arrière de la balle à l'impact.

Mains
Les mains et les bras continuent à descendre vers la ligne du jeu avant d'avancer vers l'intérieur pendant la rotation du corps à l'impact.

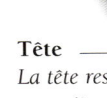

Épaules
Elles pivotent en même temps que les mains et les bras.

Pied gauche
Le poids du corps se déporte sur le pied gauche en prévision de l'impact.

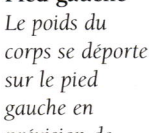

4 LE DOWNSWING

Le club ne descend plus mais avance vers la balle et le poids du corps se déporte sur le côté gauche. Il est essentiel que ce mouvement soit fluide pour éviter une modification de l'arc de cercle et du plan.

Les différents coups

À voir la façon dont Nick Price, Ian Woosnam et Lee Trevino manient leur club, on constate que les swings peuvent être très différents. Et cependant, chacun de ces joueurs amène la tête de club d'équerre avec la ligne du jeu et trouve l'angle d'attaque correct. On gagne à observer les grands joueurs, qu'il s'agisse d'arriver à un set-up uniforme, de trouver un rythme ou d'apprendre comment sortir d'un bunker.

Un takeaway ample – Ian Woosnam
Petit et râblé, il a besoin de donner de l'ampleur à son swing pour augmenter la vitesse de la tête de club. Il a un ample takeaway, et son swing suit un plan légèrement plat.

**Le swing classique –
Nick Price**
Nick Price offre un parfait exemple de swing classique, peu difficile à exécuter et terriblement efficace. Il se place d'équerre avec la ligne du jeu et effectue avec vivacité un takeaway synchronisé. Puis, il amène au downswing son club légèrement à l'intérieur de la ligne. Le point d'impact est donc à l'intérieur : c'est simple et fluide, mais rapide et très efficace.

**Le swing non conventionnel –
Lee Trevino**
Malgré un swing n'ayant rien de classique, Lee Trevino a sans aucun doute l'une des frappes les plus maîtrisées qui aient été. Au set-up, il dirige toujours le corps à gauche de l'objectif mais la tête de club bien dans l'axe. Puis il amène la tête de club juste à l'extérieur de la ligne du jeu. Pour le downswing, Trevino descend les mains à l'intérieur de la ligne, ce qui lui permet d'attaquer la balle légèrement depuis l'intérieur et de lui imposer une trajectoire basse.

Corps
Épaules, pieds et hanches sont orientés vers la gauche de l'objectif.

Takeaway
Bras, mains et épaules bougent ensemble au départ du takeaway.

Face de club
Trevino ramène le club juste à l'extérieur de la ligne.

Un swing extraordinaire – Eamonn Darcy

Participant de la Ryder Cup, l'Irlandais Eamonn Darcy donne un exemple très poussé d'un coude droit très détaché du corps au backswing. Partant d'une position très peu classique, Darcy attaque la balle avec un étrange mouvement de hachage. Cela ne l'empêche pas, comme tous les meilleurs joueurs, de fournir tous les ingrédients d'une frappe solide : il ramène la tête du club sur la balle d'équerre avec la ligne du jeu et pointe l'objectif avec l'angle d'attaque correct.

Coude droit
Le coude droit est très décollé du corps au backswing.

Impact
La face du club est d'équerre avec la ligne du jeu à l'impact.

Downswing
Price commence son downswing en abaissant son club selon un plan plus plat.

Downswing
Au début du downswing, Trevino abaisse les mains à l'intérieur du plan de son backswing.

Corps et club
Trevino se retrouve dans la même position que Price, malgré des mouvements très différents.

Follow-through
Du fait d'un tempo parfait, celui de Price est parfaitement équilibré.

Follow-through
Le style de Trevino est très caractéristique.

Comment utiliser le Masterclass

Le Masterclass est un guide destiné à améliorer votre jeu. Il existe d'innombrables théories différentes sur la meilleure façon de jouer, mais une solution consiste en fait à voir où la théorie a été mise en pratique avec succès, soit chez les grands joueurs. Dans le Masterclass, le jeu de golf est décomposé en neuf parties ; chacune de celles-ci contient une série de leçons fondées sur les points de vue, les théories et les techniques des meilleurs golfeurs. Leur étude attentive vous permettra d'apprendre des secrets et de tester de nouvelles méthodes qui risquent fort d'influencer votre jeu.

PAGES D'INTRODUCTION
Chaque section du Masterclass commence par une double page d'introduction indiquant les principaux points abordés.

LEÇON
Chacune des neuf parties est elle-même divisée en leçons dans lesquelles vous trouverez tous les éléments vous permettant d'affiner votre jeu.

Séquence par un professionnel
Les pages d'introduction sont illustrées de séquences des points couverts dans les leçons, réalisées par des professionnels.

Table des matières
Chaque introduction comporte un sommaire où l'on trouve facilement les différentes leçons et les points essentiels de la partie.

LEÇON 2

Améliorer son downs

Il existe un moment critique dans le swing : ce celui de la transition entre la fin du qu backswing et le début du downswing. qui Même si l'on peut considérer que de

1 ARRIVER À L'APOGÉE IDÉAL
La position à l'apogée est conditionnée par le travail réalisé lors de la première partie du backswing. Si le club est à son apogée dans la position idéale (voir page 81), toutes les phases délicates sont réalisées. Faire pivoter le corps jusqu'à ce que les épaules se soient déplacées de 90° et que les bras montent amène le club à l'apogée idéal.

**À ÉVITER ABSOLUMENT
LE DOWNSWING TROP PRÉCIPITÉ**

Si le club est trop vif depuis l'apogée, le downswing devient trop étroit et trop étriqué. Il n'y a alors pas d'autre solution que de descendre à pic sur le haut de la balle, en perdant en puissance et en direction ; ce cas de figure est l'exact opposé de la solution qu'il convient d'adopter avec un driver.

Pied droit
La plus grande partie du poids du corps doit se déporter sur le pied droit.

75%

82

**À ÉVI
LE DOWNS**

À éviter absolument
Une rubrique très utile pour corriger des fautes et des erreurs dont personne n'est totalement à l'abri, pas même les meilleurs golfeurs à un moment ou à un autre de leur carrière.

Si le club est trop devient trop étroit et solution que de desc perdant en puissance l'exact opposé de la s un driver.

Introduction à la leçon
Elle vient compléter le titre et indique quels sont l'objet et l'intérêt de la leçon.

Points essentiels de la leçon
Il s'agit des points clefs qui vous éclaireront sur votre jeu pendant un parcours.

Code couleur
Chacune des neuf parties du Masterclass s'identifie facilement grâce au code couleur repérable sur la tranche des pages.

LEÇON 2 – AMÉLIORER SON DOWNSWING

...gement une réaction plutôt ...existe certains points clefs ...riser une attaque

2 TRANSFÉRER LE POIDS DU CORPS
Au début du downswing, le poids du corps doit se déporter sur le côté gauche, mais en douceur sinon le swing est trop étroit. Les jarrets restent tendus pour soutenir le déroulement de la partie supérieure du corps.

...aules
...épaules
...vent avoir
...té de 90°.

Position du club
Le manche du club doit être aussi proche que possible de l'horizontale.

Hanches
Elles doivent avoir tourné de 45°.

Angle correct
Gardez un angle de 90° entre l'avant-bras gauche et le manche du club.

Ligne des pieds

Coude droit
Abaissez le coude droit sur le côté.

Ligne d'objectif

VUE DE DESSUS
Le manche du club est parallèle à la ligne du jeu et les deux pouces sont situés au-dessous du manche.

Genoux
Gardez les genoux fléchis tout en maintenant leur écartement.

Poids du corps
Le poids se porte vers le côté gauche et l'objectif.

FRED COUPLES – LE «MOUVEMENT MAGIQUE»

Harvey Penick, gourou très expérimenté, appelait «mouve... magique» le départ idéal d'un downswing. Et **Fred Couple...** fait ici une démonstration parfaite.
Pour initier son downswing, Fred Couples transfère simple... son poids sur le pied droit ; il redescend le coude droit v... corps. Cela suffit : un petit mouvement mais terriblement eff... Notez également l'angle dans lequel est maintenu le poignet ... là où est emmagasinée la puissance.

FRED COUPLES – LE «MOUVEMENT MAGIQUE»

Harvey Penick, gourou très expérimenté, appelait «mouvement magique» le départ idéal d'un downswing. Et **Fred Couples** en fait ici une démonstration parfaite.
Pour initier son downswing, Fred Couples transfère simplement son poids sur le pied droit ; il redescend le coude droit vers le corps. Cela suffit : un petit mouvement mais terriblement efficace. Notez également l'angle dans lequel est maintenu le poignet droit, là où est emmagasinée la puissance.

SUR LE PRACTICE
TROUVER LA BONNE TRAJECTOIRE

Si vous regardez la ligne d'objectif, vous allez réaliser à quel point le «mouvement magique» est bénéfique. Au moment où le poids du corps commence à se déporter vers la gauche, le club se met automatiquement dans une trajectoire parfaite. Notez l'aplatissement du plan du swing, si léger soit-il, par rapport à sa situation à l'apogée. C'est une position idéale pour continuer le swing sur une bonne trajectoire, la tête du club se présentant d'équerre avec la balle.

Le jeu des «pros»
Pour chaque leçon, vous trouverez sous forme d'encadré les opinions ou les techniques des plus grands golfeurs du monde, et découvrirez ainsi comment les meilleurs professionnels gèrent leur parcours.

25%   50%   50%

83

...ST
...CIPITÉ

Répartition du poids
Ces pourcentages vous indiquent quelle est la répartition idéale du poids du corps sur chaque pied pendant les phases clefs du swing.

Sur le practice
Les leçons comportent très souvent un encadré consacré à l'entraînement et comportant des exercices illustrés qui vous aideront à affiner votre jeu, aussi bien mentalement que physiquement.

...le downswing ...alors pas d'autre ...ut de la balle, en ...cas de figure est ...t d'adopter avec

SUR LE PRACTICE
TROUVER LA BONNE TRAJECTOIRE

Si vous regardez la ligne d'objectif, vous allez réaliser à quel point le «mouvement magique» est bénéfique. Au moment où le poids du corps commence à se déporter vers la gauche, le club se met automatiquement dans une trajectoire parfaite. Notez l'aplatissement du plan du swing, si léger soit-il, par rapport à sa situation à l'apogée. C'est une position idéale pour continuer le swing sur une bonne trajectoire, la tête du club se présentant d'équerre avec la balle.

LÉGENDES

50%	*Répartition du poids*
	Mouvement du club
– – – – – –	*Alignement du corps*
· · · · · · · · ·	*Direction de la balle*

LES BASES D'UN BON SET-UP

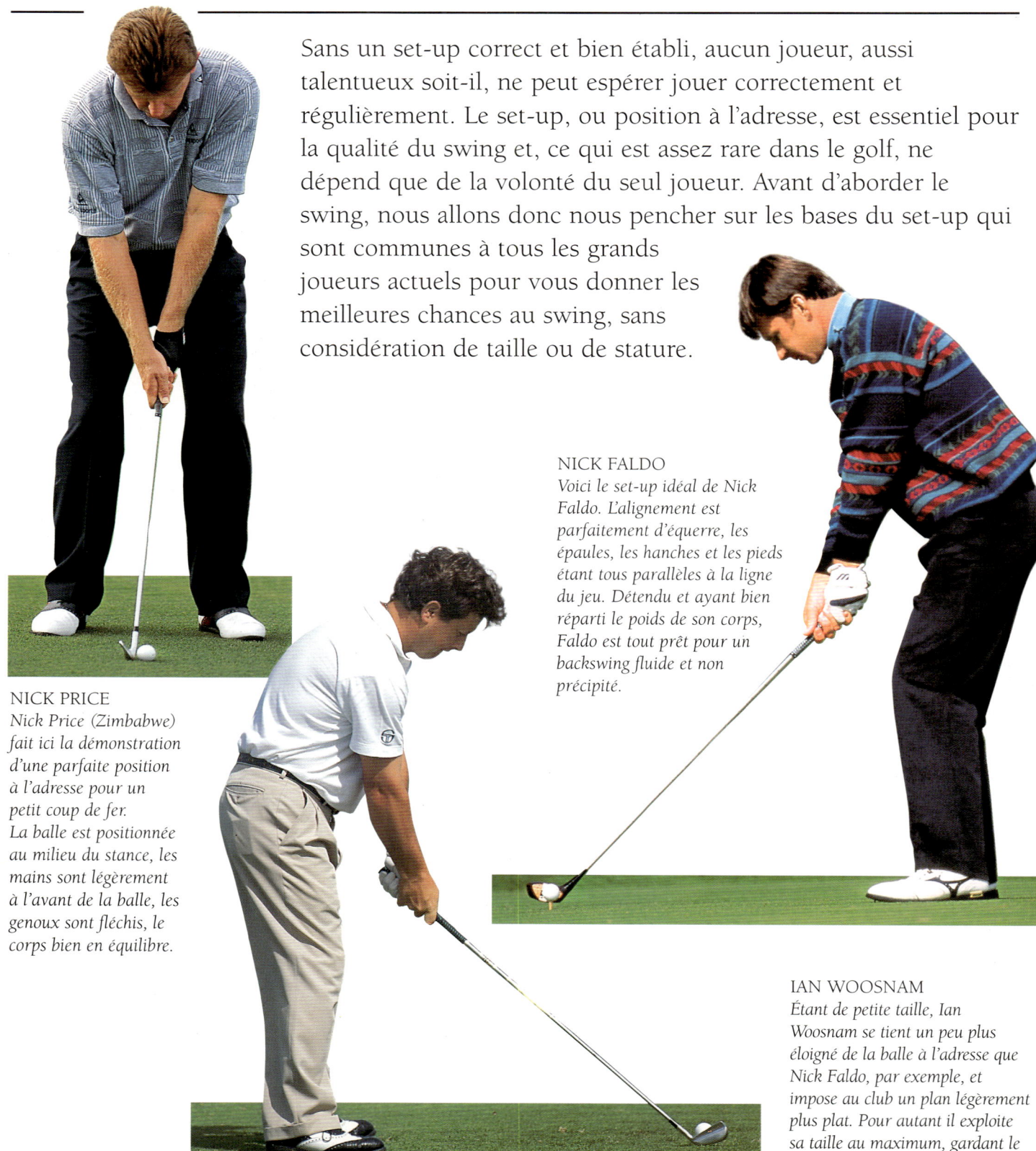

Sans un set-up correct et bien établi, aucun joueur, aussi talentueux soit-il, ne peut espérer jouer correctement et régulièrement. Le set-up, ou position à l'adresse, est essentiel pour la qualité du swing et, ce qui est assez rare dans le golf, ne dépend que de la volonté du seul joueur. Avant d'aborder le swing, nous allons donc nous pencher sur les bases du set-up qui sont communes à tous les grands joueurs actuels pour vous donner les meilleures chances au swing, sans considération de taille ou de stature.

NICK FALDO
Voici le set-up idéal de Nick Faldo. L'alignement est parfaitement d'équerre, les épaules, les hanches et les pieds étant tous parallèles à la ligne du jeu. Détendu et ayant bien réparti le poids de son corps, Faldo est tout prêt pour un backswing fluide et non précipité.

NICK PRICE
Nick Price (Zimbabwe) fait ici la démonstration d'une parfaite position à l'adresse pour un petit coup de fer. La balle est positionnée au milieu du stance, les mains sont légèrement à l'avant de la balle, les genoux sont fléchis, le corps bien en équilibre.

IAN WOOSNAM
Étant de petite taille, Ian Woosnam se tient un peu plus éloigné de la balle à l'adresse que Nick Faldo, par exemple, et impose au club un plan légèrement plus plat. Pour autant il exploite sa taille au maximum, gardant le dos droit et la tête relevée.

MARK MCNULTY
Mark McNulty se tient très droit et garde le menton relevé afin de ménager de l'espace pour le pivot des épaules au backswing : c'est l'une des raisons pour lesquelles il est l'un des joueurs les plus droits du circuit professionnel.

FRANK NOBILO
Frank Nobilo (Nouvelle-Zélande) nous montre ici une posture parfaite. Il a penché le tronc depuis la taille tout en gardant le dos droit, a la tête relevée, et ses bras ballent naturellement.

ERNIE ELS
Ernie Els illustre bien l'importance d'une posture correcte et d'un set-up détendu et confortable. Il a écarté les pieds d'une largeur d'épaules, et la balle est idéalement positionnée pour un long fer.

LES LEÇONS

Les leçons de cette partie vous aideront à mettre au point un set-up correct pour adresser la balle, ce qui est primordial pour un swing efficace.

Page 68
LEÇON 1

Se forger un bon grip

1 PRÉPARER LE GRIP
2 REFERMER LES DOIGTS AUTOUR DU GRIP
3 AVOIR LA PAUME DE LA MAIN DROITE FACE À L'OBJECTIF
4 RÉUNIR LES DEUX MAINS

Page 70
LEÇON 2

Améliorer sa posture

1 SE TENIR DROIT, BRAS TENDUS
2 SE PENCHER DEPUIS LA TAILLE
3 PLIER LES GENOUX

Page 72
LEÇON 3

Améliorer son stance et la position de la balle

1 AVOIR UNE ASSISE SOLIDE POUR LE DRIVER
2 AVEC UN WEDGE, RÉDUIRE LE STANCE

Page 74
LEÇON 4

Travailler la précision

1 VISUALISER POUR RÉALISER
2 AJUSTER LA FACE DU CLUB
3 AVOIR UN STANCE CLASSIQUE

Page 76
LEÇON 5

Déclencher le swing

1 FIXER LE POINT DANS LE TUNNEL
2 SE PRÉPARER AU MOUVEMENT

LEÇON 1

Se forger un bon grip

Ben Hogan avait une formule qui résumait parfaitement l'importance du grip : «Un joueur qui a un mauvais grip est un joueur qui ne veut pas avoir un bon swing.» Le positionnement des mains sur le manche conditionne la physionomie du swing, l'orientation de la face du club au moment de l'impact et, par voie de conséquence, la direction que prend la balle. Se forger un grip correct est donc essentiel.

SUR LE PRACTICE
DEUX DOIGTS ESSENTIELS

Il y a une position essentielle dans le grip : celle formée par le pouce et l'index de la main droite. Il faut qu'il existe un espace entre le majeur et l'articulation de l'index. Le pouce doit ensuite être positionné en travers vers le bas. Pour vous habituer à cette position, faites l'expérience suivante. Tenez le club dans la main droite, tendez la main et amenez le manche à peu près jusqu'au niveau du genou. Puis desserrez les doigts depuis le majeur jusqu'à l'auriculaire. Si le pouce et l'index sont positionnés correctement, le poids du club doit être supporté par ces deux doigts.

Main droite
Maintenez bien le bout du club.

Main gauche
Tenez le club en travers de la paume de la main gauche.

Main droite
Veillez à ce que la paume de la main droite soit face à l'objectif.

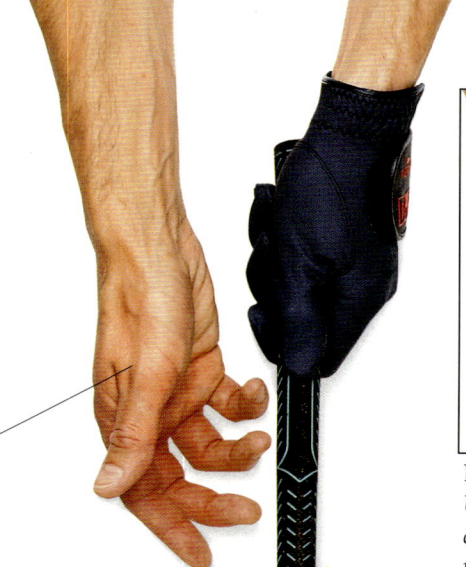

L'ÉPAISSEUR DU GRIP
Un grip est parfaitement adapté à vous si, en le prenant de la main gauche, le bout de vos doigts effleure la partie charnue de votre paume.

1 PRÉPARER LE GRIP
Quel que soit le style de grip, la procédure à suivre pour positionner correctement les mains sur le club est sensiblement similaire. Elles doivent être placées dans une position neutre sur la poignée, les paumes se faisant face, à angle droit de la ligne du jeu. Ainsi les mains travaillent en harmonie pendant tout le swing. Amenez la main gauche depuis sa position ballante naturelle et, en la maintenant à plat contre le grip, dos de la main face à l'objectif, placez le club en travers de la paume.

2 REFERMER LES DOIGTS AUTOUR DU GRIP
Refermez la main autour du grip : l'extrémité du club repose contre la partie charnue de la paume de la main gauche. Il faut que le pouce gauche soit placé vers la droite par rapport au centre. Pour une prise en main ferme, faites jouer la tête du club vers l'avant et l'arrière.

TROIS GRIPS DIFFÉRENTS – RONAN RAFFERTY, NICK FALDO ET JACK NICKLAUS

LA PRISE À DIX DOIGTS

Trois types de grips sont acceptés. Le base-ball grip constitue une prise en main idéale pour les jeunes golfeurs ou pour les personnes souffrant de problèmes d'arthrose dans les mains. Toutefois au plus haut niveau, ce style de grip n'est plus adopté aujourd'hui que par une poignée de professionnels : **Ronan Rafferty** (ci-dessous), joueur de la Ryder Cup, en est probablement le partisan le plus connu.

LA PRISE SUPERPOSÉE

Elle consiste à poser le petit doigt de la main droite sur l'index de la main gauche. Ce style de grip, appelé aussi «Vardon grip» du nom de celui qui le popularisa (voir page 16), est le plus répandu ; il est adopté par des joueurs comme **Nick Faldo** (ci-dessous) ou Seve Ballesteros. La prise superposée est la plus neutre de tous les types de grip et permet aux mains d'agir en formant un ensemble cohérent.

LA PRISE ENTRECROISÉE

Dans cette prise, le petit doigt de la main droite est entrelacé avec l'index de la main gauche. Comme la prise superposée, celle-ci favorise une participation harmonieuse des deux mains pendant toute la durée du swing. Elle s'est révélée efficace pour certains joueurs : le grand **Jack Nicklaus** (ci-dessous), Tom Kite, vainqueur de l'US Open 1992, ou John Daly, qui a remporté le British Open en 1995.

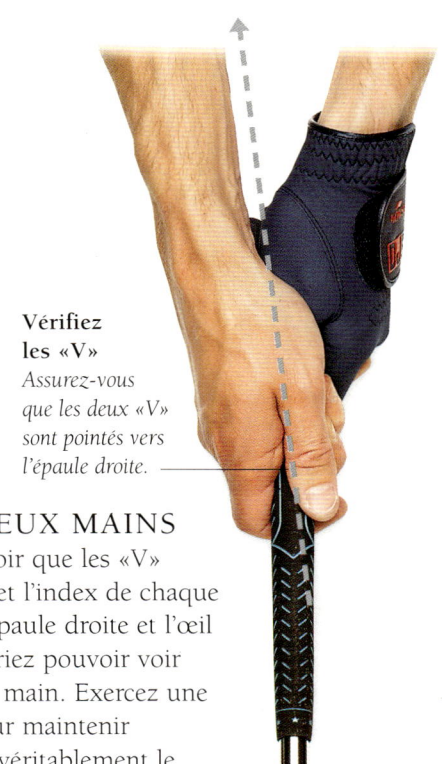

3 AVOIR LA PAUME DE LA MAIN DROITE FACE À L'OBJECTIF

Faites intervenir ensuite la main droite, paume face à l'objectif. Logez le grip à la base des doigts, refermez la main sur le grip. Dans les dernières étapes de prise en main, vous devez sentir que le pouce et l'index droits sont bien positionnés (voir encadré «Sur le practice»).

Main droite
Logez le club dans les doigts de la main droite.

Vérifiez les «V»
Assurez-vous que les deux «V» sont pointés vers l'épaule droite.

4 RÉUNIR LES DEUX MAINS

Vérifiez dans un miroir que les «V» formés par le pouce et l'index de chaque main sont pointées entre l'épaule droite et l'œil droit. Idéalement, vous devriez pouvoir voir deux articulations à chaque main. Exercez une pression juste suffisante pour maintenir fermement le club et sentir véritablement le poids de la tête entre vos doigts.

LEÇON 2

Améliorer sa posture

Les angles du corps créés à l'adresse, et désignés sous le nom de posture, ont des conséquences incontestables sur la physionomie et la qualité du swing. Le fait de travailler autant qu'il le faut pour arriver à des angles corrects permet à coup sûr d'obtenir un meilleur swing. À défaut de s'y plier, le swing comportera définitivement des mouvements de compensation.

Club
Tenez légèrement le club face à vous.

Bras
Veillez à ce qu'ils ne soient pas contractés.

1 SE TENIR DROIT, BRAS TENDUS

Cet exercice peut se pratiquer partout où l'occasion se présente, sur un practice ou dans un jardin. Il a pour objectif de vous familiariser avec le fait de ressentir la posture parfaite. Plus vous serez à l'aise avec cette position à l'adresse, plus vous aurez de chances de la répéter quand elle prendra toute son importance, c'est-à-dire sur un parcours. Tenez-vous debout, les bras tendus devant vous, sans être contractés, à hauteur de poitrine.

Stance
Tenez-vous droit en position confortable.

SUR LE PRACTICE
ÉTABLIR UNE BASE BIEN SOLIDE

Arriver à garder son équilibre pendant toute la durée du swing est un élément essentiel. Or l'équilibre tient à une répartition parfaite du poids à l'adresse. L'exercice que nous vous proposons ici vous aidera à obtenir cette répartition. Adressez la balle et demandez à un partenaire de vous pousser d'un côté ou de l'autre, ou de derrière. Si vous restez stable, c'est que votre poids est uniformément réparti. Si tel n'est pas le cas, il sera facile de vous déséquilibrer. Selon la façon dont vous vacillez, vous devez pouvoir déterminer la cause de votre déséquilibre et le corriger.

Tronc
Penchez vers l'avant le haut du corps à partir de la ceinture.

Grip
Maintenez le club de façon légère.

Tête de club
Abaissez le club et posez-le doucement sur le sol.

SUR LE PRACTICE CRÉEZ LES ANGLES CORRECTS

Voici un exercice pour vous permettre de vérifier à l'adresse les angles de votre corps. Mettez vous en position, demandez à un partenaire de maintenir l'extrémité du manche d'un club contre le milieu de votre épaule droite de façon que le club pende verticalement. Si le manche passe au niveau de votre genou droit, c'est que la posture est correcte ; si le bout du club est vers l'avant ou l'arrière de ce point, vous devez la rectifier.

SE PENCHER DEPUIS LA TAILLE

2 Abaissez la tête du club en penchant le haut du corps à partir de la taille, sans modifier les relations entre les bras et le haut du corps. Continuez jusqu'à ce que la tête du club vienne toucher le sol.

ERNIE ELS – GRAND, MAIS UNE POSTURE PARFAITE

Il n'existe pas de meilleur exemple de posture idéale que celle qu'adopte **Ernie Els.** Il n'a pourtant pas la morphologie rêvée, avec son 1,90 m pour 95 kg, mais il n'en est que plus attentif aux mouvements de base du golf. Sur cette photographie prise lors de l'US 1994, on voit nettement tous les éléments d'une posture parfaite.

Tête
Gardez la tête relevée pour ne pas gêner le mouvement de l'épaule.

PLIER LES GENOUX

3 Une fois que la tête du club a touché le sol, pliez les genoux, mais juste assez pour provoquer une légère tension au niveau des cuisses. Tendez légèrement les fesses et rentrez le ventre. Une posture correcte va entraîner un sentiment de dynamisme. Vous devez vous sentir détendu, mais pas mou.

Mains
Le grip doit être à la fois ferme et neutre.

Genoux
Ils doivent être assez souples.

Face de club
Dirigez la face de club vers l'objectif.

LEÇON 3

Améliorer son stance et la position de la balle

La largeur du stance, c'est-à-dire la distance d'écartement des pieds à l'adresse, dépend du club utilisé ; elle constitue un facteur essentiel pour obtenir un set-up régulier. Mais la position de la balle, tout aussi importante, conditionne la trajectoire et l'angle d'attaque de la tête du club à l'impact. Voici un certain nombre d'éléments clefs sur ces deux points.

1 AVOIR UNE ASSISE SOLIDE POUR LE DRIVER

Le driver est le club le plus long d'un set. Il est donc logique que les pieds soient plus écartés, la balle étant positionnée à l'intérieur du talon gauche.

Mains
Positionnez les mains au niveau, ou près, de la balle à l'adresse.

Genoux
Donnez un peu de souplesse dans les genoux.

Stance
Veillez à ce que les chevilles soient écartées d'une largeur d'épaules.

Ligne des pieds

Club
La face du club doit être d'équerre avec la ligne de jeu.

Ligne de jeu

POSITION DE LA BALLE
Avec un driver, la position de la balle se situe au niveau du talon gauche : on augmente les chances que la tête de club frappe la balle au bon angle d'attaque et sur la bonne trajectoire.

À ÉVITER ABSOLUMENT
UNE MAUVAISE POSITION DE LA BALLE

La position de la balle au stance a une influence directe sur la trajectoire de la tête du club à l'impact et sur la direction du coup. Ce schéma illustre les conséquences sur la direction initiale d'un coup.

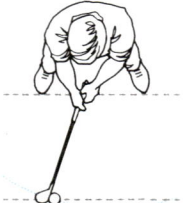

*Si la balle est **trop en arrière**, la tête de club va trop aller vers l'extérieur, ce qui va expédier la balle vers la droite de l'objectif.*

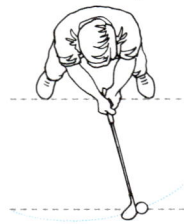

*Si la balle est **trop en avant**, la tête de club va aller trop vers l'intérieur, ce qui va expédier la balle à gauche de l'objectif.*

À ÉVITER ABSOLUMENT UNE MAUVAISE LARGEUR DE STANCE

Même la plus petite erreur à l'adresse peut provoquer des problèmes majeurs dans le swing lui-même. Prenons pour exemple la largeur de stance. Si vous avez les **pieds trop écartés**, vous ne pourrez pas faire un mouvement suffisant de pivot des hanches et des épaules. Votre backswing va inévitablement se trouver limité.

Si vous avez les **pieds trop rapprochés**, vous vous heurterez à des difficultés aussi graves. Un stance trop étroit ne donne pas une assise assez stable pour le swing. Il va vous donner de l'espace pour faire pivoter le haut du corps, mais s'avérera inefficace pour générer la puissance nécessaire au swing. Vous y perdrez aussi en équilibre.

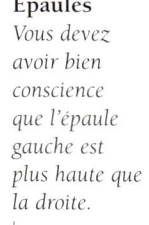

Épaules
Vous devez avoir bien conscience que l'épaule gauche est plus haute que la droite.

GREG NORMAN – IMPROVISER POUR MIEUX PIVOTER

Greg Norman a un swing parfaitement orthodoxe, mais il connaît aussi l'improvisation. À l'adresse, il lui arrive de tourner le pied gauche vers l'extérieur, ce qui lui permet de dégager le côté droit à l'impact. Cela empêche également un pivot excessif au backswing qui risquerait de créer une résistance. Suivez son exemple : déplacez le pied gauche. Vous pouvez faire de même avec le pied droit pour obtenir un meilleur backswing.

Mains
Les mains sont devant par rapport à la balle.

Stance
Avec un wedge, le stance est étroit.

2 AVEC UN WEDGE, RÉDUIRE LE STANCE

Le wedge étant à l'exact opposé du driver, il faut avoir les pieds rapprochés. Du fait de la nature du coup et de son manque d'ampleur, il est beaucoup moins difficile de conserver son équilibre. Pour tous les autres clubs, la largeur du stance se situera entre le driver et le wedge. L'expérience et l'entraînement vous permettront de déterminer où vous êtes le plus à l'aise.

LEÇON 4

Travailler la précision

Les plus grands professionnels surveillent constamment leur visée et leur alignement. Si vous ne pointez pas un fusil sur la cible, la balle ne pourra pas toucher son but ; ce constat s'applique au swing. La face du club doit être dirigée vers l'objectif, et l'alignement du corps doit correspondre à l'angle de la face du club, afin d'obtenir ce que l'on appelle l'alignement parfait. Voici les points clefs pour y parvenir.

1 **VISUALISER POUR RÉALISER**
Placez-vous derrière la balle et regardez la ligne du jeu. Imaginez le coup à réaliser, la distance à parcourir et l'endroit où la balle frappera le sol.

2 **AJUSTER LA FACE DU CLUB**
Ayant ainsi des idées claires sur le coup à réaliser, choisissez un objectif intermédiaire, comme une feuille morte ou une trace de divot, à environ une longueur de club plus loin sur la ligne du jeu. Visez ce point plutôt qu'un drapeau plus éloigné.

Balle
Choisissez un objectif au sol.

Vision
Établissez une ligne de vision sur un objectif intermédiaire.

Objectif
Ligne de tir pour l'objectif final

Club
Dirigez le club directement sur un objectif intermédiaire.

3 AVOIR UN STANCE CLASSIQUE

La face du club d'équerre, il vous reste à prendre le stance. Pour réaliser un coup droit sans effet, vos pieds, vos hanches et vos épaules sont d'équerre avec la face de club. Cette position, appelée alignement parallèle parfait, aura une influence positive sur l'allure et l'efficacité de tout le swing.

Bras
Une inclinaison correcte de la colonne vertébrale permet aux mains de baller librement.

Tête du club
Placez le club à l'équerre derrière la balle.

Main gauche
Le dos de la main gauche est face à l'objectif.

Pieds
Ils doivent être alignés parallèlement à la ligne d'objectif.

À ÉVITER ABSOLUMENT
UN MAUVAIS ALIGNEMENT

L'alignement est une phase préliminaire au swing très facile à mal exécuter ; et si ce point n'est pas corrigé, il peut compromettre l'arc du swing. Dans un stance fermé (ci-dessous à gauche), le club montera à l'intérieur du plan. Si le stance est trop ouvert (ci-dessous à droite), il y a toutes les chances pour que la tête du club revienne à l'extérieur du plan. Là encore, on s'écarte de l'idéal. Un swing est une réaction en chaîne et, si vous le démarrez mal, vous aurez beaucoup de difficultés à rectifier. Tout votre swing ne va alors devenir qu'une série de mouvements de compensation ; c'est à éviter à tout prix.

SUR LE PRACTICE
VÉRIFIEZ VOTRE ALIGNEMENT

Dès que vous êtes sur un practice, disposez des clubs sur le sol. Ceci vous aidera à aligner correctement les pieds de façon automatique par rapport à l'objectif. Si vous faites du practice avec un mauvais alignement, vous ne ferez que confirmer les fautes dans le swing, ce qui serait totalement contradictoire avec l'objectif premier du practice.

JAMIE SPENCE – SE CONSTRUIRE UNE IMAGE MENTALE POSITIVE

Le fait de visualiser un coup avant l'adresse est un élément essentiel de la réussite. Tous les joueurs de haut niveau font de la sorte, comme ici l'Anglais **Jamie Spence**. En général, ils se tiennent juste derrière la balle pour imaginer la trajectoire. La visualisation provoque une concentration totale sur le coup à venir. Elle permet aussi d'établir une image unique comme une lumière au bout d'un tunnel, excluant tous les éléments de distraction, comme le fait de s'interroger sur la profondeur d'un obstacle d'eau situé sur la droite du green… «Visualiser pour réussir» : une formule à se répéter pour éviter les coups mal dirigés.

LEÇON 5

Déclencher le swing

De nombreux joueurs se donnent un feu vert qui favorise le démarrage en douceur du mouvement. Cette pratique constitue le meilleur antidote aux problèmes des joueurs qui ont tendance à rester figés devant la balle ou qui démarrent leur backswing trop tôt.

PLAYER, PALMER, NICKLAUS – DES AS DE LA DÉTENTE

Il est plus facile de perpétuer un mouvement plutôt que de l'initier. C'est la raison pour laquelle les grands joueurs sont nombreux à démarrer leur swing avec un léger mouvement de détente. **Gary Player** (à gauche) donne un coup du genou droit ; **Arnold Palmer** (au centre) agite agressivement le club avant de projeter la balle au loin ; quant à **Jack Nicklaus** (à droite), il tourne la tête vers la droite. Tous ces mouvements présentent la même caractéristique : aider le joueur à démarrer le backswing en douceur, ce qui lui évite les mouvements brusques et saccadés. Ces petits trucs peuvent faire toute la différence ; alors n'hésitez pas à prendre un peu de temps pour expérimenter chacun de ces mouvements.

Yeux
Concentrez tous vos sens sur l'objectif.

Mains
Exercez seulement une légère pression.

1 **FIXER LE POINT DANS LE TUNNEL**
Ayez recours à la vision dans le tunnel (voir Bernhard Langer, page 158), en vous concentrant sur l'objectif.

Pieds
Répartissez le poids sur l'avant des deux pieds.

Tête du club
Posez doucement le club derrière la balle.

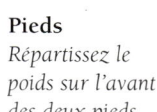

RESTER DÉTENDU

Un grip trop serré peut compromettre un swing. Une contraction des mains entraîne une tension dans les bras qui provoque une raideur des épaules. Cela donne un swing contracté, illustré ici.

Quel que soit le club, le grip doit être léger. Pour rester détendu, vous pouvez faire l'exercice suivant : prenez une position normale pour frapper une balle, laissez baller les bras. Puis répétez un mouvement normal de backswing ; les bras montent aisément, la rotation des épaules et du haut du corps est facilitée, le mouvement est parfait.

2 SE PRÉPARER AU MOUVEMENT

Faites du « waggle » pour éliminer la tension dans les mains et les bras et pour sentir le poids de la tête du club dans vos mains. Remuez les pieds pour les décontracter et garder les jambes alertes et bien d'aplomb, prêtes au transfert du poids du corps au cours du swing.

Tête
Tournez la tête à droite pour libérer un espace suffisant pour le mouvement de l'épaule.

DISSIPEZ LA TENSION
Faites du « waggle » pour vous assurer qu'aucune tension provenant de vos mains ne remonte aux bras ni aux épaules.

Mains
Votre grip n'étant pas serré, faites du « waggle ».

Tête du club
Assurez-vous que la tête reflète la trajectoire.

Pieds
Traînez les pieds pour les placer dans une position parfaite.

LES TECHNIQUES DU LONG JEU

Il n'y a rien de plus gratifiant que de taper un énorme drive au beau milieu du fairway. C'est ce que réussissent les golfeurs accomplis et ce à quoi aspirent les joueurs plus moyens. Mais la longueur d'un coup n'est pas seulement une question de force et de puissance musculaire. Sans prétendre arriver à des longueurs aussi impressionnantes que Greg Norman ou John Daly par exemple, chacun d'entre nous peut améliorer considérablement son jeu au driver en adoptant une meilleure technique sur l'aire de départ.

TOM WATSON
Un style de swing qui donne une très grande vitesse à la tête du club : tel est le secret de Tom Watson, cet excellent frappeur.

GREG NORMAN
L'un des meilleurs joueurs au driver qui aient jamais existé. Il a une puissance physique, mais la longueur de ses coups et leur précision sont plus à mettre au compte de la qualité de sa technique.

1 L'ADRESSE
Greg Norman balance la tête du club au-dessus du sol pour réaliser un takeaway fluide et tourne le pied gauche vers le trou pour aider son côté gauche à se libérer plus aisément au cours de l'impact.

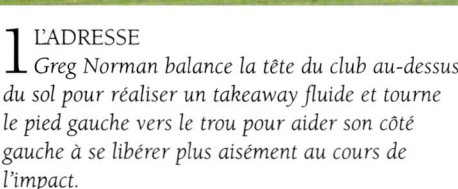

2 LE TAKEAWAY
Voici un exemple parfait. Il dessine un large arc de cercle et donne du rythme dans le swing ; ces deux éléments sont nécessaires pour engendrer la puissance nécessaire.

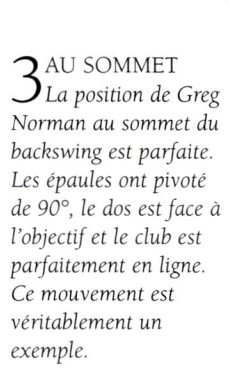

3 AU SOMMET
La position de Greg Norman au sommet du backswing est parfaite. Les épaules ont pivoté de 90°, le dos est face à l'objectif et le club est parfaitement en ligne. Ce mouvement est véritablement un exemple.

JOHN DALY

Tout le monde voudrait le voir manier un driver. Il arrive à expédier la balle à des distances considérables, grâce à une rotation massive des épaules et à un swing très long. La clef de cette réussite, c'est une force physique au profit d'une bonne technique.

6 LE FOLLOW-THROUGH

La tête du club part en roue libre dans un follow-through très haut, ce qui confirme que les phases précédentes ont été bien menées. Notez l'équilibre du corps au finish.

5 L'IMPACT ET SES SUITES

La longueur et la précision des frappes de Greg Norman tiennent également à cette phase. Le côté gauche du corps est effacé, les mains et les bras sont tendus en ligne. La position de la tête est maintenue légèrement derrière le point d'impact.

4 LE DOWNSWING

Au downswing, Greg Norman laisse le club circuler dans un plan légèrement plus plat, ce qui lui permet d'attaquer la balle depuis l'intérieur. Le bras droit reste près du corps, le côté gauche du corps s'est effacé, et la tête est bien maintenue derrière la balle.

LEÇON 1

Se forger un meilleur backswing

ANNIKA SORENSTAM – PUISSANCE MAXI PAR DÉPLACEMENT DU POIDS

C'est en déportant le poids du corps en harmonie avec la direction du swing que l'on obtient le plus de puissance. Si lors du backswing la rotation du haut du corps et le transfert du poids sont tous deux corrects, il s'ensuivra un mouvement naturel latéral sur le pied droit. Un bon exemple nous est donné ici par **Annika Sorenstam.** Notez la position de la tête à l'adresse, et comparez-la à celle adoptée à la fin du backswing : elle a bougé de 10 à 15 cm, ce qui permet à la joueuse de se trouver «derrière la balle».

Le swing tient de la réaction en chaîne, un bon mouvement tendant naturellement à en amener un autre. Les tout premiers maillons de cette chaîne sont bien évidemment les plus importants. Ils déterminent non seulement la physionomie, mais aussi la qualité du swing tout entier. Un set-up correct et un bon départ augmentent donc vos chances de faire un bon swing et donc de frapper la balle avec plus de régularité.

1 CONTRÔLER LES POINTS CLEFS

Avant un swing, commencez par vérifier votre posture (voir page 70), la répartition du poids de votre corps, en mettant légèrement plus de poids sur le côté droit si vous jouez avec un club long. Assurez-vous que la balle est au niveau de la face interne du talon gauche. Et enfin, vérifiez la hauteur du tee.

Club
Vous devez ressentir le manche du club comme une extension de votre bras.

Grip
Il doit être neutre et dévoiler deux articulations sur chaque main.

LA HAUTEUR DU TEE
Tirez parti des avantages procurés par le tee : vérifiez-en la hauteur. D'une manière générale le haut de la tête du driver doit se trouver à hauteur de l'équateur de la balle posée sur le tee. Cette règle s'applique quelles que soient la dimension et la forme de la tête du driver, ou d'un autre club utilisé lors du coup de départ.

Genoux
Veillez à ce que vos genoux soient confortablement fléchis à l'adresse.

Talons
Écartez les talons l'un de l'autre d'une largeur d'épaules environ.

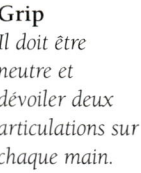

55% 45%

2 FAIRE BLOC AVEC LES BRAS

Ayez la sensation de lier vos deux bras dans le premier tiers du backswing. Un takeaway d'une seule pièce met l'épaule gauche, le genou gauche et la hanche gauche bien en place pour un downswing correct. Le haut du corps aussi réagit bien à l'élan des bras, tandis que les mains et les poignets restent passifs.

Menton
Gardez le menton haut et dégagé du cou.

Club
Éloignez lentement le club en décrivant un large arc de cercle.

Jambes
Ayez les jambes fermes au départ du takeaway.

SUR LE PRACTICE **SOULEVER LE TALON GAUCHE**

Au début du siècle, on gardait le talon posé à terre, probablement à cause du manque d'aisance donné par les vêtements de l'époque. De nos jours, tout dépend de la souplesse du joueur. Si celui-ci a besoin de soulever le talon pour favoriser un pivot complet, qu'il le fasse. Cela dit, il vaut mieux attendre le plus longtemps possible avant de décoller le pied, afin de faciliter la création d'une résistance dans le swing.

Haut du corps
Le dos tourne et fait naturellement face à l'objectif.

Genou gauche
Le genou et la hanche gauches sont pointés vers la balle du fait du mouvement de rotation du haut du corps.

Angle correct
Le manche et l'avant-bras gauche doivent former un angle de 90°.

Hanches
Éloignez la hanche droite de la balle.

Genou droit
Il doit être fléchi.

Poids du corps
Le poids doit légèrement se déporter sur le pied droit.

60%   40%

ERNIE ELS – LE TAKEAWAY D'UNE SEULE PIÈCE

Les bons joueurs laissent le club traîner dans la première phase du takeaway. Cette action d'une seule pièce donne de l'ampleur et de la coordination au swing, ce qui est essentiel pour les pleins coups, en particulier.
Regardez par exemple le takeaway exemplaire d'**Ernie Els**, vainqueur de l'US Open 1994. Le haut du corps, les mains, les bras et le club s'écartent de la balle dans un mouvement harmonieux. Les poignets sont presque totalement passifs, ne commençant à pivoter que lorsque les mains atteignent un point situé au-dessus de la hanche droite.

3 PIVOTER À L'APOGÉE

Les poignets se cassent, le corps continue à tourner et les bras montent le club. Vous devez arriver à une position «à 9 heures» (voir page 168), dans laquelle la tête du club pointe vers le ciel.

LEÇON 2

Améliorer son downswing

Il existe un moment critique dans le swing : celui de la transition entre la fin du backswing et le début du downswing. Même si l'on peut considérer que ce dernier est largement une réaction plutôt qu'une action, il existe certains points clefs qui peuvent favoriser une attaque de downswing.

1 ARRIVER À L'APOGÉE IDÉAL

La position à l'apogée est conditionnée par le travail réalisé lors de la première partie du backswing. Si le club est à son apogée dans la position idéale (voir page 81), toutes les phases délicates sont réalisées. Faire pivoter le corps jusqu'à ce que les épaules se soient déplacées de 90° et que les bras montent amène le club à l'apogée idéal.

À ÉVITER ABSOLUMENT
LE DOWNSWING TROP PRÉCIPITÉ

Si le club est trop vif depuis l'apogée, le downswing devient trop étroit et trop étriqué. Il n'y a alors pas d'autre solution que de descendre à pic sur le haut de la balle, en perdant en puissance et en direction ; ce cas de figure est l'exact opposé de la solution qu'il convient d'adopter avec un driver.

Épaules
Vos épaules doivent avoir pivoté de 90°.

Position du club
Le manche du club doit être aussi proche que possible de l'horizontale.

Hanches
Elles doivent avoir tourné de 45°.

Ligne des pieds

Ligne d'objectif

VUE DE DESSUS
Le manche du club est parallèle à la ligne du jeu et les deux pouces sont situés au-dessous du manche.

Genou droit
Le genou droit reste fléchi pour créer une «résistance» au swing.

Pied droit
La plus grande partie du poids du corps doit se déporter sur le pied droit.

75%   25%

2 TRANSFÉRER LE POIDS DU CORPS

Au début du downswing, le poids du corps doit se déporter sur le côté gauche, mais en douceur sinon le swing est trop étroit. Les jarrets restent tendus pour soutenir le déroulement de la partie supérieure du corps.

Angle correct
Gardez un angle de 90° entre l'avant-bras gauche et le manche du club.

Coude droit
Abaissez le coude droit sur le côté.

Genoux
Gardez les genoux fléchis tout en maintenant leur écartement.

Poids du corps
Le poids se porte vers le côté gauche et l'objectif.

50%   50%

FRED COUPLES – LE «MOUVEMENT MAGIQUE»

Harvey Penick, gourou très expérimenté, appelait «mouvement magique» le départ idéal d'un downswing. Et **Fred Couples** en fait ici une démonstration parfaite.

Pour initier son downswing, Fred Couples transfère simplement son poids sur le pied droit ; il redescend le coude droit vers le corps. Cela suffit : un petit mouvement mais terriblement efficace. Notez également l'angle dans lequel est maintenu le poignet droit, là où est emmagasinée la puissance.

SUR LE PRACTICE
TROUVER LA BONNE TRAJECTOIRE

Si vous regardez la ligne d'objectif, vous allez réaliser à quel point le «mouvement magique» est bénéfique. Au moment où le poids du corps commence à se déporter vers la gauche, le club se met automatiquement dans une trajectoire parfaite. Notez l'aplatissement du plan du swing, si léger soit-il, par rapport à sa situation à l'apogée. C'est une position idéale pour continuer le swing sur une bonne trajectoire, la tête du club se présentant d'équerre avec la balle.

LEÇON 3

Avoir un meilleur impact

On retrouve chez les meilleurs drivers de l'histoire une position similaire au moment où le club frappe la balle. Celle-ci a peu évolué entre l'époque d'Harold Hilton (fin XIXᵉ) qui avait un mouvement rapide et saccadé et celle de Fred Couples dont le long jeu est réputé.

Tête
Gardez bien la tête en arrière du point d'impact.

Épaule droite
Ramenez l'épaule droite sous le menton.

Talon droit
Laissez le talon droit décoller du sol pendant que la partie supérieure du corps opère une rotation.

Bras
Étendez bien les bras afin de rétablir le «rayon du swing».

Angle du manche au moment de l'impact

25% • 75%

CURTIS STRANGE – LE RAYON CORRECT

Avoir le bras gauche tendu n'est pas essentiel au backswing, mais est absolument crucial pour obtenir un bon impact au downswing. Cela permet de présenter la tête du club d'équerre avec la balle et selon un angle d'attaque correct : c'est ce que l'on appelle «rétablir le rayon du swing». **Curtis Strange**, qui remporta l'US Open, nous montre ici un mouvement parfait avec un fer, mais son exemple serait aussi valable avec un driver. Au sommet du backswing, le coude gauche est nettement plié ; en revanche il se tend à l'impact, ce qui rétablit le rayon du swing et donne un contact ferme.

1 BIEN «CONTACTER»
Pour obtenir un impact parfait, quel que soit le type de club, il ne s'agit pas de frapper mais de «traverser». C'est un élément essentiel à garder en tête, même si l'idée de frapper est une bonne image à avoir à ce moment-là pour faire ressortir les éléments clefs de cette étape critique du swing.

Pour obtenir de la puissance dans un punch, un boxeur doit transférer le poids de son corps du pied arrière au pied avant. De la même façon, un golfeur doit s'exercer à utiliser le poids du corps, tout particulièrement dans les coups longs. Voici un exercice pour bien exploiter le poids, de l'impact au finish.

1 *Adressez normalement la balle ; vous pouvez toutefois prendre le club un peu plus court.*

2 *Montez le club et efforcez-vous de transférer votre poids sur le côté droit.*

3 *Le poids du corps sur le pied avant, ayez la sensation d'être au-dessus de la balle à l'impact.*

4 *Comme si vous emboîtiez le pas de la balle, le poids du corps doit vous entraîner vers l'avant.*

2 ALLER EN ROUE LIBRE APRÈS L'IMPACT

Entraînés par le poids de la tête du club, les bras, après l'impact, terminent leur course en roue libre. Le driver est le club le plus dynamique ; c'est lui qui demande le swing le plus puissant, en conservant un parfait équilibre. On ne doit jamais avoir une impression d'instabilité. Rétrogradez et roulez aux trois quarts de votre puissance.

3 FINIR EN ÉQUILIBRE

Le joueur doit avoir un mouvement fluide et rythmé s'il veut obtenir de la précision et de la portée. L'impression de poser dans une position parfaite au finish augmente la concentration et le contrôle de son swing.

Épaules
Amenez l'épaule droite au-delà du menton.

Colonne vertébrale
Gardez la colonne vertébrale relativement droite pour soulager l'effort sur le bas du dos.

10%   90%

Équilibre
Faites porter sur la jambe gauche la plus grande partie du poids du corps.

20%   80%

LEÇON 4

Gagner de la longueur

Les dernières avancées technologiques en matière de driver ne résolvent pas tout : c'est en améliorant sa technique que l'on arrive à obtenir le supplément de longueur recherchée. Pour frapper la balle plus loin, il faut se concentrer sur les mouvements et sensations clefs qui donnent au club toute sa puissance à l'impact.

1 PENSER «LARGE»
Pour allonger, élargissez légèrement le stance pour avoir une meilleure stabilité afin de supporter un surcroît de puissance. Mettez plus le poids sur le côté droit à l'adresse (répartissez à 60% – 40% en gros) : cela permet un pivot complet du corps et une bonne torsion des dorsaux, mais évite aussi l'un des principaux ennemis du coup long : l'effet-retour du pivot au backswing.

JOHN DALY – LE PIVOT MAXIMUM

Grâce à un backswing démesuré et un downswing foudroyant, **John Daly** expédie la balle à des distances incroyables. Son swing n'est certainement pas à recommander à un joueur moyen, mais on peut tirer profit de certains aspects de sa technique. Ainsi vous ne devez pas avoir peur d'un over swing exagéré, nettement préférable à un swing trop court. Mais rappelez-vous que plus un backswing est long, plus vous devrez avoir un rythme coulé, particulièrement au moment de la transition entre backswing et downswing.

CRÉER LES ANGLES CORRECTS
La posture est essentielle au golf. Fléchissez les genoux et penchez le tronc à partir de la ceinture pour amener vos bras à baller librement. Avec des angles corrects, on donne au swing une bonne physionomie.

SUR LE PRACTICE **DÉGAGEZ LE MENTON**

Rien n'est plus désastreux que de garder la tête dans les épaules à l'adresse. Quand on se tasse pour fixer un point précis au sol, on restreint pratiquement tous les aspects du swing, en particulier le pivot et le transfert du poids. En redressant la tête, vous dégagez de l'espace pour placer l'épaule gauche sous le menton et faciliter le pivot.

Tête de club
Faites du «waggle» pour obtenir un takeaway fluide.

Stance
Faites un écart légèrement plus grand que pour les autres coups.

60% 40%

2 DONNER DE L'AMPLEUR AU TAKEAWAY

Il est absolument essentiel que le takeaway soit le plus ample possible. L'extension des bras va amener l'épaule gauche sous le menton, tandis que la rotation du buste va tendre les muscles du côté gauche.

VUE DE DESSUS
Rapprochez quelque peu les genoux afin de bloquer les jambes, car elles devront rester fermes et résister à la rotation du buste et des hanches pendant le backswing.

Bras gauche
Faites supiner l'avant-bras gauche pour aider la face du club à rester d'équerre avec l'arc du swing.

Créez de l'ampleur
Éloignez le club dans un large arc de cercle, en décrivant un mouvement bas et lent.

70%   30%

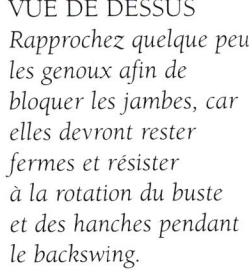

GREG NORMAN – UN TAKEAWAY FLUIDE ET AMPLE

De nombreux joueurs, parmi lesquels **Greg Norman** et Jack Nicklaus, ne laissent pas le club reposer sur le sol à l'adresse. Ce n'est peut-être pas une technique facile à maîtriser, mais elle a l'avantage de favoriser la fluidité et l'ampleur du takeaway ; elle mérite donc que l'on y passe le temps nécessaire. Un autre conseil : assurez-vous que la balle est positionnée face au talon gauche. Ainsi vous aurez plus de chances que la tête du club balaye la balle du tee et de pouvoir réaliser l'impact idéal pour exploiter au mieux le loft du driver.

3 FRAPPER FORT DE LA MAIN DROITE

Démarrez votre mouvement en douceur (voir «Le mouvement magique», page 83), mais mettez de la force dans la main droite pour l'impact. Henry Cotton disait qu'il était impossible de frapper trop fort de la main droite pour peu que la gauche travaille simultanément. Vous devez avoir l'impression que l'avant-bras droit traverse le gauche à l'impact.

Poids du corps
Transférez votre poids à gauche dans la zone de l'impact.

LEÇON 5

Élaborer une stratégie sur le tee

L'aire de départ est la seule zone du terrain où le joueur est libre de choisir sa cible : c'est un choix qui mérite un peu de réflexion. Voici quelques points clefs de tactique qui sont très utiles à observer avant de mettre la balle en jeu.

1 SURÉLEVER LE TEE POUR ALLER HAUT

Le positionnement du tee en hauteur permet d'améliorer la physionomie du swing et de faciliter le déplacement de la balle en vol. Si vous jouez vent arrière et que vous devez réussir une portée maximale, vous avez intérêt à augmenter la hauteur du tee : ainsi la balle se lèvera plus et vous aurez tiré un meilleur parti du vent.

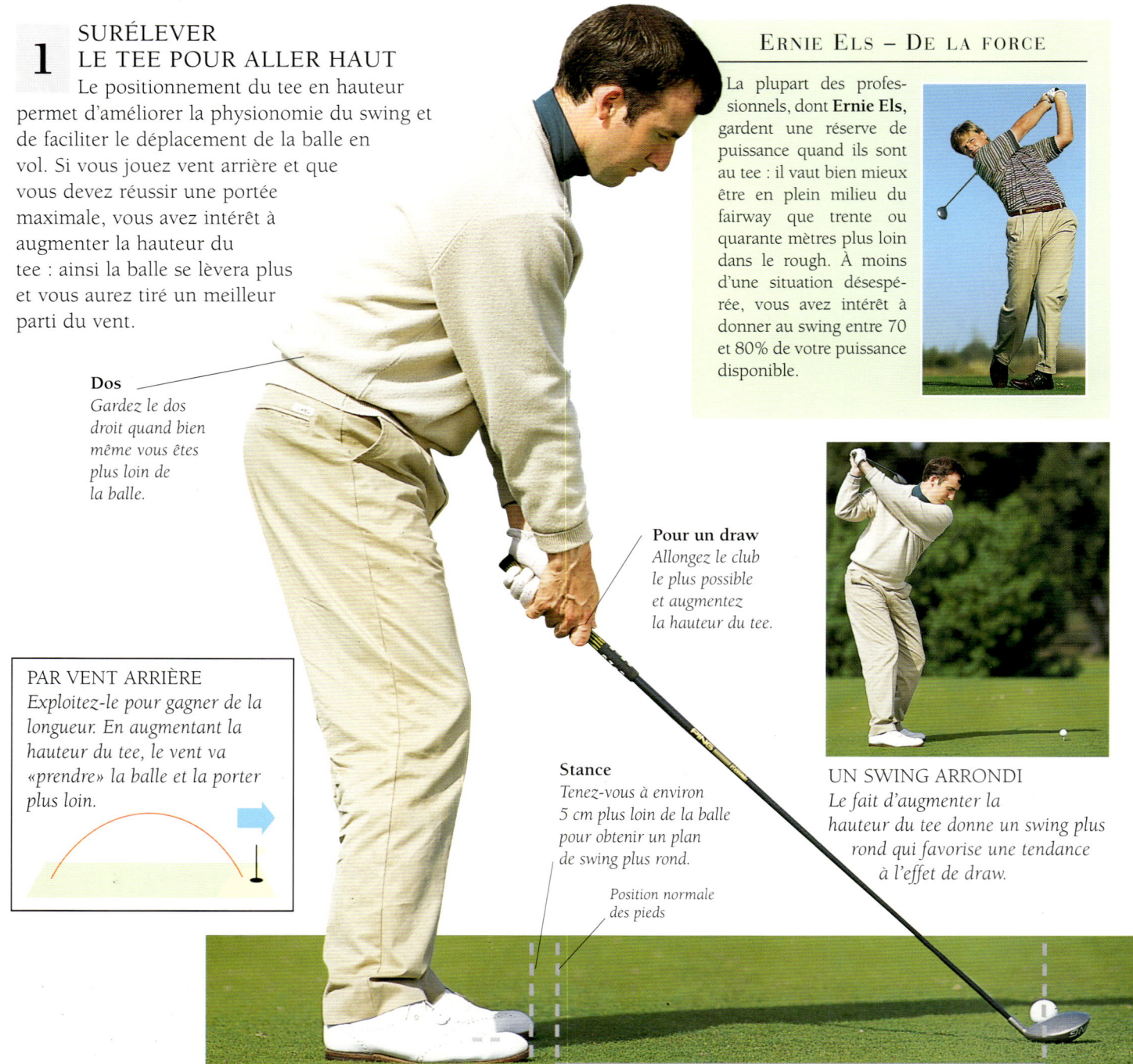

Dos
Gardez le dos droit quand bien même vous êtes plus loin de la balle.

Pour un draw
Allongez le club le plus possible et augmentez la hauteur du tee.

Stance
Tenez-vous à environ 5 cm plus loin de la balle pour obtenir un plan de swing plus rond.

Position normale des pieds

PAR VENT ARRIÈRE
Exploitez-le pour gagner de la longueur. En augmentant la hauteur du tee, le vent va «prendre» la balle et la porter plus loin.

ERNIE ELS – DE LA FORCE

La plupart des professionnels, dont **Ernie Els**, gardent une réserve de puissance quand ils sont au tee : il vaut bien mieux être en plein milieu du fairway que trente ou quarante mètres plus loin dans le rough. À moins d'une situation désespérée, vous avez intérêt à donner au swing entre 70 et 80% de votre puissance disponible.

UN SWING ARRONDI
Le fait d'augmenter la hauteur du tee donne un swing plus rond qui favorise une tendance à l'effet de draw.

2 ABAISSER LE TEE POUR MIEUX PÉNÉTRER L'AIR

Jouer contre le vent est très pénalisant. Plus la trajectoire de la balle sera basse, moins le vent aura de prise. Baissez la hauteur du tee pour faire un coup plus bas et donner à la balle une trajectoire plus combattive. Mais évitez d'arriver trop à pic sur une balle positionnée bas sur un tee : vous créeriez un back spin trop important qui aurait pour effet de faire monter la balle plus haut.

Tête
Gardez la tête aussi immobile que possible.

Dos
Il doit être maintenu droit dans un stance légèrement plus vertical.

Jambes
Vous devez sentir une tension à l'adresse.

COLIN MONTGOMERIE – POUR ARRIVER AU FAIRWAY

Montgomerie est connu pour driver loin et droit. On peut attribuer cela au fait qu'il a travaillé un certain type de coup, auquel il a cru. **Montgomerie** donne un léger fade à ses drives. Il surélève la balle, puis vise le côté gauche du fairway. Si le coup suit le plan, la balle revient au milieu du fairway. Même si la balle va tout droit, elle termine dans la deuxième moitié du fairway, au pire en lisière du semi-rough. Et si par hasard il fait un fade trop prononcé, la balle s'immobilise dans la moitié droite du fairway, ou dans le semi-rough dans le pire des cas. Découvrez quel est le coup qui vous convient : c'est la clef de la régularité.

PAR VENT DEBOUT
Un vent debout peut affecter la portée d'un coup. Baissez la hauteur du tee pour faire passer la balle sous le vent.

UN SWING PLUS VERTICAL
De même qu'un tee plus haut favorise un draw, un tee surbaissé par rapport à la normale favorise un swing plus vertical et, partant, une tendance au fade. Si un trou présente des dangers sur la gauche, vous avez intérêt à abaisser le tee et à prendre le club plus court.

Évitez un hook
Descendez la position de votre grip et du tee par rapport à la normale pour favoriser un plan de swing plus vertical. Vous diminuerez ainsi le risque d'un coup hooké.

Fade
Pour favoriser le fade, tenez-vous un peu plus près de la balle pour avoir un plan de swing plus vertical.

Position normale des pieds

LES BASES D'UN BON JEU DE FER

Les longs fers sont des clubs, si l'on peut dire, dont on accepte les écarts. Même les plus grands joueurs parviennent rarement à approcher très près du trou avec de tels clubs. Si le jeu au driver et au putter sont des phases importantes d'un trou, un solide jeu de fer est tout aussi important. Tous les grands joueurs au fer présentent une grande régularité dans leur jeu, qu'il s'agisse d'Ernie Els au swing classique ou de Raymond Floyd, au style très personnel.

DAVID GRAHAM
C'est la précision de son jeu de fer qui lui a permis de remporter deux tournois majeurs. En 1981, il gagnait à Merion l'US Open grâce à la précision de ses fers ; en 1967, il avait réussi à atteindre tous les fairways à l'exception d'un seul.

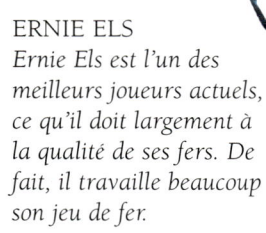

ERNIE ELS
Ernie Els est l'un des meilleurs joueurs actuels, ce qu'il doit largement à la qualité de ses fers. De fait, il travaille beaucoup son jeu de fer.

2 PIVOT ET ARMEMENT
Après avoir fait un parfait takeaway d'une seule pièce, Ernie Els arme ses poignets et donne ainsi au club un plan idéal. Le haut du corps commence un mouvement de rotation amenant l'épaule gauche sous le menton.

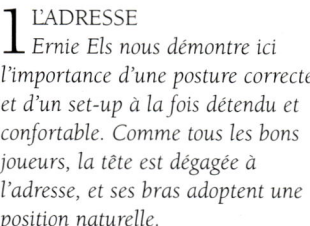

1 L'ADRESSE
Ernie Els nous démontre ici l'importance d'une posture correcte et d'un set-up à la fois détendu et confortable. Comme tous les bons joueurs, la tête est dégagée à l'adresse, et ses bras adoptent une position naturelle.

3 AU SOMMET
Voici une position superbe en haut du backswing : elle constitue un modèle pour améliorer son swing. Les épaules ont pivoté de 90°, tandis que les hanches et les genoux ont résisté à la rotation du haut du corps.

6 LE FOLLOW-THROUGH

Un finish parfaitement équilibré comme celui-ci vient confirmer que toutes les phases du swing ont été réussies : c'est la base pour avoir un jeu de fer solide et régulier.

RAYMOND FLOYD
Malgré un swing qui n'a rien de classique, Raymond Floyd fait des approches meurtrières : il prouve ainsi l'importance d'une technique répétitive, quel que soit le style.

5 L'IMPACT
Ici encore, la position est parfaite : c'est un exemple à suivre par tous les amateurs. Ernie Els maintient la tête légèrement en arrière du point d'impact, et le club part en roue libre au follow-through.

4 LE DOWNSWING
Dans tous les meilleurs swings, on constate que le club redescend légèrement à l'intérieur de la ligne. Notez l'équilibre et le rythme parfaits que maintient Ernie Els, qui se place en position idéale pour attaquer la balle.

LEÇON 1

Se mettre à l'adresse

La position à l'adresse est un paramètre fondamental pour avoir un bon jeu de fer, mais on a trop tendance à la négliger. Pourtant, c'est un élément que chacun peut totalement contrôler. Tous les grands joueurs ont une routine de contrôle, la même pour tous les coups. Chacun a ses propres repères et ses propres manies. L'essentiel est d'être constant et d'avoir pris l'habitude de contrôler méthodiquement sa position à l'adresse.

1 **VÉRIFIER LA POSTURE**
La posture idéale est déterminée par la longueur du manche. Avec un fer 3 à long manche, le stance doit être un peu plus éloigné de la balle et l'angle de la colonne vertébrale plus vertical qu'avec un driver (voir page 72). En comparaison, un fer 6 a un manche plus court de 5 cm environ ; il exige un stance plus rapproché et une plus forte inclinaison du tronc. Le fer 9 est plus court encore : il demande donc un stance plus rapproché de la balle et une position du tronc encore plus inclinée pour favoriser un plan de swing plus vertical.

Fer 3

Fer 6

Fer 9

SUR LE PRACTICE TROUVER UNE POSITION RÉGULIÈRE À L'ADRESSE

1 Tenez-vous derrière la balle, face à l'objectif. Choisissez pour cible un point sur le sol.

2 Tenez par la main droite le haut du manche du club. Posez le club derrière la balle, coude contre hanche.

3 Adoptez un grip normal. Penchez-vous à partir de la taille et placez le club derrière la balle.

4 Fléchissez les genoux.
Cet exercice vous donne une position régulière.

LES BOIS DE FAIRWAY
Les longs fers ne représentent pas toujours la meilleure option sur un fairway. Quand le lie est pelé, un bois de fairway à petite tête pardonnera plus les erreurs qu'un long fer. Par temps pluvieux, un bois lofté est plus efficace pour «enlever» la balle et lui donner du «carry», c'est-à-dire une trajectoire de portée maximum, ce qui est essentiel quand le terrain est lourd.

BOIS 7

2 RÉGLER LA POSITION DE LA BALLE

Dans une large mesure, la position de la balle dicte l'angle d'attaque. Avec un fer 3, qui est le plus propice au balancement, la position de la balle est très similaire – hormis la cheville gauche à l'adresse – à celle adoptée avec un driver. Un fer 9 demande un angle d'attaque plus raide pour favoriser un coup plus vif. Le fer 6 exige une position intermédiaire par rapport aux deux autres. Ces indications ne constituent que des repères qu'il vous appartient de moduler.

Fer 3
Position idéale : juste à l'intérieur ou en face du talon gauche.

Fer 6
Balle en position médiane.

Fer 9
Bon repère : à 10 cm en deçà du talon gauche.

3 GARDER UNE POSITION RÉGULIÈRE À L'ADRESSE

La clef du succès consiste à créer des exercices de set-up adaptés à chacun. On retrouve chez tous les grands joueurs les caractéristiques d'un set-up correct : alignement parallèle des pieds et épaules, poids du corps réparti sur les deux pieds, mains au-dessus de la balle. Pour la balle, vous aurez le choix entre la position conventionnelle (ci-dessous avec un fer 5), ou celle de Jack Nicklaus (en bas à gauche).

Épaules
Veillez à ce que l'épaule gauche soit plus haute que la droite.

Hanches
Maintenez les hanches parallèles à la ligne du jeu.

Mains
Gardez les mains au-dessus ou juste en avant de la balle.

Stance
Écartez les pieds d'une largeur d'épaules.

Équilibre
Répartissez uniformément le poids de votre corps.

50%   50%

JACK NICKLAUS – UNE POSITION DE BALLE CONSTANTE

Parmi les grands joueurs, **Jack Nicklaus** présente la particularité d'adopter une position de balle constante quel que soit le club choisi. Il considère en effet que l'alignement par rapport au talon gauche est la seule position de la balle qui permette toujours à la tête du club de se déplacer parallèlement à la ligne du jeu. Toute autre position, plus intérieure au stance, aura pour conséquence que la balle sera frappée trop tôt au downswing, puisque le club chemine encore de l'intérieur vers l'extérieur.

Nicklaus adopte donc un stance ouvert pour ses fers courts, et écarte progressivement le pied droit à mesure qu'augmente la longueur des manches de clubs.

LEÇON 2

Construire un swing répétitif

Le légendaire Ben Hogan faisait des coups nettement plus droits que quiconque. Il avait d'ailleurs dit un jour qu'il voulait laisser le souvenir de celui qui tapait le plus droit, et non le plus loin. Il est bon de s'inspirer de cette ligne de conduite que s'était fixée une telle star du golf. Ici, il n'y a pas de mystère : plus on répète le mouvement du swing, plus on a de chances d'obtenir des résultats réguliers.

BEN HOGAN – LA PRÉCISION

Quand **Ben Hogan** frappait avec un fer, on avait l'impression que la balle partait dans un coin de ciel qui lui était réservé, à lui seul ; et cela grâce à un swing qu'il était capable de répéter à l'infini. Il ne forçait jamais son coup, tout était dans la précision et la régularité : quelle leçon ! En prenant un club de plus et en faisant un swing à la fois fluide et dégagé, on peut gagner en précision car la qualité de la frappe sera bien meilleure et plus régulière.

1 ÊTRE SYNCHRONISÉ
On relève chez tous les grands joueurs au fer un certain nombre de caractéristiques communes, et notamment un démarrage synchronisé au backswing. Il faut donc veiller, au début du backswing, à ce que les épaules, les bras, les mains et le club s'écartent de la balle de façon fluide et simultanée. Une connexion trop peu assurée à ce stade peut s'avérer désastreuse.

Corps
Le côté gauche avance vers la balle.

Début du takeaway
Gardez la tête du club parallèle à la ligne formée par vos pieds pendant les trente premiers centimètres du takeaway.

Takeaway
Écartez simultanément les mains, les bras et le club.

Transfert du poids
Sentez le poids de votre corps se déporter du pied gauche au droit.

Tête du club
Le takeaway d'une seule pièce permet à la tête du club de s'éloigner de la balle selon un large arc de cercle.

Genou droit
Maintenez de la souplesse dans le genou droit.

60%   40%

Tête du club
Elle est maintenue square par rapport à l'axe du swing.

2 AMENER LE CLUB SUR LE PLAN CORRECT

L'étape suivante du backswing consiste à faire pivoter les poignets afin d'amener le club sur le plan correct. Pendant que les bras continuent leur balancement et que le corps pivote, les poignets tournent pour commencer à pointer vers le ciel la tête du club. L'angle du manche doit être identique à celui formé à l'adresse.

Tête
Gardez la tête au même niveau qu'à l'adresse.

Poignets
Armez les poignets tandis que les bras continuent le swing.

Genou droit
Gardez de la souplesse dans le genou droit.

Épaules
Amenez l'épaule gauche là où se trouvait l'épaule droite à l'adresse.

Haut du corps
Faites pivoter le haut du corps en harmonie avec le mouvement des bras.

Talon gauche
Soulevez le talon gauche si nécessaire.

À ÉVITER ABSOLUMENT
UNE FACE DE CLUB MAL POSITIONNÉE

Face fermée *Une face de club trop fermée est due à un manque de rotation de la main et de l'avant-bras au backswing. De ce fait, les chances de redescendre le club d'équerre au downswing sont encore plus minces.*

Face ouverte *Un club présenté avec une ouverture excessive est un cas moins courant mais tout aussi néfaste. Il oblige à de nombreux mouvements de compensation pour ramener le club d'équerre par rapport à la balle.*

SUR LE PRACTICE
S'AUTO-ANALYSER

L'auto-analyse de ses propres mouvements est rendue difficile par le fait qu'il n'est pas possible de voir et d'étudier en temps réel les éléments du swing. Un swing devant un miroir ou une vitre vous permettra de vérifier la position du club et le plan du swing, mais c'est le film qui constitue le meilleur outil d'analyse. Le caméscope est l'instrument parfait, mais vous pouvez aussi demander à quelqu'un de prendre plusieurs photographies de votre backswing.

Le swing sur film
Demandez à un ami de prendre des photos de votre backswing avec des angles de vue différents.

Construire un swing répétitif

3 **PARVENIR AU SOMMET**
Vérifiez la position à l'apogée grâce à un miroir ou aux commentaires d'un ami. Il est important que le manche du club, s'il est horizontal par rapport au sol, soit parallèle à la ligne d'objectif. L'angle de la tête du club doit correspondre à celle formée par l'avant-bras. Cet angle, appelé square ou neutre, représente la position idéale pour la visée.

Square au sommet
Amenez le club parallèlement à la ligne du jeu au sommet ; la face de club et l'avant-bras forment le même angle.

FACE FERMÉE
Une face de club fermée peut provoquer un coup hooké.

FACE OUVERTE
Ici, la face du club est ouverte, ce qui peut entraîner un slice.

SUR LE PRACTICE
LE CONTRÔLE À 90°

Il est important que la face de club reste d'équerre à l'axe du swing. Voici un exercice qui facilite le contrôle de la position de la face de club, tout du moins dans les premières étapes du backswing.

1 *Adressez la balle. N'importe quel club convient, mais un fer moyen est préférable.*

2 *Puis démarrez le takeaway, mais stoppez quand le manche du club est horizontal.*

3 *Tournez alors de 90° sur la droite, abaissez les bras, penchez le tronc et posez le club à terre.*

4 *Sans que vous ayez modifié votre grip, la tête de club doit toujours être d'équerre avec le stance.*

Tête
Gardez la tête au même niveau pendant toute la durée du swing.

UNE FORTE ROTATION
Notez le ratio : les épaules ont pivoté de 90°, les hanches de 45°. La plus grande partie du poids est sur le pied droit.

Genou droit
Vous devez sentir une résistance dans le genou et la cuisse droits.

Ligne d'objectif

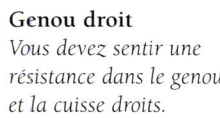

JOSE MARIA OLAZABAL – UN BUT POUR S'EXERCER

Harvey Penick, le grand professeur américain, était convaincu de l'importance qu'il y avait à avoir un but pour s'exercer au practice. **Jose Maria Olazabal** confirme cette opinion dans le livre qu'il a signé.

Trouvez un but pour travailler votre swing. Visez un point précis, comme par exemple un divot. Fermez les yeux et attachez-vous à créer et ressentir un rythme fluide. Prenez légèrement le club en main, écoutez le sifflement de la tête du club dans la zone d'impact. Exploitez ces précieuses secondes pour acquérir la maîtrise de vous-même avant de faire un swing réel.

SUR LE PRACTICE
UN SWING PLUS FLUIDE

 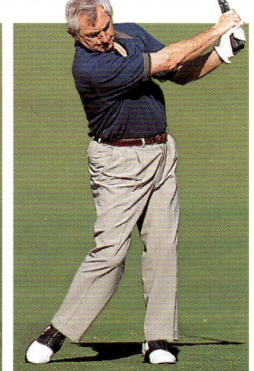

Avec un base-ball grip (voir page 69), faites un swing avec deux fers. Pratiquez un mouvement lent et fluide en vous attachant à maintenir un bon rythme et un équilibre parfait. Vous devez ressentir que les muscles sollicités dans le swing s'étirent et s'accoutument aux mouvements du swing.

Manche du club
Aplatissez très légèrement le plan du swing.

Coudes
Abaissez le coude droit vers le côté du corps.

Talon droit
Laissez le talon droit se soulever pendant le transfert du poids de votre corps sur le côté gauche.

4 GARDER LA PUISSANCE DANS LE SWING

Le «mouvement magique» s'applique au jeu de fer aussi bien qu'au driver. Ramenez le poids du corps vers le côté gauche, de façon fluide mais réfléchie, et commencez à dérouler le haut du corps. Le coude droit doit être abaissé vers le côté ; ne vous préoccupez pas de vos mains, elles entreront toutes seules dans la zone de l'impact (voir page 98).

Poignet gauche
Maintenez le plus longtemps possible un angle de 90° entre le poignet gauche et le manche du club.

DÉPORTER, DÉROULER
Pendant le downswing, soyez attentif à votre épaule gauche se dégageant du menton. Puis commencez à dérouler le haut du corps.

LEÇON 3

Se concentrer sur l'impact

À ÉVITER ABSOLUMENT
UNE MAUVAISE POSITION DE LA BALLE

Si la balle est **trop au pied gauche**, la tête du club sera au bas de l'arc avant d'atteindre la balle ; cela va provoquer, soit une gratte (le club frappe le sol avant la balle), soit un top (le club frappe le haut de la balle).

Si la balle est **trop au pied droit**, le résultat sera tout aussi décevant. La tête du club va entrer en contact avec la balle avant d'avoir eu le temps d'atteindre le bas de l'arc, et l'impact à l'équateur de la balle manquera de puissance.

C'est l'impact qui constitue le moment de vérité. «Tout dans le swing» a pour objectif ce moment critique où le fer doit opérer une frappe nette et nerveuse. Mais il est important de garder en tête le fait que nos illustrations ne sont que des positions de joueurs en action : elles sont l'instrument du swing et non sa fin.

1 ENLEVER LA BALLE

Pour donner à la balle une trajectoire régulière et précise, il faut descendre directement et verticalement sur la balle, plus pour les petits fers que pour les longs. Essayez de garder en tête l'image d'une tête de club «enlevant» la balle. Si vous avez une bonne position de balle et un angle d'attaque correct, vous obtiendrez une frappe nette et nerveuse.

Tête
Maintenez la tête en arrière du point d'impact.

Poignet gauche
Gardez ferme le poignet gauche.

Bras
Étendez bien les bras.

Position à l'impact
À l'impact ce sont les mains qui donnent l'impulsion au club.

Talon droit
Le fait de soulever le talon droit est un bon indicateur du déplacement du corps vers l'objectif.

35%   65%

BALLESTEROS, TREVINO, WOOSNAM – L'IMPACT PARFAIT

Chaque joueur a un swing dont le style lui est propre, mais les meilleurs golfeurs adoptent tous à l'impact une position pratiquement identique. **Severiano Ballesteros** (à gauche), **Lee Trevino** (au centre) et **Ian Woosnam** (à droite) sont trois grands joueurs ayant des morphologies et des styles très différents, mais on retrouve chez chacun des points communs à l'impact : la hanche gauche est nettement dégagée, le poids du corps est sur le pied avant et le poignet gauche est ferme.

2 OUVRIR LES ÉPAULES À L'IMPACT

On commet couramment l'erreur consistant à penser que le corps doit reprendre une position d'équerre à l'impact afin de percuter la balle d'équerre. En fait, les hanches, le corps et les épaules doivent être légèrement ouverts par rapport à la ligne du jeu, afin de libérer l'espace nécessaire pour que les bras abaissent le club selon l'arc correct.

SUR LE PRACTICE
UNE FRAPPE NETTE ET NERVEUSE

Au jeu de fer, il faut avoir une frappe nette et nerveuse et éviter les «grattes» dues au fait que la tête du club accroche le sol avant de percuter la balle. Voici un exercice permettant d'améliorer la frappe. Prédéterminez d'abord à l'adresse la position idéale pour un impact idéal. Déportez votre poids sur le pied gauche et soulevez un peu le talon droit. Veillez à ce que les hanches et les épaules soient légèrement ouvertes, la tête et le corps étant plus au-dessus de la balle. Vous ressentirez ainsi la bonne position à l'impact.

1 *Adressez la balle en imaginant la position de l'impact.*

2 *Amorcez le backswing avec le poids du corps sur le côté droit.*

3 *Ramenez le poids sur la gauche en repassant par la position initiale.*

4 *Finissez en équilibre, le poids étant sur le pied gauche.*

Genou
Pliez le genou droit à l'impact.

Talon droit
Soulevez le talon droit en transférant votre poids sur le côté gauche.

Mains
Bras et mains amènent la face de club d'équerre avec la balle.

Tête du club
Elle opère un contact idéal : balle, puis gazon.

LEÇON 4

Finir en équilibre

Pour que le transfert du poids du corps soit correct au swing, la tête doit aller vers la droite au backswing. Cependant, un mouvement latéral trop prononcé dans la partie inférieure du corps posera des problèmes si le timing n'est pas parfait. Voici un exercice qui vous permet d'obtenir un pivot du corps plus efficace. Plantez dans le sol un parapluie de golf ou un vieux manche de club à une quinzaine de centimètres du côté de la hanche gauche.

1 Faites le backswing en portant votre poids sur le genou droit.

2 La hanche gauche commence à s'effacer dans la zone de l'impact.

3 Faites le follow-through sans glisser, ni bouger le parapluie.

4 Terminez en parfait équilibre, sans avoir déplacé le parapluie.

Même s'il n'est plus possible d'agir sur la course de la balle une fois celle-ci expédiée, le follow-through constitue une phase importante du swing. Le fait de se concentrer sur un certain nombre d'éléments postérieurs à l'impact est souvent source de perfectionnement du swing, tant au niveau de l'impact que de la précision.

Épaule
Envoyez l'épaule gauche au-delà du menton.

1 ENTRAÎNER L'ÉPAULE DROITE

Essayez de rester en contact avec la balle à l'impact le plus longtemps possible pour autant qu'il n'y ait pas de gêne. Entraînez l'épaule droite au-delà du menton en direction de l'objectif. Il est bon d'avoir en tête cette position d'extension correcte.

Mains
Le mouvement naturel consistant à croiser la main droite sur la gauche indique un bon relâchement après l'impact.

Hanches
Continuez à dérouler les hanches et le haut du corps après la frappe.

Jambes
Maintenez l'équilibre pendant le downswing et après l'impact.

20%   80%

SUR LE PRACTICE **LE SIFFLEMENT LIBÉRATEUR**

Voici un exercice très efficace pour maintenir le tempo pendant un parcours. Il est utilisé par de nombreux joueurs de haut niveau. Partez d'un stance normal, balancez la tête du club à environ 60 centimètres du sol. Faites un backswing et ramenez le club dans la zone d'impact. Quand il n'y a pas de balle, le mouvement du club va produire un sifflement impressionnant. Répétez plusieurs fois ce mouvement, et vous allez sentir que votre corps commence à se libérer. Cela favorise une accélération sans à-coups de la tête du club au downswing et dans la zone d'impact. Attachez-vous à recréer cette sensation dans un swing normal.

2 TRAVERSER EN PARFAIT ÉQUILIBRE

Le fait de maintenir un bon équilibre est un point critique pour les fers. Au finish du swing, la colonne vertébrale doit être droite, et l'épaule droite au-dessus du pied gauche. Si vous trébuchez ou êtes déséquilibré, c'est à coup sûr que votre swing n'était pas parfait. Un mauvais équilibre tient souvent à un mouvement trop rapide ou trop brutal.

Dos
La colonne vertébrale doit être aussi droite que possible au finish.

Pied droit
Les clous des chaussures sont apparents au follow-through.

Épaule droite au-dessus du pied gauche.

Vue de dessus
Le corps est en équilibre parfait au finish.

5% 95%

LANNY WADKINS ET FRED COUPLES – LA VITESSE DES SWINGS

Les joueurs n'ont pas tous la même vitesse de swing. **Lanny Wadkins** (à gauche) est très rapide : il a à peine saisi le club que la balle est déjà expédiée vers l'objectif. À l'inverse, **Fred Couples** (à droite) a un swing nettement plus lent, et d'ailleurs une approche globale du jeu moins vive.

Ces deux joueurs ont réglé leur swing selon un tempo qui leur permet de contrôler leur club. Avec cet exercice vous déterminez la meilleure vitesse du swing. Allez sur le terrain de practice et tapez 10 balles à 50% de votre puissance, puis 10 autres balles à 60%, jusqu'à donner toute votre puissance. Grâce à cet étalonnage, vous pourrez déterminer quel est le swing qui vous donne la meilleure régularité, en termes de distance et de frappe.

LEÇON 5
Être à l'écoute

Quel dommage de ne pas pouvoir lire dans les pensées des professionnels, de ne pouvoir bénéficier de leur expérience et de leur sagesse… Malgré tout, nous avons beaucoup à apprendre de leur jeu et de la façon dont ils organisent leur parcours. Une étude attentive de la façon dont ils le «négocient» est un atout important pour améliorer son jeu de fer.

LARRY MIZE – UN DÉPART DE RÊVE

Le premier coup du premier trou donne souvent le ton du parcours tout entier : c'est ce qu'a brillamment démontré **Larry Mize** au cours du parcours final du British Open 1994. Deux bunkers bordaient le premier fairway, ce qui rendait la zone de réception des drives dangereusement étroite. Pour ce par 4, il aurait pu essayer de se rapprocher le plus possible du green avec un driver. Au lieu de cela, Mize choisit un fer. Puis, depuis une position sûre sur le fairway, il fit un eagle en mettant la balle dans le trou au deuxième coup. Le départ d'un parcours peut être déterminant. Prenez un club qui vous permettra de ne pas rater le premier fairway. Dès le départ, c'est la précision qui compte, pas la longueur.

SUR LE PRACTICE
BIEN CONNAÎTRE SES DISTANCES

Il est important que vous sachiez quelle est la portée de chacun de vos clubs. Les joueurs n'en ont bien souvent qu'une notion sommaire ; et pourtant, on peut améliorer son jeu au fer en affinant la précision des coups. Faites ce petit exercice pour étalonner chacun de vos clubs. Tapez vingt balles avec chaque club en écartant à chaque fois les cinq plus longues et les cinq plus courtes. Les dix balles restantes vous indiquent la portée moyenne du club.

1 TIRER PLEINEMENT PARTI DU DÉPART

Avec un fer long sur un trou court il est important d'utiliser à plein l'aire de départ. Les Règles du Golf fixent la profondeur de celle-ci à deux longueurs de club à partir des marques de départ : c'est une latitude qu'il convient d'exploiter au mieux. Inévitablement, la portion de l'aire située à l'arrière de la zone où la plupart des joueurs ont planté leur tee sera en meilleur état. Cherchez également à exploiter toute la largeur de l'aire de départ : en modifiant l'angle du jeu, on peut rendre le coup plus facile.

Distance maximale
Vous pouvez planter le tee jusqu'à deux longueurs de club des marques de départ.

Position des pieds
Vous pouvez avoir les pieds au-delà des limites du départ si la balle se trouve en deçà.

Visée
Dirigez la face de club sur un accroc de divot situé entre la balle et l'objectif.

2 IDENTIFIER UNE CIBLE

Les divots et les accrocs qui s'ensuivent mettent forcément les départs des pars 3 à rude épreuve. Au lieu de vous en indigner, tirez-en profit : servez-vous en de repère pour régler votre alignement. Choisissez un accroc de jeu correspondant à la ligne de jeu, alignez la face du club sur ce point pour que la visée soit parfaite. Vous pouvez utiliser l'accroc laissé par le divot pour viser, mais placez le tee devant. Au downswing et à l'impact, votre club s'alignera sur ce repère.

3 PRENDRE L'HABITUDE D'UN ALIGNEMENT PARALLÈLE

Prenez l'habitude de construire votre stance autour de la position de la face du club. Apprenez à harmoniser un stance d'équerre et une face de club d'équerre grâce à des lattes de plancher ou à un tapis spécial. Exercez-vous le plus souvent possible jusqu'à ce qu'un alignement parfait soit devenu comme une seconde nature.

Ligne du jeu

Épaules

Orteils

Hanches

ALIGNEMENT PARALLÈLE

Pieds
Veillez à ce que vos pieds soient dans un alignement parallèle parfait.

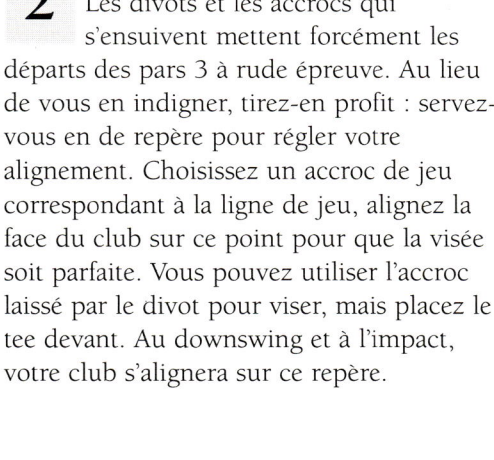

L'APPROCHE PITCHÉE

Sans prétendre arriver un jour à la puissance de frappe de John Daly ou Greg Norman, il est possible d'améliorer son petit jeu et notamment ses approches pitchées, condition nécessaire pour scorer mieux. Faire de bonnes approches pitchées est à la portée de n'importe quel golfeur, quelle que soit sa conformation. Nous allons voir dans cette partie quelles sont les techniques permettant aux meilleurs joueurs de faire des coups très précis, et les leçons à en tirer pour se mettre méthodiquement au travail.

TOM KITE
C'est notamment grâce à la précision de ses approches que Tom Kite est devenu l'un des meilleurs joueurs du circuit : la réussite ne tient pas seulement à l'efficacité d'un long jeu.

NICK FALDO
Le Britannique Nick Faldo a un petit jeu remarquable ; ses approches pitchées témoignent de beaucoup d'adresse. Son rythme fluide explique en partie pourquoi il pitche si souvent au «mât».

1 L'ADRESSE
Malgré sa grande taille, Nick Faldo garde le dos droit au-dessus de la balle à l'adresse. Pour amorcer son takeaway, il a le haut du corps penché naturellement depuis la taille, les genoux fléchis, le menton dégagé et la tête parfaitement immobile.

2 LE TAKEAWAY
Le takeaway de Faldo est d'une seule-pièce. Le club, les mains, les bras et les épaules s'écartent de la balle ensemble. Les poignets ne se cassent que lorsque les mains sont pratiquement à hauteur de taille.

3 LE BACKSWING
Un trois-quarts de backswing est la clef d'un pitch maîtrisé. Faldo pivote complètement, mais les mains ne montent pas plus haut que l'épaule.

SANDY LYLE
Bien qu'étant réputé pour la puissance des ses longs fers notamment, Sandy Lyle approche également très bien. Sa maîtrise tient en grande partie à un backswing relativement court et à un rythme sans à-coups.

6 **LE FOLLOW-THROUGH**
L'impulsion donnée par le swing fait remonter le club en un finish parfaitement équilibré. Du fait du parcours en roue libre du club jusqu'à l'apogée du follow-through, la tête se relève pour suivre la balle en vol.

5 **L'IMPACT**
La position à l'impact est parfaite : Faldo garde la tête immobile en libérant le mouvement du club, et le poids du corps se déporte sur le côté gauche.

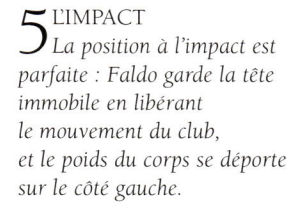

4 **LE DOWNSWING**
Faldo ouvre légèrement le stance, ce qui est essentiel pour réussir un coup pitché et lui permet d'effacer le côté gauche au downswing. Ainsi, il donne à la tête du club la trajectoire et l'angle d'attaque idéaux.

LEÇON 1

Gagner en précision

L'une des meilleures façons d'améliorer ses scores est d'approcher avec précision. Sauver un coup en pitchant au drapeau arme définitivement bien. Ce qui compte, c'est de contrôler la balle. Les joueurs qui approchent mal sont ceux qui ont mal appréhendé ce coup : il faut à la fois contrôler la précision et la portée de la trajectoire.

JOSE MARIA OLAZABAL –
TROUVER SA ZONE DE PITCHING

Plutôt que de savoir quelle doit être la distance d'un coup, il vaut bien mieux réussir à parcourir une distance déterminée constituant une zone de pitching spécifique à chacun. Ainsi, n'ayant pas réussi un coup de départ, **Jose Maria Olazabal** demanda à son cadet quel était le club qui lui assurerait 80 m pour le coup d'après. En anticipant ainsi une étape, Olazabal se mettait en position d'envisager un coup pitché avec confiance. Les heures passées à frapper des balles au practice sont récompensées. Le fait d'établir sa propre distance de pitching donne un avantage pour rapprocher au maximum la balle du trou et faire un meilleur score.

1 FAIRE DE SUBTILS CHANGEMENTS À L'ADRESSE
La balle doit être positionnée à peu près au milieu du stance (voir page 93), de façon qu'elle soit frappée selon un angle d'attaque légèrement descendant. Vérifiez bien également que le manche du club et votre bras sont dans le même prolongement : cette position permet une frappe nerveuse atteignant la balle avant le sol.

Tête
Gardez la tête relevée et immobile.

Bras
Ayez le haut du corps détendu, vos bras ballent sans tension ni raideur.

Mains
Gardez les mains en avant de la balle.

Manche
Il est dans l'exact prolongement du bras gauche.

Balle
Elle doit se trouver près du centre du stance.

50%   50%

2 OUVRIR LE STANCE

La position à l'adresse diffère entre une approche pitchée et un plein coup normal : l'alignement doit être légèrement ouvert pour permettre au côté gauche du corps de s'effacer à l'impact et la face du club doit être dirigée directement vers l'objectif, malgré l'ouverture de l'alignement.

Dos
La colonne vertébrale est inclinée vers l'avant dans une position confortable.

Épaules
Veillez à ce que l'épaule droite soit au-dessus du genou droit, un peu à l'extérieur.

Grip
Le grip doit être à la fois ferme et léger.

Stance
Écartez légèrement plus les pieds que lors d'une adresse habituelle.

Face du club
Dirigez la face du club sur l'objectif.

SUR LE PRACTICE **GAGNER EN SYNCHRONISATION**

Dans les coups pitchés courts, les golfeurs commettent souvent l'erreur de jouer des poignets dans la première phase du takeaway. Il en résulte une perte de coordination et une appréciation irrégulière de la ligne et de la longueur. Cet exercice permet d'améliorer la synchronisation du mouvement d'écartement du club, des mains, des bras et du torse. Il donne également une frappe régulière et une meilleure capacité à évaluer les distances.

1 *Adressez normalement la balle et abaissez les mains sur le manche jusqu'à ce que l'extrémité du grip soit bien coincée contre le ventre.*

2 *Commencez à éloigner le club sans modifier la relation entre les bras, le club et le torse. Faites pivoter le haut du corps jusqu'à ce que vos mains dépassent le genou droit.*

GARY PLAYER – CHOISIR LE BON ÉQUIPEMENT

Seuls quatre joueurs ont réussi le grand chelem, dont **Gary Player**. Celui-ci aime à répéter une statistique sidérante : 70% des coups se jouent à cent yards (91 m) au plus du green. On comprend alors d'autant moins qu'il existe tant de golfeurs mal équipés pour le petit jeu. Vous, ne commettez pas cette erreur. Emportez trois wedges : un pitching wedge normal plus deux autres wedges loftés. Vous trouverez une large gamme de clubs dont le loft va de 52 à 60° qui vous permettront d'être paré à toute éventualité.

LEÇON 2

Acquérir la technique

Deux étapes sont importantes pour faire de bonnes approches pitchées : acquérir une technique permettant d'obtenir une précision régulière dans le trajet de la balle en vol et apprendre à évaluer les distances. La deuxième phase ne peut s'obtenir qu'à force de pratique.

Cuisse droite
Vous devez sentir une certaine tension dans la cuisse droite.

Genou droit
Gardez de la souplesse dans le genou droit.

Pied gauche
Le talon doit rester collé au sol.

VUE DE FACE
Un bon transfert de poids et une rotation correcte du haut du corps sont aussi essentiels pour un pitch que pour un drive.

1 FAIRE UN BACKSWING CLAIR ET NET

Le fait d'ouvrir légèrement le stance permet de maîtriser les mouvements du bas du corps et de créer une résistance pendant la rotation du haut du corps. Le fait de prendre le club plus court donne un backswing aux trois quarts, à la fois compact et net, qui permet un meilleur contrôle du coup. Mais le raccourcissement du swing ne vous dispense pas de transférer correctement le poids de votre corps.

NICK FALDO – UN BACKSWING PLUS COURT

Nick Faldo nous démontre ici le profit à tirer de l'adoption d'un grip court pour un coup pitché où la puissance, réfrénée, s'efface au bénéfice de la précision. En rapprochant les mains de la balle et de la tête du club, il exerce un contrôle plus efficace ; mais il réduit aussi automatiquement le backswing aux trois quarts, ce qui limite la distance en vol de la balle sans qu'il soit besoin d'un quelconque effort.

2 EFFACER LE CÔTÉ GAUCHE

Le swing étant relativement court, vous avez moins de temps pour effacer le côté gauche au downswing. Si vous ouvrez légèrement votre stance, il vous sera plus facile d'effacer le côté gauche. Vous aurez de l'avance, ce qui est exactement ce qu'il faut pour que la tête du club circule sur l'arc idéal.

Haut du corps
Déroulez le haut du corps au downswing.

Tête du club
Maintenez la tête de club d'équerre avec l'arc du swing.

Mains
Vous devez bien sentir vos mains abaissant la tête du club vers la balle.

Hanches
Faites à nouveau pivoter les hanches en dégageant le côté gauche.

Genoux
Maintenez longtemps au downswing l'écart entre vos genoux.

SUR LE PRACTICE S'ENTRAÎNER À LA ROTATION

Quel que soit le coup à jouer, vous avez intérêt à imaginer que l'action du corps représente la salle des machines d'un swing.

Les problèmes ne surgissent que si le corps et les bras commencent à agir indépendamment les uns des autres. Cet exercice permet d'amener bras et corps à travailler ensemble. Adressez la balle en rapprochant les pieds (pas plus de 15 cm d'écart entre les deux), et faites une série de frappes pitchées aux trois quarts. Le stance que vous avez adopté va vous déséquilibrer si le swing n'est pas bon.

Pour garder son équilibre, votre corps va être obligé de s'enrouler au backswing puis de se dérouler au downswing. Vous arriverez ainsi à une rotation du corps plus efficace dans laquelle les bras travailleront en parfaite harmonie.

FRED COUPLES – GARDER LE RYTHME

Fred Couples approche brillamment. Ce qui frappe, c'est son rythme : le même pour chaque coup. Seule l'ampleur du swing change, en fonction de la distance recherchée.

C'est effectivement la clef pour évaluer correctement les distances : modulez la longueur de votre swing en fonction de la distance souhaitée, mais gardez toujours un rythme identique d'un coup à l'autre.

Acquérir la technique

3 **FRAPPER SQUARE**
Du fait de l'effacement du côté gauche, les bras disposent d'un espace suffisant pour amener le club d'équerre avec la balle. Si vous adoptez un stance square pour un coup pitché, vous n'aurez pas assez de temps pour dégager comme il le faut le côté gauche.

4 **LAISSER LA TÊTE DU CLUB SE LIBÉRER**
Pourvu qu'elle soit dans une position correcte juste avant l'impact, elle fera face à la cible sur l'arc idéal. Vous n'avez pas à craindre que la balle porte à gauche, ni à diriger la tête du club dans la zone d'impact.

Épaules
Gardez les épaules légèrement ouvertes pour l'impact.

Mains
Veillez à ce que les mains soient légèrement en avant de la balle à l'impact.

Tête du club
La tête du club frappe la balle d'équerre avec la ligne de jeu sur l'arc idéal.

SUR LE PRACTICE ÉLIMINER LA SOCKET

La socket est un accident odieux et redouté. Elle est généralement provoquée par un arc du club exagérément extérieur à la ligne de jeu avant l'impact, la balle partant sur la droite après avoir été frappée par le talon du club. Les risques de socket sont grands avec le wedge.

Cet exercice vous aidera à éliminer le risque de socket en vous amenant à un swing inscrit à l'intérieur de la ligne, tout en maintenant le nécessaire angle d'attaque descendant sur la balle.

1 *Adoptez un stance normal mais placez une seconde balle à l'amont de la première. Adressez-la sans ajuster votre stance.*

2 *Frappez la balle aval, cela obligera la tête du club à circuler à l'intérieur de l'arc du club idéal, avant l'impact.*

5 BIEN TRANSFÉRER

En entamant le follow-through, veillez à ce que le poids de votre corps se soit déporté sur le pied gauche, et à ce que votre épaule droite se soit avancée vers le trou.

Épaule droite
L'épaule droite avance vers le trou.

Hanches
Faites pivoter les hanches pour les présenter face à l'objectif.

Genou droit
Déplacer le genou droit pendant le coup.

Talon droit
Il décolle du sol avec le transfert du poids du corps.

Pied gauche
Continuez à déporter le poids du corps sur le pied gauche.

Colonne vertébrale
Veillez à ce qu'elle reste droite et à ce qu'il n'y ait pas de tension dans le bas du dos.

BIEN TRAVERSER
La plus grande partie du poids du corps doit désormais reposer sur le côté gauche ; l'épaule droite surplombe le pied gauche.

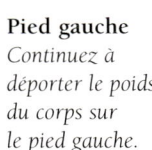

LEÇON 3

Approcher malgré un mauvais lie

Que ce soit dans le rough ou sur le fairway, la loi du golf est ainsi faite que personne n'échappe un jour ou l'autre à des lies difficiles. Mais Severiano Ballesteros nous prouve par son jeu que ce sont en fait des situations moins redoutables qu'elles ne le paraissent. En la matière, il suffit souvent de quelques ajustements simples pour dissiper les craintes.

1 ATTAQUER PLUS DIRECTEMENT

Un angle d'attaque plus vertical constitue le point clef dans un rough épais. Positionnez la balle plus en arrière, afin d'avoir les mains en avant de la tête du club. Vous devez sentir que votre pied gauche supporte plus de poids que pour une approche normale : sur une répartition 60% – 40% environ.

Mains
Placez les mains bien en avant de la balle.

Manche du club
Veillez à ce que le manche du club et le bras gauche soient dans le même prolongement.

Stance
Adoptez un stance normal, la balle étant positionnée vers le milieu de votre stance.

CHOISIR SON COUP UNE QUESTION DE LIE

Quand on se trouve face à un lie délicat, il faut bien comprendre qu'il n'existe pas de club qui soit idéal pour tous les coups. La sélection du club est en fait aussi importante que l'efficacité de votre technique. On a trop souvent tendance à opter pour le sandwedge alors que ce n'est pas toujours la meilleure solution. Dans la plupart des cas, il faut une tête de club mordante. Quand la balle repose sur un sol pelé, dans l'accroc d'un divot ou dans un rough bien fourni, il vaut souvent mieux prendre un pitching wedge ou même un fer 9. Ils ont en effet un bord plus tranchant, qui passe mieux.

Lie pelé

Accroc

Rough touffu

CURTIS STRANGE – SORTIR DU ROUGH

Deux fois vainqueur de l'US Open, **Curtis Strange** nous montre ici qu'une balle reposant dans un rough bien touffu fournit l'une des rares occasions où la force brute peut servir. Pour autant que la balle ne soit pas trop enfouie, ayez la volonté d'extraire le maximum d'herbe avec la balle. Ne modifiez pas le rythme de votre swing, accentuez juste la puissance au downswing. Efforcez-vous d'extraire l'herbe et traversez bien pour finir en équilibre.

40%   60%

2 FAIRE UN BACKSWING COMPLET

Faites un backswing normal. Par rapport à une approche ordinaire, armez les poignets, dans la phase de takeaway, plus tôt que d'habitude, et, au sommet du backswing, distribuez équitablement le poids de votre corps. Ces deux éléments combinés donnent un coup plus tranchant et plus vertical.

Poids du corps
Maintenez le poids du corps centré au-dessus de la balle.

Genou droit
Enroulez le haut du corps au-dessus du genou droit fléchi.

50%

50%

SEVERIANO BALLESTEROS – LE GOLF CRÉATIF

Severiano Ballesteros sait mieux que quiconque se tirer de lies délicats, et son exemple mérite d'être suivi. N'hésitez pas à essayer plusieurs clubs. Un coup pitché ne doit pas forcément monter à 50 m pour amener la balle au trou. Faites des coups de hauteurs différentes, exploitez la configuration du terrain, modulez le spin selon les coups. Au golf, il est important de faire preuve de créativité.

3 PUNCHER LA BALLE

Frappez ensuite la tête du club sur la balle pour entraîner celle-ci à l'impact. La grande partie du poids doit reposer sur le pied gauche, et la tête doit se trouver au-dessus de la balle.

Main gauche
Gardez fermes la main et le poignet gauches.

LES MAINS COMMANDENT
Voici la photographie d'un impact délogeant la balle d'une ancienne trace de divot. Notez l'angle que forme le manche du club avec le sol : il est très aigu, ce qui prouve que ce sont bien les mains qui guident la tête du club pour l'impact.

30%

70%

LES PRINCIPES POUR UN CHIPPING PRÉCIS

Ce qui frappe dans le petit jeu des professionnels, c'est à quel point tout ce qu'ils font semble facile. Quand Jose Maria Olazabal fait un coup chippé aux abords du green, il ne cherche pas à approcher la balle du trou, mais à la mettre dedans. Le chip est l'un des coups les plus faciles à apprendre. Pour le réussir, il faut de la technique et du toucher, mais aussi de la confiance en soi et un peu d'imagination.

LARRY NELSON
Il est rare que Larry Nelson ait à faire face à un lie délicat, mais quand il rate le green, il a un extraordinaire petit jeu qui lui permet de revenir sur le droit chemin. Il ne s'est mis au golf qu'à 21 ans.

JOSE MARIA OLAZABAL
Comme son compatriote Severiano Ballesteros, Jose Maria Olazabal est un expert aux abords du green. Un toucher de rêve, de l'imagination et une parfaite compréhension du comportement de la balle font de lui un des meilleurs chippers du circuit.

1 L'ADRESSE
Pour ce coup chippé, Jose Maria Olazabal adresse la balle sur la gauche. Il est parfaitement détendu et sait exactement à quel endroit il veut qu'elle atterrisse.

3 LE BACKSWING
La longueur du backswing détermine celle du coup. Olazabal fait un backswing lent et fluide, et les poignets pivotent naturellement. Le poids du corps reste supporté principalement par le côté gauche.

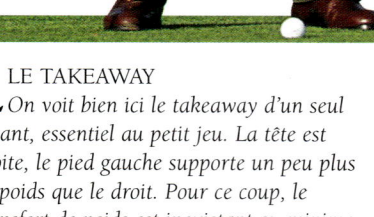

2 LE TAKEAWAY
On voit bien ici le takeaway d'un seul tenant, essentiel au petit jeu. La tête est droite, le pied gauche supporte un peu plus de poids que le droit. Pour ce coup, le transfert de poids est inexistant ou minime.

WAYNE GRADY

Wayne Grady a, en quelque sorte, eu pendant des années la réputation d'être le Poulidor du golf. Ce qu'il a gagné en tout cas, c'est une réputation méritée pour son petit jeu. Ce sont ses chips aux abords des greens qui lui ont notamment permis de remporter l'USPGA en 1990.

6 **LE FOLLOW-THROUGH**
Olazabal est en équilibre, le poids du corps se portant principalement sur le côté gauche. Il effectue ici un follow-through très bien maîtrisé. Les mains arrivent un peu plus haut qu'au backswing. Cela veut dire qu'il y a une accélération du club à l'impact.

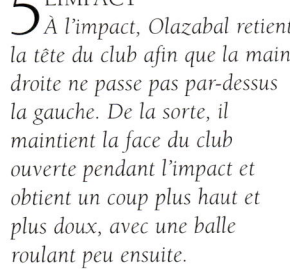

5 **L'IMPACT**
À l'impact, Olazabal retient la tête du club afin que la main droite ne passe pas par-dessus la gauche. De la sorte, il maintient la face du club ouverte pendant l'impact et obtient un coup plus haut et plus doux, avec une balle roulant peu ensuite.

4 **LE DOWNSWING**
Au downswing, Olazabal veille à ce que ses mains restent en avant de la tête du club pour assurer un contact balle-terre. Il cherche à glisser la face du club sous la balle. Le divot sera très fin.

LEÇON 1

Prévoir la réaction de la balle

Pour un coup chippé, il est aussi important d'arriver à prévoir le comportement de la balle que de réussir le coup. Vous devrez tenir compte du spin (l'effet donné à la balle), de la trajectoire, de la distance qu'elle parcourra après avoir touché le sol, car tous ces éléments conditionnent la position finale de la balle par rapport au trou.

EN MONTÉE, MOINS DE LOFT
En montée, la pente ajoute en elle-même du loft au club. Choisissez toujours un fer plus long que la normale, adapté à l'inclinaison du terrain. La balle doit être positionnée vers l'avant du stance.

CHOISIR SON COUP **QUESTION DE LIE**

Un trop grand nombre de joueurs ne mesure pas l'influence du lie sur la trajectoire de la balle. Ainsi par exemple, si la balle repose sur un sol comportant peu ou pas d'herbe, ou dont le gazon a été tondu ras, la trajectoire sera plus basse que pour un coup normal ; dans ce cas, il ne faut surtout pas tenter un coup en hauteur. Dans une herbe plus longue, on se trouve dans la situation inverse : la balle va adopter une trajectoire relativement haute, mais aura beaucoup moins de back spin du fait de l'interposition de l'herbe entre la face du club et la balle. Si le lie est plus favorable, vous aurez un choix plus large de coups possibles.

Lie pelé

Lie touffu

Torse
Faites pivoter le haut du corps en harmonie avec le mouvement des bras.

Takeaway
Faites un backswing plus court.

Équilibre
Maintenez le poids du corps au centre pendant tout le coup.

Genoux
Maintenez le genou gauche fléchi.

1 LE CHIP EN MONTÉE

En montée, l'utilisation d'un club moins lofté entraînera un swing plus court et plus doux facilitant le contrôle de la distance. Elle va donner à la balle une trajectoire relativement basse avec peu de back spin, ce qui permet d'appréhender la vitesse de la balle au sol.

Poignets
Gardez ferme le poignet gauche.

Trajectoire
Un club moins lofté donne une balle volant moins haut.

50%

50%

2 LE CHIP EN DESCENTE

Jouée en descente, la balle a tendance à adopter une trajectoire basse, difficile à contrôler. Pour compenser cela, choisissez un club le plus lofté possible : le sand wedge est souvent l'option idéale. Il facilite un contrôle, qui est naturellement perdu en descente, et donne en même temps une élévation suffisante à la balle pour qu'elle atterrisse en douceur.

COLIN MONTGOMERIE – DANS LE MILLE

Chaque professionnel pratique des coups différents aux abords du green. Mais ce qu'ils ont en commun, c'est qu'ils choisissent à quel endroit ils souhaitent qu'atterrisse la balle, et cela avant même d'opter pour tel ou tel club. L'Écossais **Colin Montgomerie** sait exactement, quand il fait un coup chippé, où la balle va atterrir et où elle va s'immobiliser.

C'est la meilleure méthode en matière de coups chippés. Commencez par visualiser le coup en prévoyant ce que va faire la balle et concentrez-vous sur un endroit précis d'atterrissage de la balle, de préférence sur le green pour qu'elle rebondisse mieux. Puis, choisissez le club qui vous permettra d'arriver à ce cas de figure : ainsi, vous améliorerez vos scores.

EN DESCENTE, PLUS DE LOFT
En descente, choisissez un fer plus lofté pour contrebalancer les effets de l'inclinaison du terrain.

Takeaway
Les poignets se cassent plus-tôt au backswing, afin de favoriser l'obtention d'un angle d'attaque plus raide.

Corps
Gardez le corps vers l'aval le plus longtemps possible.

Trajectoire
Avec une bonne technique, vous réussirez un coup bien maîtrisé envoyant haut la balle.

Poids du corps
Le poids est sur la jambe aval pendant tout le swing.

Tête du club
Faites glisser la tête du club dans l'herbe puis sous la balle.

40%

60%

LEÇON 2

Perfectionner ses coups chippés

Le chip de base ne demande pas une technique élaborée et, en l'occurrence, la simplicité donne les meilleurs résultats. Le seul objectif est de lofter la balle pour lui faire franchir une zone du terrain relativement délicate et la faire atterrir sur une zone plus plane où elle roulera vers le trou.

Idéalement, une séance de practice devrait recréer le plus fidèlement possible les conditions d'un parcours. On devrait avoir l'impression d'y faire un parcours correct et y éprouver les véritables pressions. Cet exercice permet d'améliorer son jeu aux abords du green.

Jetez au hasard plusieurs balles aux abords du green et jouez chacune d'entre elles depuis son lie fortuit. Ayez près de vous trois ou quatre clubs et imaginez chaque coup avant d'adresser la balle. Vous aurez plus de facilité à choisir le club convenant le mieux à une situation donnée et en tirerez bien des avantages lors d'une rencontre.

1 SE METTRE À L'ADRESSE

L'adresse idéale pour un coup chippé peut ainsi se résumer : «la balle vers l'arrière, les mains et le poids du corps vers l'avant». Cette position favorise un angle d'attaque descendant et une frappe bien nette nécessaire à la qualité du coup. Adoptez un grip plus bas, de 5 cm environ, déportez légèrement sur la gauche le poids de votre corps et maintenez sur le grip une pression légère.

Stance
Adoptez un stance légèrement plus ouvert que pour un coup normal de fer.

Balle
La balle est positionnée vers l'arrière au stance.

Mains
Prenez le club plus court et avancez les mains en avant de la balle.

Grip normal

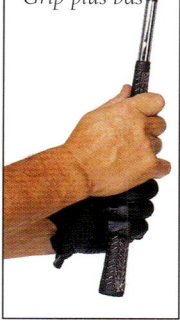
Grip plus bas

UN GRIP PLUS COURT
Alors que pour un long fer le grip doit être long (à gauche), pour un chip, il doit être court (à droite). En rapprochant ainsi les mains de la balle, on maîtrise mieux le coup.

Poids du corps
Transférez sur le pied gauche une partie du poids de votre corps pour attaquer plus verticalement.

40%   60%

Épaules
Contrôlez le coup en basculant doucement les épaules.

Poignet droit
Cassez le poignet droit afin de placer les mains dans une position dominante.

Équilibre
Maintenez sur le côté gauche la plus grande partie du poids du corps.

COREY PAVIN – UN TOUCHER EXCEPTIONNEL

Vainqueur de l'US Open en 1995, **Corey Pavin** est réputé pour être un compétiteur résolu, mais aussi pour son petit jeu. Même dans des positions et des situations très délicates, il arrive à menacer le trou. Le chipping de Pavin est exem-plaire, une grande leçon de golf. Observez à quel point il est détendu. Son grip est doux, sa posture est confortable sans être avachie. Suivez son exemple, attachez-vous à rester détendu au-dessus de la balle. Ne crispez pas votre grip, soyez décontracté : vous y gagnerez d'autant dans l'évaluation des coups chippés.

40%   60%

2 CASSER LE POIGNET DROIT AU TAKEAWAY

Le chip demande un mouvement de bras principalement contrôlé par une rotation des épaules. Vous devez aussi casser le poignet droit quand le club s'écarte de la balle. L'angle obtenu place les mains dans une position dominante pour emmener le club à la balle.

3 MENER LE MOUVEMENT AVEC LES MAINS

Pour obtenir une frappe nerveuse et nette, essayez de ramener les mains, les bras et la tête du club exactement à la position qu'ils avaient à l'adresse. Le poids du corps doit être resté sur le côté gauche. Ainsi, la tête du club frappera la balle avant le gazon.

MAINTENIR FERME LE POIGNET GAUCHE À L'IMPACT
Vos mains conserveront le contrôle car vous éviterez que la tête du club ne prenne le dessus. Ce peut être la source de coups désastreux.

L'impact
En pinçant ainsi la balle, vous lui donnez une trajectoire basse et du back spin.

40%   60%

LEÇON 3

Chipper en cloche

Pour un chip délicat, on a en général deux solutions : soit une classique approche roulée, au moyen d'un fer pas trop ouvert, soit une approche lobbée, qui est en fait la seule option lorsqu'il s'agit de franchir un obstacle. Nous allons voir comment lever la balle peut abaisser le score.

Backswing
Démesuré par rapport à la distance à parcourir, il ne faut pas hésiter à lui donner de l'ampleur.

1 MONTER HAUT AVEC LE SET-UP

Commencez par adopter un grip ferme et ouvrir la face du club. Placez les mains plus au-dessus de la balle, afin de maintenir le loft et d'éviter une frappe trop verticale. Ouvrez également le stance pour faciliter une trajectoire plus douce et plus planante.

Poignets
Armez les poignets dès la phase du backswing.

Stance
Adoptez un stance plus large que pour un chip classique normal.

Balle
Elle est sur l'alignement intérieur du talon gauche.

Haut du corps
Faites pivoter le haut du corps, répondant ainsi au mouvement des bras.

Poids du corps
Maintenez une répartition équilibrée du poids du corps.

SEVERIANO BALLESTEROS – LOFTER ET LAISSER ALLER

Quelque part entre le chip roulé et le chip lobbé, il y a le chip coupé. Le génie de **Severiano Ballesteros** en a fait la démonstration en 1993, au 72ᵉ trou de l'European Masters à Crans-sur-Sierre. Après avoir drivé dans les arbres situés sur la droite du fairway, Ballesteros fit un recovery plus qu'hasardeux : après avoir emprunté une minuscule trouée dans le feuillage, puis sauté un mur, sa balle aboutit à 6 mètres du green. De là, un chip magistralement lobbé fit rouler la balle dans le trou, pour l'un des birdies les plus extravagants de toute l'histoire du golf. Un peu d'imagination, de la pratique, une bonne dose de génie, et voilà.

2 FAIRE UN SWING LONG

Exécuter en confiance un swing long pour un coup court, telle est la clef de ce genre de coup. Vous devez sentir que, dans les premiers 50 cm du takeaway, la tête du club suit une trajectoire parallèle à la ligne des pieds. Ensuite, pour terminer le backswing, cassez les poignets.

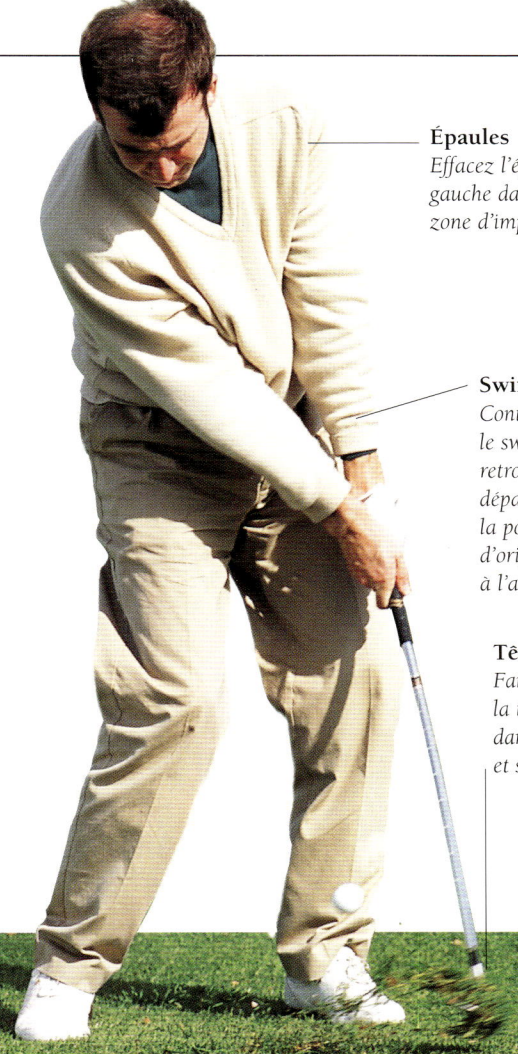

Épaules
Effacez l'épaule gauche dans la zone d'impact.

Swing
Continuez le swing pour retrouver et dépasser la position d'origine à l'adresse.

Tête du club
Faites glisser la tête du club dans l'herbe et sous la balle.

TOM WATSON – VOLER HAUT ET ATTERRIR

Lors du dernier tour de l'US Open 1982 à Pebble Beach, **Tom Watson** exécuta l'un des meilleurs coups coupés de tous les temps. Alors qu'il menait d'un coup sur Jack Nicklaus, Watson rata le green du 17 de peu, mais pas la punition : ce green ne pardonne pas. Étant donné le lie et le manque de green entre lui et le chapeau, un bogey piteux semblait inévitable. Pourtant, Watson réussit un coup miraculeux : il fit atterrir la balle à la lisière du green qui, de là, sautilla jusqu'au trou, pour un birdie capital et sans doute définitif. Déterminez une cible et attachez-vous à l'atteindre : telle est la leçon de l'histoire.

3 GLISSER LA TÊTE DESSOUS

Imaginez que vous vouliez découper une fine tranche de gazon sous la balle à l'impact, un peu comme si vous alliez lui couper les jambes. Ayez un état d'esprit positif, et donnez au club une accélération sans à-coups pour l'impact. Gardez bien en tête que la balle doit voler en emportant un peu d'herbe.

4 CONSERVER UN RYTHME FLUIDE

Du fait de l'accélération en vue de l'impact, la tête du club va presque dépasser la balle. La balle va voler haut, mais si doucement qu'on pourrait presque, en courant un peu, la recueillir avec les mains. C'est avec une pratique intensive que vous parviendrez à exécuter un swing à la fois lent et long.

Poids du corps
Vous devez sentir que le poids du corps se porte plus vers la gauche que lors d'un swing normal.

Mains et corps
Le corps continue à tourner tandis que les mains poursuivent le swing.

Trajectoire
Malgré un swing long, la balle vole haut pour ne parcourir qu'une faible distance au total.

LEÇON 4

Chipper depuis la lisière du green

GREG NORMAN –
«BROSSER» ET LAISSER ALLER

Un coup chippé avec un bois ouvert offre plusieurs avantages, comme l'a démontré **Greg Norman** au cours de la Duani Desert Classic en 1994. Un tel coup pose la balle avec subtilité sur la surface de putting, où elle peut rouler sans à-coups vers le trou. Cette option est intéressante si vous avez des difficultés à faire de bons coups chippés. La semelle d'un bois lofté étant plate, il est pratiquement impossible de la faire buter dans le sol.

Quand la balle est collée au semi-rough aux abords du green, vous êtes dans une position délicate ; et bizarrement, mieux le parcours est entretenu, plus ce coup sera difficile. En fait, celui-ci ne s'analyse ni comme un chip ni comme un putt, et il convient de le traiter comme un mélange des deux.

1 ADOPTER UN GRIP COMME POUR UN PUTT
Ce coup étant un mélange de chip et de putt, commencez par essayer un grip de putt. Ce type de grip permet une meilleure maîtrise des coups et empêche une action excessive des poignets qui, au petit jeu, peut donner des frappes irrégulières et désordonnées.

Ligne de vision
Mettez vos yeux à l'aplomb de la balle.

Mains
Positionnez les mains en avant de la balle.

Grip
Maintenez un grip à la fois ferme et léger.

Bas du corps
Gardez parfaitement immobile le bas du corps.

Pied gauche
Il doit supporter légèrement plus de poids que le droit.

BALANCER LA TÊTE
Adressez la balle comme pour un putt, sauf qu'ici la lame du club pointe à l'équateur de la balle.

40%   60%

Regard
Fixez le point d'impact que vous déterminez.

Poignets
Limitez au maximum le mouvement des poignets.

Takeaway
La tête du club doit être maintenue basse au takeaway.

Poignet gauche
Conservez au poignet gauche son angle d'origine.

Équateur de la balle

SUR LE PRACTICE UN HYBRIDE «CHIP-PUTT»

Pour décoller la balle du rough qui entoure le green, modifiez votre grip de façon à orienter la pointe de la lame sur le point d'impact. Vous ne pourrez pas le faire avec tous les types de putter, mais cela mérite d'être essayé.

1 *Adressez la balle comme pour un putt bien droit, faites pivoter votre grip pour balancer le club aussi square que possible.*

2 *Répétez le coup normal du putt en visant la balle vers l'équateur. La balle va peut-être faire un petit saut en l'air, mais roulera ensuite vers le trou avec une bonne fluidité.*

Tête
Gardez la tête et les épaules le plus immobiles possible pendant le swing.

Mains
Accélérez sans à-coups le mouvement des mains et de la tête du club pour frapper la balle.

Follow-through
Imaginez la tête du club restant près du sol.

2 FRAPPER L'ÉQUATEUR DE LA BALLE

Faites un backswing compact en cassant très peu les poignets et en cherchant à frapper la balle juste au-dessus de l'équateur avec l'arête inférieure de la lame. Il ne s'agit pas de faire une sorte de pichenette sur la balle : vos poignets doivent rester fermes. Vous éviterez ainsi que le rough n'altère la netteté de l'impact.

3 FAIRE ROULER LA BALLE

Le principal avantage de ce coup, c'est qu'il va faire rouler la balle sans à-coups : c'est la situation idéale quand le green est si proche. Si le chip est correctement effectué, la balle va rouler exactement comme pour un putt.

SORTIR DES BUNKERS

Une balle reposant dans le sable représente un cas de figure que redoutent souvent les joueurs ; et pourtant, à choisir, bien des professionnels préféreraient devoir sortir d'un bunker que se trouver dans le rough aux abords du green. Découvrez dans cette partie les techniques qui ont permis la réussite de joueurs comme Bernhard Langer et, bien sûr, Gary Player, le plus grand spécialiste en la matière.

HUBERT GREEN
Hubert Green, qui remporta l'US Open et l'USPGA, nous donne ici un exemple parfait d'explosion. Une technique très au point lui permet de faire glisser la tête du club dans le sable et de sortir la balle du bunker dans une gerbe de sable.

BERNHARD LANGER
Bernhard Langer est l'un des golfeurs les plus purs. Son jeu ne recèle aucune réelle faiblesse, rien que des atouts au contraire. C'est ainsi qu'il a un très grand savoir-faire pour sortir la balle d'un bunker, cas de figure pour lequel il a un merveilleux toucher de balle.

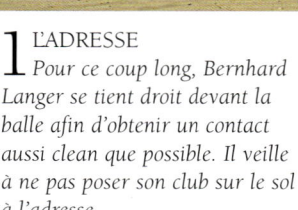

1 L'ADRESSE
Pour ce coup long, Bernhard Langer se tient droit devant la balle afin d'obtenir un contact aussi clean que possible. Il veille à ne pas poser son club sur le sol à l'adresse.

2 LE TAKEAWAY
On voit ici que Langer réalise un takeaway parfaitement synchronisé : la tête du club, les mains, les bras et les épaules se sont écartés d'un bloc de la balle, comme pour un coup conventionnel depuis le fairway.

3 L'APOGÉE
Voici un parfait exemple de position au sommet du backswing. La rotation de l'épaule est complète, le club est parfaitement en ligne, les hanches résistent comme il faut et l'équilibre du corps est idéal pour la suite du swing.

6 LE FOLLOW-THROUGH
Voici une position très classique au follow-through. Le club est parti en roue libre, la position est parfaitement équilibrée, ce qui indique que toutes les phases du swing ont été bien maîtrisées.

5 TRAVERSER
On voit ici une belle extension. Le poids du corps s'est déporté sur le côté gauche pour l'impact, l'épaule droite est passée sous le menton. La tête vient de se relever pour suivre la balle.

4 L'IMPACT
Du fait que le coup doit être long, Langer établit le contact avec la balle. S'il avait dû faire un coup plus court, il aurait opté pour «l'explosion» qui consiste à percuter le sable avant la balle et à la faire sortir sur un coussin de sable.

LES LEÇONS

Ces leçons vous permettront d'améliorer votre technique des sorties de bunker et d'étudier les cas de figure que vous risquez de rencontrer.

LEÇON 1

L'adresse avec le sand wedge

Dans un sac, le sand wedge est l'instrument le plus spécifique. Pourtant, il existe peu de joueurs qui en exploitent son potentiel. Bien appréhender le fonctionnement de ce club si particulier est essentiel pour améliorer son jeu au bunker.

1 OUVRIR LA FACE DU CLUB ET FORMER LE GRIP

Commencez par ouvrir la face du club et, ensuite, placez les mains, ce qui permet à la face du club de rester ouverte pendant le swing. N'ouvrez pas la face du club en faisant simplement pivoter les mains vers la droite, car elle reviendrait alors en position square à l'impact. Par ailleurs, prenez le club court.

Main droite
Avant de placer les mains, tenez le club et assurez-vous que la face du club est ouverte.

Tête du club
Ouvrez la face du club et balancez-la au-dessus du sable.

GENE SARAZEN –
LE PÈRE DU SAND WEDGE

Le sand wedge remonte aux années trente. C'est en effet l'époque où **Gene Sarazen** décida de perfectionner son équipement : il se considérait comme un piètre joueur dans un bunker, alors qu'il avait déjà remporté plusieurs titres majeurs. Il lima l'arête inférieure de son wedge, auquel il reprochait de pénétrer trop profondément dans le sable. Ce travail aboutit à une forme plus ronde, liée à la semelle par un large rebord juste au-dessous de l'arête inférieure de la lame. Expérimentant ce club, Sarazen constata que, dès que la tête du club pénétrait dans le sable, le rebord de la semelle la faisait rebondir en faisant jaillir sable et balle.

GRIP COURT
Le fait de saisir le grip plus bas donne une meilleure maîtrise et compense le fait que les pieds sont à un niveau plus bas que la balle.

2 OUVRIR SON STANCE

Pour sortir d'un bunker de green, le stance et la face du club doivent être ouverts par rapport à la ligne de jeu. Pour ouvrir le stance, vous allez aligner à gauche de l'objectif les pieds, les hanches et les épaules. À l'inverse, le fait d'ouvrir la face du club va diriger celle-ci à droite de la ligne des pieds.

3 ANCRER LES PIEDS

Remuez les pieds dans le sable pour les ancrer solidement et éviter de glisser en milieu de swing. Le fait d'enterrer les pieds dans le sable donne également la mesure de la profondeur et de la texture du sable, ce qui donne des informations intéressantes sur la façon dont la tête du club réagira à l'impact et dont la balle sortira du bunker.

Haut du corps
Alignez à l'adresse les épaules, le torse et les hanches sur la gauche de la ligne du jeu.

Mains
Desserrez légèrement votre grip et placez les mains au-dessus de la balle.

Genoux
Fléchissez les genoux pour avoir une assise solide au swing.

Pieds
Ouvrez le stance pour favoriser la trajectoire du swing de l'extérieur vers l'intérieur.

Tête du club
Veillez à ce que la tête du club n'entre pas en contact avec le sable à l'adresse.

Ligne d'objectif

Stance ouvert

Mains
Maintenez une pression légère sur le grip.

Pieds
Ancrez-vous fermement dans le sable.

Stance ouvert

Ligne du jeu

VUE DE DESSUS

Les pieds et le corps étant alignés à gauche de l'objectif, l'arc du club est extérieur-intérieur à la ligne du jeu.

LEÇON 2

Acquérir une bonne technique

La technique permettant d'améliorer son jeu dans le bunker est simple si l'on a compris le travail du sand wedge et les principes de l'adresse et de la posture. Une technique saine permet de dissiper les craintes qu'inspirent les sorties de bunker.

1 DÉMARRER SYNCHRONISÉ

Vous devrez résister à la tentation de casser dans la première phase du takeaway. Gardez les poignets relativement passifs pendant que le club s'éloigne de la balle, en vous attachant à harmoniser les mouvements de bras du swing et la rotation du corps. Vous devez avoir la sensation d'amorcer le backswing d'une pièce et de faire cheminer la tête du club parallèlement à la ligne des pieds.

BERNHARD LANGER – TOUJOURS LE MÊME POINT

Si l'on considère que le sable a une texture constante, le club doit toujours frapper le même point derrière la balle quand la portée du coup est inférieure à une trentaine de mètres. C'est le principe adopté par **Bernhard Langer,** qui a le grand mérite de simplifier les choses. Maintenez le même rythme pour tous vos coups de petite portée depuis un bunker. Repérez le point derrière la balle, et accélérez toujours pour l'impact.

Début du takeaway
La tête du club doit rester parallèle à la ligne des pieds pendant les cinquante premiers centimètres du takeaway.

Ligne des pieds

LE BON ARC
Veillez à ce que, sur au moins les premiers 50 cm du takeaway, la tête du club s'écarte de la balle selon un arc parallèle à la ligne des pieds.

2 PIVOTER ET OUVRIR

Le swing se poursuivant, vous devez sentir une rotation du poignet et de l'avant-bras droits. Ce mouvement ouvre la face du club et facilite une exploitation maximale de l'effet de rebond à l'impact.

Tête
Gardez la tête le plus immobile possible pendant tout le backswing.

Haut du corps
Tournez-vous vers l'objectif.

Épaule
Passez l'épaule gauche sous le menton.

Tête du club
Maintenez ouverte la face du club.

Genoux
Gardez aux genoux la flexion d'origine.

CASSER LES POIGNETS
Commencez à les casser lorsque vos mains se trouvent au-delà de la cuisse droite : cela vous aidera à contrôler l'ampleur du backswing.

SEVERIANO BALLESTEROS – UNE SEULE TÊTE

Alors que les coups longs demandent un léger déplacement latéral, les coups plus courts exigent que la tête soit maintenue aussi immobile que possible. **Severiano Ballesteros** nous en fournit ici une illustration magistrale. Observez comme sa tête ne bouge pas entre l'adresse et le sommet du backswing. Elle est restée parfaitement immobile, dans un port à la fois gracieux et équilibré.

LE SWING COMPACT
L'efficacité au bunker tient à une synchronisation du mouvement des bras et du pivot.

Acquérir une bonne technique

3 **PIVOTER JUSQU'À L'APOGÉE**
Le corps continuant à pivoter, vous devez sentir que la tête du club pointe vers le ciel. Maintenez les genoux fléchis, le haut du corps bien au-dessus de la balle et le poids réparti sur les deux pieds.

Takeaway
Ramenez le club vers la balle dans un plan plus plat pour un impact situé en arrière de la balle

Downswing
Ramenez le club selon un plan plus plat pour un impact situé en arrière de la balle.

SUR LE PRACTICE FRAPPER LE SABLE

Gene Sarazen a réfléchi et travaillé pour mettre au point son sand wedge : cela mérite que vous veilliez à ce que ce club travaille pour vous, non contre vous. Voici un exercice utile pour vous amener à sentir comment se comporte un sand wedge. Dans un bunker et sans balle, faites des swings continus en tapant la tête du club dans le sable. Habituez-vous simplement à sentir le club qui frappe, mais sans s'enfoncer. Une fois que vous serez familiarisé avec le sand wedge, jetez quelques balles dans le sable et attachez-vous à retrouver la même impression, sans chercher à donner à la balle une direction précise.

BLOQUER LES POIGNETS
Cassez les poignets au sommet du backswing de façon que le poignet gauche et le manche du club forment un angle de 90°.

NICK PRICE – ÉVALUER LES DISTANCES

La clef de l'évaluation des distances depuis un bunker réside dans le follow-through. Comme nous le montre ici **Nick Price**, un coup long depuis un bunker exige que le swing aille jusqu'au finish ; si le drapeau se trouve près du bunker, votre follow-through doit être court. Il vous aidera à évaluer le tempo du downswing et les distances.

VISUALISATION **POUR ÉTABLIR LE BON CONTACT**

Dans un bunker, il est très important de visualiser le point d'impact exact. Imaginez que la balle repose sur un tee qui serait enfoui dans le sable. Oubliez la balle, d'une certaine façon, pour ne plus vous concentrer que sur ce tee : en frappant correctement cette cible virtuelle, vous arriverez à propulser la balle.

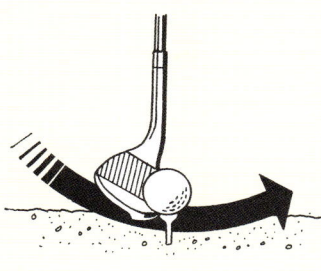

SUR LE PRACTICE **FRAPPER DANS UN COULOIR**

À trop se concentrer sur le point d'impact, on risque de ne pas prêter attention à la sortie de la tête du club : on a alors tendance à enterrer celle-ci, allant à l'encontre du but recherché. Pour éviter cela, tracez sur le sol deux lignes à 20 cm d'écart.

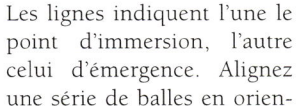

Les lignes indiquent l'une le point d'immersion, l'autre celui d'émergence. Alignez une série de balles en orientant le downswing sur la première ligne et le follow-through sur la seconde.

4 PROVOQUER UNE EXPLOSION MAÎTRISÉE

Accélérez la vitesse du club jusqu'à un point situé à 5 cm environ en arrière de la balle. Le corps se déroulant au downswing, vous allez sentir les mains chasser sur la gauche et tirer la tête du club pour l'impact.

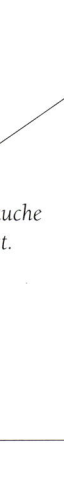

Colonne vertébrale
Maintenez-lui sa position d'origine.

Hanche
Effacez la hanche gauche pour l'impact.

Genoux
Conservez le fléchissement des genoux.

Poids du corps
Maintenez le poids du corps sur le côté gauche pour l'impact.

Tête du club
Représentez-vous la tête du club qui glisse dans le sable et sous la balle.

FAIRE GLISSER LA TÊTE
Si le stance et la face de club sont tous deux ouverts et que le swing est parallèle à la ligne des pieds, la balle va voler en ligne droite. Cette trajectoire doit être très haute mais aussi douce, presque planante.

LEÇON 3

Bunker : jouer une balle pluggée

Ressemblant à un œuf au plat, une balle pluggée dans un bunker constitue une situation délicate : celle-ci tire généralement son origine d'un coup pitché haut qui fait atterrir à la verticale la balle dans le bunker où elle s'enterre à demi. Mais bien que difficile à jouer, une balle pluggée peut toujours être sortie, comme nous allons vous le montrer.

SUR LE PRACTICE
UNE FACE DE CLUB SQUARE

Il existe une différence importante dans le jeu de bunker selon que le sable est sec ou non. S'il est humide, la face de club doit être square à l'adresse, et non ouverte, même si le lie est parfait. Hormis cette variation, la technique à suivre pour sortir du bunker s'applique, mais gardez bien en tête que la balle risque de voler un peu plus bas que la normale.

Quand il a beaucoup plu et que le sable est alourdi, essayez d'utiliser un pitching-wedge : ce club a une lame tranchante permettant de rentrer plus efficacement dans le sable.

1 AVOIR UN STANCE ET UNE FACE DE CLUB D'ÉQUERRE

La technique pour extraire une balle pluggée va à l'encontre de celles exigées pour les autres cas de figure. La face du club doit être d'équerre à la ligne du jeu, et non ouverte. La balle doit être positionnée vers le centre du stance plutôt que dans l'alignement du talon gauche.

Poignets
Cassez les poignets plus tôt que la normale au downswing.

Face du club
Maintenez la face de club square et non ouverte au trajet retour.

Stance square

Ligne d'objectif

2 MAINTENIR UN DOWNSWING VERTICAL

Ici, le downswing doit être plus vertical : l'action doit être à la fois plus dynamique et plus incisive. Pour déterminer à l'avance un angle d'attaque plus raide, relevez le club abruptement au takeaway. Cassez les poignets et pointez le club vers le ciel plus tôt que la normale.

Équilibre du corps
Vous devez sentir que votre corps est au-dessus de la balle au sommet du downswing.

SANDY LYLE – BUNKER : LES COUPS LONGS

Les coups longs depuis un bunker sont difficiles à réaliser, mais les professionnels donnent le sentiment qu'ils sont aisés. Une magnifique illustration en est constituée par Sandy Lyle, quand il brisa un fer 7 dans un bunker de fairway, au dernier trou du Masters 1988. Il avait apporté à son jeu de bunker un certain nombre d'ajustements, qui sont applicables à quiconque. Choisissez un club ayant un loft suffisant pour franchir la lisière du bunker, mais essayez un numéro de plus que la normale pour la distance donnée. Positionnez la balle plus en arrière au stance, prenez le club plus court.

Faites un trois-quarts de swing en vous efforçant de faire un coup clean. Travaillez la balle et n'hésitez pas à la faire voler pour lui donner du back spin.

3 GARDER LE POIDS DU CORPS CENTRÉ

À l'apogée du downswing, le poids de votre corps doit être centré au-dessus de la balle, avec peut-être juste un peu plus de poids sur le côté gauche.

4 COGNER AVEC LA TÊTE DU CLUB

Pour soulever et sortir sans danger la balle du bunker, la tête du club doit se déplacer à grande vitesse. Vous devez avoir une frappe agressive pour enfoncer la tête de club dans le sable, et ne pas trop vous soucier du follow-through. La balle va voler assez bas, sans beaucoup de back spin.

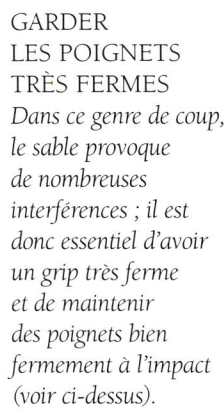

GARDER LES POIGNETS TRÈS FERMES
Dans ce genre de coup, le sable provoque de nombreuses interférences ; il est donc essentiel d'avoir un grip très ferme et de maintenir des poignets bien fermement à l'impact (voir ci-dessus).

LEÇON 4

Bunker : le lie plus haut que les pieds

Le fait qu'une balle repose en pente dans un bunker a une incidence sur la position à l'adresse, le swing et la trajectoire de la balle. Si celle-ci se trouve plus haut que vos pieds, plusieurs facteurs vont conditionner la réussite de votre coup, sachant que le plus grand risque consiste à ramasser beaucoup trop de sable et à ne pas sortir du bunker.

1 PRENDRE LE CLUB COURT ET VISER À DROITE

La position à l'adresse est ici nettement différente de celle adoptée normalement dans un bunker de parcours, et ces variations sont indispensables pour réussir le coup. La balle étant plus près de la tête du joueur que d'habitude, ajustez la longueur du club en le prenant plus court ; si la pente est très raide, il se peut que la main droite repose sur le manche nu. De ce fait, la colonne vertébrale va automatiquement être moins inclinée, tandis que le poids du corps va se déporter sur l'avant des pieds pour assurer un équilibre correct pendant toute la durée du swing.

Tête du club
Laissez la tête du club en suspension au-dessus du point situé derrière la balle où vous souhaitez frapper le sable.

Grip
Prenez le club plus court, quitte à avancer jusqu'au métal si la pente est raide.

2 ADAPTER LE BACKSWING À LA PENTE

Votre colonne vertébrale est plus verticale et la balle repose au-dessus du niveau de vos pieds, votre swing va forcément être moins ample autour du corps, créant un risque que la balle vole vers la gauche de l'objectif. Il est donc nécessaire de viser à sa droite. Un arc de swing allant de l'extérieur vers l'intérieur n'est pas adapté ; faites un swing de l'intérieur vers l'extérieur qui suive la pente.

Poids du corps
Déportez sur les orteils le poids de votre corps afin de contrebalancer les effets de la pente.

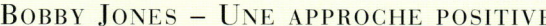

3 MAINTENIR L'INCLINAISON DE LA COLONNE

Il s'agit là d'un facteur essentiel à la réussite du coup pour un lie en pente : votre colonne vertébrale doit rester exactement dans la position qu'elle avait à l'adresse. Le fait de maintenir la tête au même niveau pendant toute la durée du swing permet de garder au dos la même inclinaison.

BOBBY JONES – UNE APPROCHE POSITIVE

Voici une réflexion à méditer du grand **Bobby Jones** : « Il y a entre un bunker et un obstacle d'eau la même différence qu'entre un accident de voiture et un accident d'avion : au moins, quand on a un accident de voiture, on a des chances de s'en sortir. »

Il n'y a donc pas de quoi se désespérer si une balle atterrit dans le sable ; dites-vous bien que la situation aurait pu être pire. Faites comme Jones : ayez du bunker une approche positive, attachez-vous à travailler votre technique et ne redoutez plus le sable.

4 DESCENDRE INTÉRIEUR

Ramener la tête du club sur le même plan, en vous concentrant sur une frappe du sable à 5 cm environ avant la balle. Ne cherchez pas à diriger ou guider la balle, faites confiance à votre alignement et à votre swing.

Hauteur du corps
Maintenez le corps à la même hauteur pendant tout le swing.

Ligne intérieure
Vous devez sentir que l'arc du club est inférieur à la ligne du jeu jusqu'à l'impact.

Impact
Tapez la tête du club dans le sable en arrière de la balle.

5 BIEN TRAVERSER

Accélérez la vitesse de la tête du club dans la zone d'impact ; la balle va partir sur la gauche et ira donc droit sur l'objectif si vous avez bien refermé votre stance. Pour un coup long depuis un bunker de parcours, il est préférable de frapper la balle légèrement plus à gauche.

LEÇON 5

Bunker : le lie plus bas que les pieds

Ici, la balle repose nettement au-dessous du niveau des pieds (à l'inverse des pages 134 et 135) sans qu'il soit possible de se tenir confortablement dans le bunker. La situation est plus délicate que pour un lie plus haut que les pieds, car il existe un réel danger de dispersion de puissance.

1 PRENDRE LE CLUB LE PLUS LONG POSSIBLE
Commencez par ajuster la longueur du club à la situation, afin de mettre la tête du club au niveau de la balle. Penchez-vous depuis la taille plus que de coutume, et visez sur la gauche pour compenser les effets de la pente et de votre position à l'adresse. Repérez le point d'immersion.

Plan vertical
Adoptez un plan de swing plus vertical, afin que l'arc du club soit extérieur-intérieur.

Colonne vertébrale
Maintenez-lui une inclinaison constante.

Poignets
Cassez-les plus tôt que pour une sortie classique.

Épaule gauche
Amenez l'épaule au-dessous du menton.

Colonne vertébrale
Conservez une inclinaison du dos constante pendant toute la durée du swing.

Poids du corps
Positionnez le poids du corps sur les talons, légèrement plus en arrière que la normale, afin d'éviter de perdre l'équilibre.

Grip
Faites un grip aussi long que possible pour abaisser la tête du club tout près de la balle.

Pieds
Ancrez bien les pieds dans le sable afin d'avoir une assise bien stable pour le swing.

2 RESTER PENCHÉ AU BACKSWING
Ici, il est indispensable de maintenir la tête au même niveau pendant tout le backswing. Ramenez le club vers l'arrière sur l'extérieur de la ligne, puis cassez les poignets. Veillez là encore à garder la tête immobile, car en vous redressant vous rateriez votre coup.

GARY PLAYER – S'EXERCER POUR IMPROVISER

Dans certains cas, le seul moyen de sortir d'un bunker consiste à utiliser une solution peu orthodoxe. C'est dans cette situation que s'est trouvé **Gary Player** en 1994, au British Seniors Open à Royal Lytham. Sortir la balle dans ce contexte fut un exploit, qui vint récompenser des années d'effort. Au practice, ne vous cantonnez pas à des coups simples : exploitez votre imagination afin de vous préparer aux situations les plus difficiles.

3 FAIRE UNE GERBE DERRIÈRE LA BALLE

Puis concentrez-vous simplement sur le point d'immersion repéré en arrière de la balle, et n'hésitez pas à faire jaillir le sable en le frappant fermement. Ici encore, restez penché le plus longtemps possible, et au moins jusqu'à l'extraction de la balle. Tenez compte de ce que celle-ci va voler un peu vers la droite avec un effet de slice.

Genoux
Fléchissez les genoux afin d'atteindre plus facilement la balle.

Équilibre
Conservez la même répartition du poids du corps le plus longtemps possible pendant le coup, en ne comptant que sur le club pour faire voler la balle.

Hauteur du corps
Gardez la même hauteur de corps pendant toute la durée du swing.

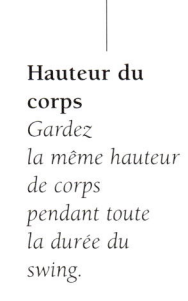

4 FRAPPER DESSOUS ET TRAVERSER

Efforcez-vous de traverser le sable, sous la balle, en maintenant l'arc du club, ici extérieur-intérieur, parallèle à la ligne des pieds pour imprimer à la balle une trajectoire basse orientée directement sur le chapeau.

Tête du club
Glissez la tête du club selon un mouvement extérieur-intérieur.

LEÇON 6

Bunker : le lie en montée

Le lie en montée constitue une situation moins redoutable qu'il n'y paraît, puisqu'il suffit de réajuster son stance et sa posture pour se sortir d'affaire. Rappelez-vous que la pente augmentera la hauteur de la trajectoire, ce qui l'aidera à pitcher. Il faudra donc tenir compte, dans le dosage de la puissance, qu'elle s'arrêtera plus vite.

Poids du corps
Maintenez le poids du corps sur le côté droit jusqu'à l'apogée du backswing.

1 AJUSTER LE STANCE À LA PENTE

Dans ce cas de figure, il est très important que la colonne vertébrale soit le plus perpendiculaire possible à la pente. Placez-vous de façon que la balle soit positionnée face au talon gauche ou même plus avant. Fléchissez franchement le genou amont pour obtenir un stance bien équilibré au-dessus de la balle. À défaut de plier le genou, vous perdriez l'équilibre pendant le swing, ce qui vous empêcherait de sortir du bunker.

Grip
Maintenez un grip à la fois ferme et détendu.

Genou gauche
Gardez fléchi le genou amont.

Posture
Accordez l'angle des épaules à l'angle de la pente.

Poids du corps
Veillez à ce qu'il soit plus supporté par le côté droit.

2 MAINTENIR LE POIDS VERS L'ARRIÈRE

Au backswing, il faut absolument maintenir la même répartition du poids du corps qu'à l'adresse. Vous devez sentir que le swing passe au-dessus du genou droit. Ne faites pas un sway trop éloigné de votre objectif, et surtout ne vous penchez pas sur la gauche. Cherchez à rester le plus stable possible.

GARY PLAYER – EXPLOSER POUR SORTIR

De très nombreux joueurs commettent l'erreur de frapper le sable selon un angle trop raide quand la balle se trouve en montée dans un bunker. Cette faute provient de ce qu'ils n'ont pas modifié leur stance. Prenez exemple sur **Gary Player** : forgez-vous un stance adapté à la pente et à un swing qui soit le plus près possible de la normale.

Remontez la pente, fléchissez le genou avant, et veillez à ce que la plus grande partie de votre poids soit supporté par la jambe droite : de la sorte, vous aurez la ligne des épaules parallèle à la pente. Si vous jouez le coup par fort vent debout, attendez-vous à être éclaboussé de sable : ce sera le prix à payer pour bien sortir la balle.

Club
Continuez le swing jusqu'à un véritable finish.

3 ATTAQUER À L'IMPACT
Puis maintenez vers l'arrière le poids du corps sur le pied droit au downswing et sentez que la tête du club remonte comme si elle épousait les contours du sable.

Poignets
Faites un effort supplémentaire pour effacer le côté gauche au downswing.

Poids du corps
Maintenez-le en arrière de la balle.

Genoux
Veillez à ce que les deux genoux soient bien fléchis.

4 REMONTER LA PENTE
On a tendance à faire un coup court avec un lie en montée. Ayez au contraire une approche positive et essayez d'amener la balle sur le green. Il y a peu de chances que votre coup soit trop puissant, et la balle roulera très peu sur le sol.

LEÇON 7

Bunker : le lie en descente

Un lie en descente dans un bunker constitue une situation délicate. Il est difficile, à partir d'un tel lie, de faire monter la balle. Comme les bunkers sont souvent talutés de hauts rebords, le problème peut être réel. Ne cherchez pas à donner de la hauteur à la balle, vous n'obtiendriez qu'un piètre résultat : tirez plutôt profit des points abordés ici.

À ÉVITER ABSOLUMENT
LE BACKSWING PÉNALISANT

Un golfeur devrait toujours savoir que, quand la balle repose dans un obstacle, le club ne doit pas être posé sur le sol à l'adresse : c'est en effet une infraction aux Règles du Golf, sanctionnée par une pénalité, que de toucher le sable au backswing. Dans une descente très raide, il existe un réel danger que cela se produise : soyez donc particulièrement vigilant.

Genou
Gardez bien fléchi le genou droit.

1 POSITIONNER LA BALLE VERS L'ARRIÈRE AU STANCE

Pour obtenir un angle d'attaque le plus raide possible, la balle doit être positionnée vers le pied droit, au minimum au centre du stance. Votre position à l'adresse doit également tenir compte d'un certain nombre d'autres éléments : déplacer sur le côté gauche le poids de votre corps et ressentir une tension dans la cuisse gauche ; abaissez nettement votre grip pour avoir une maîtrise maximale du coup.

30%

Tête du club
Ouvrez le plus possible la face du club.

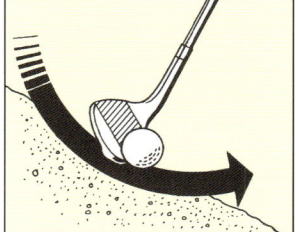

UNE ATTAQUE VERTICALE
Un lie en descente exige un angle d'attaque plus vertical ; c'est ainsi que la tête du club peut mordre correctement dans le sable.

Équilibre
Faites porter le poids du corps surtout sur le pied gauche.

70%

Poignets
Cassez les poignets en vous attachant à ce que le manche soit le plus vertical possible.

30%

70%

2 CRÉER UN ARC DE SWING VERTICAL

Au backswing, montez le club plus verticalement que pour tout autre coup. Cassez les poignets au départ du takeaway pour permettre à la tête du club d'éviter le rebord du bunker.

3 FRAPPER FORT POUR GAGNER EN HAUTEUR

Frappez la tête du club contre le sable en arrière de la balle. Veillez à ce que ce soit vos mains qui dirigent le mouvement et à ce que la tête du club suive en sens inverse exactement la même trajectoire que pour la montée au backswing. Ayez un état d'esprit positif, sentez que la tête du club pousse la balle vers le bas à l'impact, et restez bien derrière la balle.

BERNHARD LANGER – GARDER L'ÉQUILIBRE SUR UNE PENTE

Bernhard Langer est aussi un skieur passionné : autant dire que pour lui, il est aussi facile de garder son équilibre sur un terrain de golf qu'en montagne. Mais en fait, à ski où l'on se déplace vite, le maintien de l'équilibre ressortit plutôt à une réaction instinctive se traduisant par un transfert naturel du poids du corps sur la jambe aval. Sur la pente d'un bunker (en montée comme en descente), le même principe s'applique : pour obtenir l'assise et l'équilibre nécessaires, la plus grande partie du poids du corps doit être supportée par la jambe aval. Cela permet aussi d'ajuster la ligne des épaules à la pente et de ne pas avoir de difficultés à effectuer un swing sur un terrain non plat.

GARDER L'ÉQUILIBRE
Maintenez le poids sur le côté gauche : ce cas de figure est le seul (en dehors du putt) dans lequel il ne doit y avoir absolument aucun transfert du poids du corps au swing.

Haut du corps
Restez derrière la balle le plus longtemps possible.

Tête du club
Vous devez sentir que la tête du club poursuit la balle sur la pente.

LES COUPS SPÉCIAUX

Aussi bon soient-ils, les plus grands golfeurs se trouvent parfois face à des difficultés ardues. C'est d'ailleurs dans ces cas-là qu'un golfeur plus moyen peut s'identifier à un champion ; il va apprendre beaucoup à voir comment un professionnel se sort de situations délicates. Quand une balle repose dans le rough ou est bloquée derrière un arbre, il faut absolument la remettre en jeu le plus tôt possible : l'essentiel est de limiter les dégâts au maximum. Mais parfois, il est difficile de déterminer la meilleure ligne d'action : cette partie vous aidera à vous sortir de situations difficiles.

PAUL AZINGER
L'Américain Paul Azinger est dans le rough jusqu'au genou. Mais il a réussi à extraire la balle grâce à un swing très incisif, en maintenant un grip puissant et un poignet gauche bien ferme pour l'impact.

COLIN MONTGOMERIE
Juché en position précaire au-dessus d'un bunker, Colin Montgomerie dégage la balle vers l'objectif en maintenant le poids du corps sur le pied droit et en faisant un swing adapté à un lie en montée.

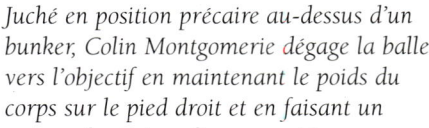

ROBERT ALLENBY
Robert Allenby, confronté ici à un bosquet d'arbres, trouve une solution en maintenant son poids vers l'arrière et en frappant la balle le plus fort et le plus haut possible. Dans cette situation très délicate, la finesse doit être mise de côté.

IAN BAKER-FINCH
Ancien vainqueur du British Open, Ian Baker-Finch est ici sous un arbre ; il a pris le club très court, les mains au-delà du grip et se penche fortement pour dégager la balle.

SEVERIANO BALLESTEROS
Ballesteros est un maître du recovery : on le voit ici extraire violemment la balle d'un rough très épais. Ce cas de figure est l'un des rares où la puissance physique est l'atout principal.

LAURA DAVIES
Coincée sous les frondaisons, Laura Davies doit mobiliser toute sa puissance pour dégager la balle. La main droite a quitté le grip au follow-through.

JOSE MARIA OLAZABAL
Jose Maria Olazabal extirpe une balle d'une position désespérée, sans pour autant perdre son équilibre : quel que soit le niveau de difficulté, il y a toujours une solution pour dégager la balle.

LES LEÇONS

Les leçons présentées ici vous permettront d'être mieux préparé à affronter des lies et des situations inhabituels.

LEÇON 1

Jouer une balle perchée

Le rough est la cause des difficultés que les joueurs ont à affronter le plus souvent. Les règles de base concernant les roughs normaux ont été abordées pages 112 et 113. Mais pour une balle perchée sur une touffe de gazon, vous devez improviser ; ce coup ne ressemble à aucun autre exécuté dans une herbe longue ; et sans une bonne technique, il peut s'ensuivre bien des problèmes.

1 AJUSTER SA POSITION À L'ADRESSE

Le problème le plus évident que pose une balle perchée plus haut que d'habitude, c'est de passer dessous. L'autre risque, c'est de frapper la balle avec l'arête supérieure de la face du club. Pour éviter cela, prenez le club plus court, d'au moins 2,5 cm. Par ailleurs, positionnez plus loin la balle au stance afin de faciliter un mouvement de balayage dans la zone d'impact. Enfin, à l'adresse, laissez la tête du club en suspension.

pages 112 et 113

TOM KITE – UN BOIS OUVERT

Un bois ouvert se prête à de multiples utilisations, comme nous le prouve ici **Tom Kite**, vainqueur de l'US Open 1992. Il permet de se sortir de bien des lies délicats, même dans un rough très long. Cela tient au fait que la tête du club glisse mieux dans l'herbe, la face du club face à l'impact restant du même coup plus longtemps face à l'objectif. À l'inverse, un fer long a tendance à se perdre dans l'herbe bien avant d'avoir frappé la balle, ce qui fait dévier la face du club puis la balle. Pour sortir au mieux du rough, optez pour un bois ouvert.

AJUSTER LE GRIP
En prenant le club plus court, on diminue les risques de mal toucher la balle.

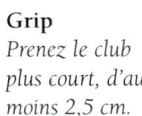

Grip
Prenez le club plus court, d'au moins 2,5 cm.

Position des mains
Placez les mains au-dessus de la balle, plus en avant que la normale.

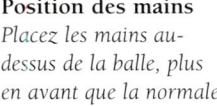

BALANCER LA TÊTE DU CLUB
Le fait de maintenir la tête du club en suspension aide à frapper la balle de plein fouet et évite d'être pénalisé lorsqu'elle bouge.

Balle
Elle doit être positionnée face au talon gauche.

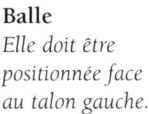

Club
Veillez à ce que le club ne monte pas jusqu'à l'horizontale.

Épaules
Passez l'épaule gauche sous le menton.

Tête du club
Imaginez que la tête du club va balayer la balle, comme pour un coup de départ de trou.

2 RACCOURCIR LE BACKSWING

Évitez de casser les poignets trop précocement au takeaway ; écartez le club de la balle dans un mouvement bas et délicat, afin de lui donner de l'ampleur. Il vous suffira simplement de penser à raccourcir le backswing : le fait d'abaisser votre grip vous y aidera, mais vous devrez faire un effort pour arrêter le club avant l'horizontale.

3 BALAYER LA BALLE

Évitez les mouvements saccadés au downswing : vous devez exécuter une transition fluide pour déporter progressivement le poids de votre corps sur la gauche. Imaginez que vous balayez la balle comme si elle reposait sur un tee. Le club doit à peine effleurer l'herbe. La trajectoire sera plus haute qu'avec un fer.

UN FINISH ÉQUILIBRÉ
Un finish équilibré est très important pour ce coup : la plus grande partie du poids du corps doit se déporter sur le côté gauche.

Mains
Vous devez sentir vos mains positionnées en avant de la tête du club : la balle ne doit pas être cueillie.

40%

60%

145

LEÇON 2

Savoir se récupérer

Dans bien des cas, la stratégie la mieux adaptée consiste à limiter les risques et à trouver les meilleurs itinéraires avec un maximum de sécurité. Mais parfois, il faut être plus audacieux, et il est bon d'avoir une expérience de coups nettement moins orthodoxes

1 FAIRE UN COUP CHIPPÉ
Cette situation se présentera une demi-douzaine de fois en une année, mais elle risque de survenir à un moment crucial du parcours. Lorsque vous êtes face à un arbre ou à tout autre obstacle, il n'est pas possible pour un droitier d'adresser normalement la balle. Vous avez alors la possibilité de faire un coup chippé dos à la cible : tournez le dos à l'objectif et tenez le club avec la main droite ; la tête du club doit se trouver derrière la balle, le talon du club nettement décollé du sol.

LA POSITION DE LA FACE DU CLUB
Un fer 7 ou 8 est idéal pour ce type de coup. Adressez la balle du bout du club et assurez-vous que le talon ne repose pas sur le sol.

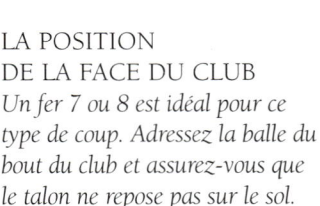

1 UN MOUVEMENT DE PENDULE
Faites du bras un mouvement pendulaire sans à-coups pour diriger la balle vers l'objectif, sans trop de puissance.

2 UN CONTACT CLEAN
Votre objectif est de faire bouger la balle, ce qui est déjà bien dans ce cas. Attachez-vous à faire un swing fluide et à bien contacter la balle.

2 CHIPPER COMME UN GAUCHER

C'est une autre solution pour dégager une balle immobilisée près d'un arbre. Ici encore, elle doit être frappée avec la pointe de la tête du club ; simplement, le coup est effectué comme par un gaucher. Il n'est pas facile à réaliser pour un droitier, mais peut s'avérer utile. Retournez le club et attachez-vous à adopter une position à l'adresse d'un gaucher. Pour le grip, placez la main gauche sous la droite.

SEVERIANO BALLESTEROS – SE RÉCUPÉRER EN IMPROVISANT

Il est arrivé à **Seve Ballesteros** de faire des coups chippés dans le dos : ici, lors du World Matchplay Championship de 1994. Pour aussi dangereux que puissent paraître de tels coups, ils sont en fait soigneusement calculés pour limiter les risques. Ballesteros avait juste à toucher la balle pour considérer le coup comme réussi. Car il s'évitait ainsi un drop avec pénalité, tout en espérant approcher la balle de l'objectif.

LA POSITION DE LA FACE DU CLUB
Muni d'un club suffisamment ouvert (un fer 8 est idéal), retournez le club et adressez la balle avec l'extrémité de la tête.

1 UN SWING COURT
Ici encore, faites un coup le plus simple possible : un swing court des bras et des épaules en cassant les poignets au minimum.

2 JOUER LA SÉCURITÉ
Comme pour un coup chippé, n'ayez pas trop d'ambition pour ce coup. Un contact bien clean remettra la balle dans une position sans risques.

LEÇON 3

Les lies en montée

Pour jouer en montée, il faut tenir compte de deux facteurs : la trajectoire du coup va être modifiée si la pente est accentuée et la position à l'adresse va devoir être ajustée, ce qui va affecter la physionomie du swing. Vous devrez aussi tenir compte du fait que la balle aura tendance à voler vers la gauche.

1 AJUSTER LE STANCE À LA PENTE

En montée, certains paramètres sont essentiels pour obtenir une position correcte à l'adresse. Comme dans un bunker, la colonne vertébrale doit être aussi proche que possible d'une perpendiculaire à la pente. Il faut donc basculer les épaules vers l'aval et mettre un peu plus de poids sur le genou droit. La répartition du poids du corps à l'adresse est l'élément ultime de la réussite du coup.

CHOISIR LE LOFT

Une pente ascendante affecte l'efficacité du loft. Si elle est particulièrement raide, un fer 7 se comportera plus comme un fer 9 et modifiera la trajectoire du coup. Faites différents essais pour tester les effets des pentes sur vos clubs.

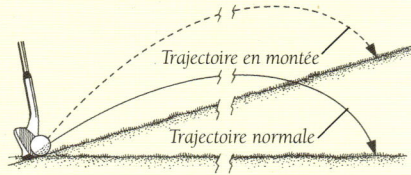

Trajectoire en montée

Trajectoire normale

PHIL MICKELSON – ÉLOIGNER LA FACE DU CLUB

Un coup en montée a tendance à dévier la balle sur la gauche. Attachez-vous à tenir la face du club le plus loin possible pour l'impact, comme ici le gaucher **Phil Mickelson**. Si vous êtes droitier, retardez la pronation de la main droite : vous maintiendrez la face du club square et favoriserez la tenue de la balle.

«S'ENFONCER» DERRIÈRE LA BALLE

En montée, le sentiment de «s'enfoncer» derrière la balle favorise l'adoption de l'adresse correcte.

Poids du corps
Contrebalancez les effets de la pente en déportant sur la droite le poids de votre corps.

Colonne vertébrale
Veillez à ce qu'elle soit le plus possible perpendiculaire à la pente.

60%

40%

Dos
Pivotez, dos à l'objectif.

PENSER LARGE

On perd beaucoup à adopter un backswing trop étroit quand la balle se trouve en montée. Exécutez un takeaway ample et, tant que vous n'êtes pas au sommet du backswing, n'armez pas les poignets.

2 NE PAS TRANSFÉRER

Au backswing, une règle empirique consiste à maintenir le plus possible le poids du corps tel qu'il était réparti à l'adresse. Moins vous transférerez, plus vous augmenterez vos chances d'obtenir un contact net et nerveux.

Genou droit
Maintenez le genou droit fléchi.

Équilibre
Résistez à la tendance de déportance de votre poids vers le bas.

Hanches
Faites pivoter les hanches de 45°.

Genou gauche
Laissez le genou gauche pointer sur la balle.

Tête
Maintenez la tête en arrière du point d'impact.

GARDER L'ÉQUILIBRE
Au follow-through, la jambe droite supporte une partie du poids du corps.

3 ADAPTER LE DOWNSWING À LA PENTE

Le poids du corps reposant sur le pied droit et le bas du corps étant moins actif, la balle risque d'être entraînée sur la gauche. Cela tient au fait que les mains peuvent faire preuve d'hyperactivité. Attachez-vous à ce que la face du club soit dirigée le plus longtemps possible face à l'objectif, évitez les transferts de poids, restez au-dessus de la balle et maintenez un rythme fluide.

50%

50%

LEÇON 4

Les lies en descente

De la même façon qu'un lie en montée a nettement tendance à dévier la balle vers la gauche, un lie en descente provoque un fade vers la droite, aussi parfait que soit le coup. Ici encore, la position à l'adresse et une bonne appréhension de la pente sont les éléments clefs d'un coup réussi.

CHOISIR LE BON LOFT

Nous l'avons indiqué page 148, une pente modifie l'effet du loft. Pour une descente particulièrement raide, un fer 7 se comportera plus comme un fer 5 et modifiera la trajectoire. Faites, là encore, différents essais.

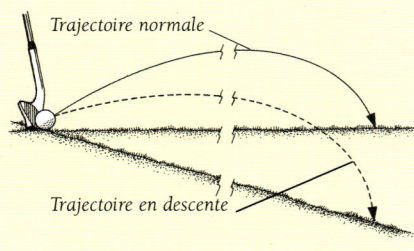

Trajectoire normale

Trajectoire en descente

1 **AJUSTER LE STANCE À LA DESCENTE**
En descente, repositionnez la colonne vertébrale le plus près possible d'une perpendiculaire à la pente. Pour cela, déportez le poids de votre corps sur le pied gauche. Comme pour un lie en montée, vos épaules vont basculer, mais cette fois vers l'aval, pour s'ajuster au terrain.

Balle
Elle doit être positionnée plus vers le pied droit.

Poids du corps
Positionnez le poids du corps plus sur le pied gauche pour frapper clean.

40%

60%

ÀU SOMMET
Maintenez la même répartition de votre poids qu'à l'adresse, pendant toute la durée du backswing, mais sans déporter le poids vers l'aval.

MAINTENIR L'ANGLE
Déroulez le haut du corps au downswing et maintenez l'angle formé par le poignet gauche et le manche du club.

Épaules
Amenez l'épaule droite sous le menton.

Hanches
Effacez la hanche gauche pour le downswing et les étapes suivantes.

Genoux
Le genou droit résiste et pointe vers la balle.

Après l'impact
Maintenez les mains basses comme pour dévaler la pente derrière la balle.

CURTIS STRANGE – VAINCRE LA PENTE

Les ondulations de terrain sont telles sur l'Old Course de St Andrews que les golfeurs bénéficient rarement d'un lie plat, car il y a toujours une pente à affronter. Malgré ce contexte difficile à l'évidence, **Curtis Strange** s'est magnifiquement sorti de ces déclivités lors de la Dunhill Cup 1989, en pulvérisant le record avec un score sidérant (62, soit 10 au-dessous du par) et jamais atteint sur ce vénérable et légendaire terrain.

2 POURSUIVRE LA BALLE

Avec un lie en descente, la principale difficulté est de lever la balle. Vous aurez donc tendance à vouloir la cueillir. Efforcez-vous au contraire de garder les mains basses et d'avoir la sensation de partir à sa poursuite après l'avoir frappée avec énergie. Imaginez que la balle dévale la pente et que l'épaule droite chasse la balle vers l'objectif.

3 ADAPTER LE SWING À LA PENTE

Le transfert du poids du corps n'est pas un problème en descente. C'est la pente qui transfère le poids sur le pied gauche dès l'impact. Évitez donc de perdre le contrôle : le transfert doit s'effectuer sans à-coups, jusqu'à un finish parfaitement équilibré.

10%

90%

LEÇON 5

Le lie plus haut que les pieds

Une balle qui repose nettement plus haut que les pieds invite le joueur à changer de stance et de swing et l'expose à une trajectoire de balle différente, parfois très différente.

Si l'on veut encore noircir les choses, on peut ajouter que la pente peut facilement le déséquilibrer. Nous allons ici vous aider à exécuter un swing équilibré et à frapper fermement.

1 ### PRENDRE LE CLUB COURT ET RECULER

La balle au-dessus du niveau des pieds, adoptez une posture plus droite que d'habitude. Abaissez les mains de 2 ou 3 cm, positionnez votre poids légèrement plus sur le bout des pieds que la normale afin de contrebalancer les effets de la pente et tenez-vous un peu plus loin de la balle.

2 ### FAIRE UN SWING ROND

Une posture plus droite va entraîner un plan de swing légèrement plus plat et rond. C'est en partie ce qui provoque l'effet de draw dont vous devrez tenir compte pour choisir votre ligne. Maintenez le rythme et l'inclinaison de la colonne vertébrale et montez le club.

Mains
Prenez le club plus court.

Ligne d'objectif
Visez à droite de l'objectif pour tenir compte du draw.

Posture
Tenez-vous un peu plus droit que la normale.

Colonne vertébrale
Maintenez l'inclinaison telle qu'elle était à l'adresse.

Poids du corps
Attachez-vous ici plus qu'ailleurs à maintenir un équilibre parfait.

Pieds
Placez plus de poids sur les orteils.

3 MAINTENIR LA HAUTEUR DU CORPS

La hauteur du corps doit être maintenue au downswing. Ceci est particulièrement important dans une pente. Si la tête bouge vers le haut ou le bas pour l'impact et modifie la position de la colonne vertébrale, vous vous exposez à des coups ratés ou déviés de multiples façons.

Tête
Maintenez la tête au même niveau.

Épaules
Dégagez l'épaule gauche au downswing.

Genoux
Maintenez les deux genoux fléchis.

SEVERIANO BALLESTEROS – UN ÉQUILIBRE PARFAIT DANS L'ADVERSITÉ

Voici une extraordinaire photographie de **Severiano Ballesteros** en action lors du British Open Championship de 1988. Malgré une forte pente, il garde un équilibre parfait en levant son club vers l'objectif. Cette illustration est une parfaite leçon de comportement dans un jeu en pente. Quel que soit le degré de cette pente, donnez au swing une vitesse qui vous permette de garder l'équilibre pendant tout le mouvement. C'est le seul moyen de faire de beaux coups depuis des lies qui poseraient des problèmes à d'autres joueurs.

Tête
Maintenez la tête en arrière du point d'impact.

Tête du club
Libérez la tête du club après l'impact.

SUR LE PRACTICE
ÉLIMINER LE SLICE

Les contours naturels d'un parcours peuvent corriger une faute de swing particulière et aider un joueur à acquérir les bonnes sensations. Ainsi, le temps passé à faire des coups avec une balle plus haute que les pieds est très bénéfique si vous avez une tendance au fade ou au slice : c'est un exercice qui aplatit le plan du swing et force l'arc du club à être intérieur à la ligne du jeu avant l'impact, ce qui favorise un draw.

4 FRAPPER «À 4 HEURES»

Vous devez sentir la tête du club se déplacer dans la «zone de frappe», selon un arc allant de l'intérieur vers l'extérieur : imaginez que la face du club est face à la droite de l'objectif en approchant de l'impact. Référez-vous au «cadran de pendule» page 168 et essayez de frapper la balle à 4 heures vers 10 heures.

LEÇON 6

Le lie plus bas que les pieds

La technique à mettre en œuvre pour jouer une balle plus basse que les pieds est presque l'inverse de celle exigée par une balle plus haute. Mais ici, la tendance à basculer vers l'avant demeure un risque si le poids du corps n'est pas correctement réparti.

1 SE PENCHER DEPUIS LA TAILLE POUR ATTEINDRE LA BALLE

Pour adresser une balle située plus bas que les pieds, penchez le tronc depuis la taille et prenez le club au plus long possible. Tenez-vous légèrement plus près de la balle et mettez votre poids plus sur les talons pour éviter de basculer vers l'avant.

2 MAINTENIR AU DOS L'INCLINAISON D'ORIGINE

Au backswing, il est essentiel de maintenir la colonne vertébrale dans la position qu'elle avait à l'adresse. En descente, il est primordial de garder la tête au même niveau pour donner un plan de swing plus vertical, ce qui entraîne une tendance au fade (la balle déviant vers la droite).

L'ÉQUILIBRE AU SOMMET
Attachez-vous à maintenir à l'apogée du backswing un équilibre parfait, élément essentiel avec un lie en pente.

Posture
Penchez le haut du corps depuis la taille.

Mains
Prenez le club très long.

Pieds
Alignez les pieds à gauche de l'objectif.

Ligne d'objectif
Visez sur la gauche pour tenir compte d'un éventuel fade.

Menton
Gardez le menton relevé pour ne pas gêner l'épaule gauche.

Poignets
Cassez les poignets un peu plus tôt que la normale au takeaway.

Genoux
Maintenez les deux genoux fléchis.

3 SE FORCER À UN DOWNSWING FLUIDE

Gardez un rythme fluide au downswing et attachez-vous à maintenir le talon gauche ancré dans le sol pour lutter contre la pente. Combiné avec un plan, plus vertical, ceci déroute la tête du club de l'extérieur vers l'intérieur dans la zone d'impact, d'où l'effet de fade sur la balle, d'où une trajectoire gauche-droite.

Genoux
Maintenez l'écart entre les genoux.

Talons
Veillez à mettre plus de poids sur les talons.

Tête
Maintenez la tête de niveau au downswing.

Mains
Placez les mains à l'extrémité du manche.

Équilibre
Contrebalancez la tendance à être entraîné par la pente.

JOHN DALY – L'ÉQUILIBRE PARFAIT

Vainqueur du British Open 1995, **John Daly** fait ici une démonstration avec une balle située plus bas que les pieds. Il vise vers la gauche pour compenser la trajectoire de la balle et il garde un équilibre parfait : ce sont les deux points essentiels pour avoir une frappe solide.

Tête
Gardez la tête baissée pour l'impact.

Colonne vertébrale
Elle doit garder l'angle qu'elle avait à l'adresse.

Hanches
Dégagez la hanche gauche pour ne pas gêner les bras.

SUR LE PRACTICE
ÉLIMINER LE HOOK

Si vous avez une tendance au hook, consacrez du temps à taper des balles en contrebas des pieds. Vous donnerez au swing un plan plus vertical et corrigerez les excès de l'arc du club trop intérieur-extérieur, responsable de vos hooks. Progressivement, l'attaque au downswing sera plus en ligne, et la tendance au hook disparaîtra.

4 ALLER À L'IMPACT

Restez penché à l'impact et libérez le club. L'inclinaison de la colonne vertébrale doit être identique à celle adoptée à l'adresse, et le poids du corps doit être sur le talon gauche. N'oubliez pas de tenir compte d'une trajectoire orientée de la gauche vers la droite.

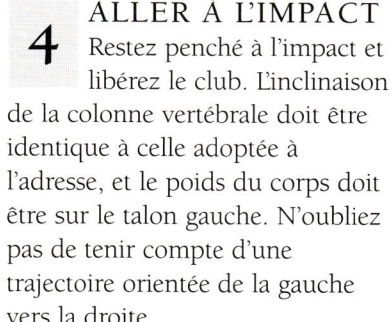

POUR UN PUTTING PRÉCIS

On a toujours considéré que le putting était un jeu en lui-même, et c'est effectivement la phase du golf qui a suscité le plus de réflexion et de créativité. On peut considérer que, sur la totalité d'un parcours de golf, les putts vont représenter plus de la moitié des coups : cette constatation justifie à elle seule que l'on cherche à améliorer un compartiment du jeu qui, quel que soit le talent du joueur, ne laisse la place à aucune autre option que de faire entrer la balle dans le trou.

NICK PRICE
Nick Price, l'un des meilleurs joueurs au putting, a une technique fondée sur un blocage du poignet gauche et la prépondérance des épaules lors du coup.

ISAO AOKI
Le Japonais Isao Aoki est le parfait exemple du joueur qui possède un putting superbe tout en ayant un style curieux et très personnel : c'est bien la preuve qu'au golf, la régularité des résultats compte plus que la méthode.

1 L'ADRESSE
Aoki relève nettement le bout du putter. Il tient les mains très bas et adopte une position ramassée au-dessus de la balle. Bien sûr, il a les yeux juste au-dessus de la balle.

2 LE TAKEAWAY
Aoki puttant «au feeling», il utilise les mains plus que les épaules. Ici, le takeaway, contrôlé par la main droite, est assez abrupt.

3 LE BACKSWING
Au backswing, le putter a nettement décollé du sol : c'est une particularité assez rare chez les meilleurs putters, mais elle est efficace pour Isao Aoki.

6 UN FINISH PARFAIT

Comme pour les autres styles de coups, la position au finish constitue un bon indicateur de la réussite d'un coup. Notez qu'Aoki n'a pas changé de position ; il a juste tourné la tête pour suivre la course de la balle.

CURTIS STRANGE

Le style de Curtis Strange contraste avec celui d'Aoki : il se tient très droit, les poignets fermes, et imprime une action pendulaire contrôlée principalement par les épaules.

5 LE FOLLOW-THROUGH

Le moindre mouvement du corps pendant le coup peut en compromettre l'issue. Ici, Aoki reste immobile même après l'impact.

4 L'IMPACT

Le merveilleux toucher de balle d'Aoki amène la tête du putter square à l'impact ; pendant tout le mouvement, Aoki garde la tête immobile.

LES LEÇONS

Les leçons présentées dans cette partie vous aideront à mettre au point une technique personnelle au putting qui reposera sur des fondations solides.

LEÇON 1

La position à l'adresse

À maints égards, un putt représente la version en miniature d'un swing au jeu long. Ici encore, la position à l'adresse constitue la première condition d'une technique efficace. Un «set-up» correct est à la base de la régularité et donne le maximum de chances de donner à la balle une trajectoire rectiligne et juste.

Pour vérifier que les yeux sont bien positionnés au-dessus de la balle, adoptez une posture de putting normale et lâchez une balle depuis l'arête de votre nez. L'endroit où elle tombe vous indique la position idéale. Gardez bien en tête que ce qui est important, c'est d'adopter d'abord un stance confortable ; après, vous pourrez positionner la balle.

1 — LES YEUX AU-DESSUS DE LA BALLE

Au set-up, l'élément le plus important à observer est de positionner les yeux juste au-dessus de la balle. En tournant la tête, on visualise la ligne du putt jusqu'au trou sans avoir à modifier l'alignement des épaules.

BERNHARD LANGER – LE TUNNEL ET LA LUMIÈRE

Le fait d'avoir l'esprit distrait peut compromettre un putt, et une concentration totale est indispensable. Le joueur doit se concentrer sur un seul objectif : mettre la balle dans le trou. Pour cela, **Bernhard Langer** forme des œillères avec ses mains, afin de parvenir à cette lumière au bout du tunnel : il se concentre sur la ligne d'objectif et visualise le parcours de la balle jusqu'au trou. Le public respecte parfaitement cette phase de concentration ; même si vos propres coups sont moins publics, vous tirerez un grand profit à parvenir à cette «vision dans le tunnel».

Yeux
Gardez les yeux au-dessus de la balle.

Mains
Pointez les pouces vers le bas.

RESTER IMMOBILE
Notez à quel point l'alignement et la posture du corps n'ont pas varié : seule la tête a bougé.

Stance
Adoptez un stance détendu et confortable.

2 AJUSTER LA POSITION

La balle doit être positionnée vers l'avant du stance, la position idéale étant face au talon gauche. Vous pouvez ajuster la position de la balle en déplaçant le pied gauche vers le trou, mais d'une largeur de tête de club au plus. Cette position permet au putter de frapper la balle légèrement sur le dessus. Les mains sont placées au-dessus de la balle ou même légèrement en avant, et la face du putter doit être square par rapport à la ligne du jeu.

SEVERIANO BALLESTEROS – L'ÉQUILIBRE

Seve Ballesteros adopte à l'adresse au putting une position remarquablement confortable avec tous les ingrédients d'un putting performant. Le grip est neutre et les mains n'exercent qu'une légère pression, le tronc est confortablement incliné depuis la taille de façon que les bras ballent naturellement, les yeux sont au-dessus de la balle : la position est parfaite. Sans chercher à la singer, vous devez trouver une position dans laquelle vous avez l'impression de pouvoir rester longtemps sans ressentir de fatigue. Ce sentiment de confort influencera la qualité de votre putting.

Épaules
Gardez les épaules squares par rapport à la ligne prévue.

Mains
Maintenez-les au-dessus ou juste en avant de la balle.

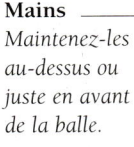

LE GRIP NEUTRE
Pour que le grip soit le plus efficace possible, les paumes doivent se faire face : on obtient ainsi un grip neutre amenant les deux mains à travailler de conserve pendant le coup. Veillez aussi à ce que les deux pouces soient pointés vers le sol.

Face du club
Veillez à ce que la face du club soit exactement square par rapport à la ligne du jeu.

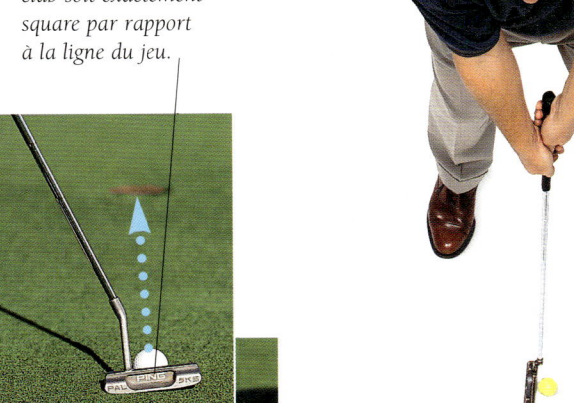

VUE DE DESSUS
Les pieds parallèles aux épaules, la face du club est square par rapport à la ligne du jeu. Les mains sont vers l'avant, les yeux au-dessus de la balle.

LEÇON 2

Putter avec fluidité

Pour obtenir un putting le plus efficace et le plus régulier possible, il faut que le putter ait un balancement analogue à celui d'un balancier, fluide et rythmé. C'est le poids de la tête du putter qui crée l'impulsion du swing. Vous devez entraîner votre corps à l'automatisme de ce mouvement pendulaire.

Tête
Gardez la tête immobile pendant le coup.

Haut du corps
Maintenez un triangle imaginaire qui serait formé par les bras et les épaules.

Mains
La pression du grip doit être légère.

Tête du club
Veillez à ce que la tête du putter se déplace près du sol.

1 MAINTENIR L'ÉPAULE GAUCHE VERS LE BAS

Le takeaway avec un putter se fait de façon synchronisée. Les bras, les épaules et le putter s'écartent d'un bloc de la balle, les mains restant passives. Pensez bien «épaule gauche vers le bas».

DAVID FEHERTY – DES COUPS RÉELS AU PRACTICE

La plupart des golfeurs n'ont pas de problèmes pour donner de la fluidité à leurs coups d'essai, mais les difficultés commencent dès que la balle est en jeu. Contre cette tendance, voici un exercice très utile que pratique **David Feherty**. Commencez par faire un coup sans balle. Puis adressez la balle, fermez les yeux, et répétez le coup avec une balle. Ce petit «truc» vous permettra de donner à un coup réel des allures de coups d'essai et peut nettement améliorer votre précision.

SUR LE PRACTICE
RESTER SQUARE TOUT DU LONG

L'exercice que nous vous proposons ici a été utilisé par Nick Faldo pour son coup roulé d'approche qui lui conféra la victoire au British Open en 1992.

Commencez par des putts de 1,50 m, en restant le plus droit possible. Poussez la balle vers le trou dans un mouvement de brossage, sans effectuer de backswing. Si la balle rentre dans le trou, c'est que l'alignement est correct. Si elle n'y va pas, c'est que votre face de putter n'est pas square à l'adresse ou dévie de la ligne à l'impact. En vous exerçant, vous arriverez à comprendre l'origine de ce défaut.

Haut du corps
Maintenez pendant toute la durée du coup le triangle imaginaire.

Mains
Ramenez les mains à leur position d'origine à l'adresse.

Jack Nicklaus – L'esprit d'abord

Le grand **Jack Nicklaus** n'a jamais imaginé rater un putt. Dès lors qu'il a pris sa ligne, la balle ne saurait manquer le trou. La meilleure technique de putting ne sera pas performante sans cette préparation mentale et une concentration totale. Personne, dans toute l'histoire du golf, n'a réussi à atteindre un niveau de concentration aussi intense que Nicklaus ; et c'est pour cela qu'il est le meilleur.

Poignet gauche
Gardez-le ferme pour l'impact.

Tête
Maintenez la tête aussi stable que possible pendant le coup.

Follow-through
Veillez à ce qu'il soit au moins aussi long que le backswing.

2 FRAPPER VERS LE HAUT DE LA BALLE

Accélérez légèrement le mouvement du putter à l'approche de la balle. Chacune de vos mains applique une pression égale sur le grip. Si la balle est bien positionnée, le mouvement de pendule conduira le putter à frapper la balle légèrement au-dessus de l'équateur.

3 GARDER LES POIGNETS FERMES

Les joueurs négligent trop souvent le follow-through avec un putter. L'un des éléments essentiels consiste à verrouiller le poignet gauche dans la phase de l'impact. Accélérez le mouvement de la tête du club qui se poursuit vers le trou, et faites en sorte que le follow-through soit aussi long que le backswing.

LEÇON 3

Résoudre les problèmes de putting

Le putting est le compartiment du jeu le plus vulnérable au syndrome du «yips» : quelque chose dans le cerveau provoque des spasmes de la main gauche, ce qui conduit la main droite à prendre le dessus. Il s'ensuit des impacts qui désorientent la balle : elle part à gauche du trou, sa vitesse n'est plus bien contrôlée. Contre cela, le putting a fait l'objet de recherches destinées à améliorer la qualité du coup. Elles visent à faciliter le mouvement de pendule qui constitue l'élément clef d'un putting réussi.

Yeux
Gardez les yeux au-dessus de la balle.

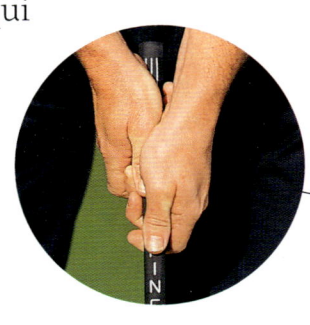

LE GRIP INVERSÉ
Le grip inversé est la méthode la plus utilisée pour contrer une faiblesse de la main gauche au putting.

Ligne droite
Maintenez le bras gauche et le manche du putter dans le prolongement l'un de l'autre.

BERNHARD LANGER – TRIOMPHER DE L'ADVERSITÉ

Bernhard Langer a largement eu son lot de problèmes sur les greens. Deux fois il a été victime d'une crise de «yips», deux fois il l'a surmontée. Son dernier antidote, le «clamp grip» est un grip inversé mais, de surcroît, la main droite s'aggripe à l'avant-bras gauche pour empêcher le poignet gauche de casser à l'impact. Ce grip de l'avant-bras gauche évite une faiblesse du poignet gauche très compromettante au moment de l'impact. Tout le problème des «yips» est là : avec un grip normal, la main droite a tendance à prendre le dessus et déroute la tête du putter. Si la méthode de Langer n'a rien d'orthodoxe, elle a le mérite d'être efficace.

1 MODIFIER SON GRIP

Parmi les grips permettant d'éviter une faiblesse de la main gauche, le plus répandu est le grip inversé. Au lieu de positionner la main droite au-dessous de la gauche, on inverse ici la position des mains, ce qui facilite un mouvement pendulaire du club, mais surtout bloque le poignet gauche pendant toute la durée du coup.

Épaules
Basculez les épaules pour mieux contrôler le swing.

Poignet droit
Donnez au poignet droit un peu de jeu au takeaway.

Poignet gauche
Maintenez ferme le poignet gauche.

NICK FALDO – L'OREILLE PLUTÔT QUE L'ŒIL

L'une des principales raisons pour lesquelles on rate un putt tient au fait que l'on a tendance à tourner trop précocement la tête pour suivre le trajet de la balle. L'ironie du sort veut que, plus tôt on regarde, moins on a de chances de voir la balle aller au trou. Quand il fait des putts courts (au plus 1,50 m), **Nick Faldo** se guide à l'oreille et attend le bruit de la balle dans le trou. De la sorte, il peut garder plus longtemps le corps immobile au-dessus de la balle, ce qui améliore la régularité et la qualité du coup.

POIGNET BLOQUÉ
En positionnant la main gauche sous la droite, on immobilise le poignet gauche dans la bonne position.

Jambes
Veillez à ce qu'elles restent totalement passives pendant toute la durée du coup.

2 EXÉCUTER UN SWING BAS ET FLUIDE

Le coup en lui-même est pratiquement identique à ce qu'il est avec un grip classique. Le swing est contrôlé par le balancement en douceur des épaules, les mains restant passives pendant le déplacement du putter.

3 BLOQUER LE POIGNET GAUCHE

Le poignet gauche doit rester constamment ferme de façon que la face du club reste bien square par rapport à la ligne du jeu dans la zone de l'impact. C'est la raison d'être du grip inversé, très répandu parmi les golfeurs de tous niveaux.

LEÇON 4

Putter en pente

Les greens en pente ont de quoi intimider, tout particulièrement lorsque la déclivité est forte. Mais pour autant il ne faut pas faire preuve d'une prudence excessive qui risquerait de donner une frappe saccadée. Quelle que soit la pente, la ligne de putt commence toujours en ligne droite, et une lecture correcte du terrain permet de réussir ses coups.

SUR LE PRACTICE
ÉVALUER LA DISTANCE AU FEELING

Tenter un putt long est particulièrement risqué quand la balle est séparée du trou par des déclivités accentuées. Le seul moyen d'approcher le plus possible la balle du trou consiste à «travailler son feeling», pour évaluer les distances une fois sur le terrain. Tenez-vous d'un côté d'un green en pente et envoyez des putts de l'autre côté, en vous attachant à vous approcher le plus possible de la lisière opposée sans la dépasser. Cet exercice est encore plus profitable si vous choisissez un adversaire.

GREG NORMAN – LA LIGNE DROITE

Aussi bizarre que cela puisse paraître, pour réussir un putt sur un green en pente, il est conseillé de traiter chaque coup comme s'il devait être droit. Plusieurs professionnels de très haut niveau, dont **Greg Norman,** utilisent cette technique. Quand vous êtes confronté à un putt en pente, déterminez un point précis à l'écart du trou qui prenne en compte la déviation de la course de la balle et faites partir la balle vers ce point.

1 LIRE EN HIVER COMME EN ÉTÉ

L'ampleur de l'influence d'une pente sur le trajet d'une balle est déterminée par la vitesse du green et, en conséquence, par la vitesse à laquelle la balle est frappée. Essayez de vous familiariser avec la vitesse des greens qu'ils soient lents ou rapides.

Été
La balle déviera plus l'été, quand le green est tondu ras…

Hiver
… qu'en hiver où l'herbe est plus haute.

TOM WATSON – AMORTIR L'IMPACT

Les putts en descente sont délicats, car le risque est grand que la balle dépasse le trou et s'immobilise plus loin qu'elle ne l'était précédemment. On en vient alors souvent à un coup hésitant. **Tom Watson** fut le meilleur putter du monde à son heure de gloire, de la fin des années soixante-dix au milieu des années quatre-vingt. Il est au contraire partisan, pour des putts en descente à déclivité accusée, de frapper la balle du bout de la lame. Cela amortit le coup et donne donc un meilleur résultat.

SUR LE PRACTICE
SQUARE AVANT TOUT

Pour un putt n'excédant pas 1,50 m, la trajectoire idéale de la tête du putter est droite et s'obtient par un mouvement de balancier. Identifiez un putt droit de 1,20 m et posez sur le green deux clubs parallèles pour former un couloir menant au trou. Faites tout simplement une série de putts en déplaçant le club vers l'arrière puis vers la balle, sans toucher les manches des clubs au sol. Si la face du putter est parfaitement square, vous réussirez votre putt à chaque coup.

2 LIRE LE GREEN

Arriver à une lecture correcte du green ne peut s'obtenir qu'en pratiquant, mais il existe quelques éléments permettant d'arriver plus vite à une bonne connaissance du terrain. Il est important que vous étudiiez chaque green pour obtenir une bonne perspective de sa configuration. La plupart des greens présentent des pentes qu'il est utile de déceler.

Vue d'ensemble
Appréhendez le green dans son ensemble.

Gazon
Regardez si l'herbe est tondue dans le sens du putt (vert clair) ou dans le sens inverse (vert foncé).

Déclivité
Allez évaluer la pente générale du green.

APPRENDRE EN REGARDANT
En observant la balle d'un adversaire, vous aurez une idée plus précise de la façon dont la vôtre va dévier de sa ligne initiale.

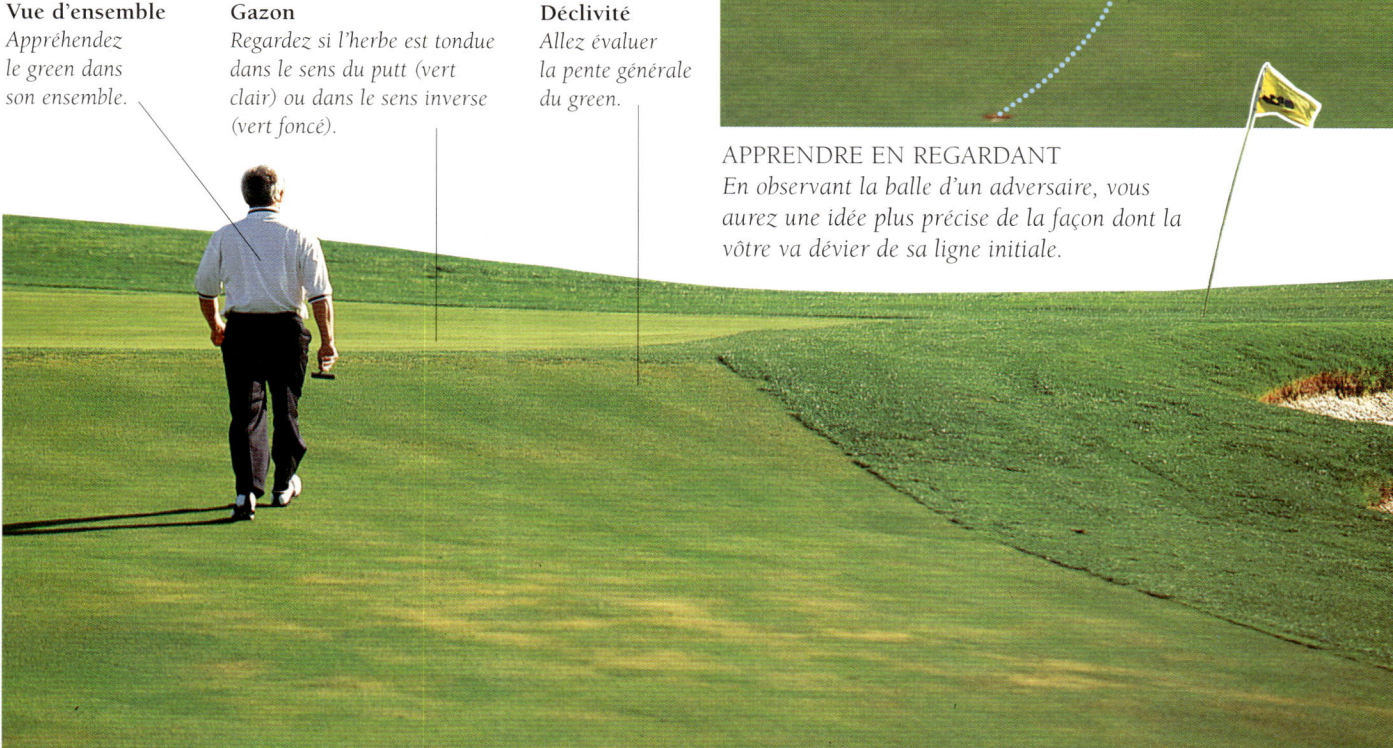

AGIR SUR LA BALLE

Chez un golfeur moyen, une balle dont la volée dévie tient souvent plus de la faute que de l'intention délibérée : en général, il s'attache à empêcher la balle de s'écarter d'une trajectoire droite plutôt qu'à l'infléchir volontairement. Pour autant, un joueur a tout intérêt à savoir façonner la trajectoire de ses balles s'il veut abaisser ses scores. Pour cela, il est essentiel de comprendre les mécanismes de l'impact, en d'autres termes comment donner de l'effet à la balle.

JACK NICKLAUS
Jack Nicklaus est probablement le meilleur joueur de fer qui ait jamais existé. Il visait le centre du green et cherchait à rentrer la balle avec un draw ou un fade, selon la position du trou.

1 L'ADRESSE
Pour cette séquence, Ballesteros a adopté une position lui permettant un coup en fade (gauche à droite). Il a légèrement ramené le pied gauche vers l'arrière et se tient plus «ouvert» que pour un coup normal, ce qui n'empêche pas la tête du club de rester square par rapport à l'objectif.

SEVE BALLESTEROS
Severiano Ballesteros est un expert dans le travail de la balle. Son habileté à faire voler la balle de gauche à droite ou d'en élever ou abaisser la trajectoire à volonté est l'une des raisons qui lui ont permis de se hisser au rang des plus grands joueurs des temps modernes. Son savoir-faire doit beaucoup à ses premières années de golf pendant lesquelles il apprit à jouer en n'utilisant qu'un fer 3.

2 LE TAKEAWAY
Avec un stance ouvert, il est plus facile de faire un takeaway légèrement à l'extérieur de la ligne. Le takeaway est très synchronisé, les poignets ne commençant à se casser que quand les mains sont à hauteur de taille.

3 AU SOMMET
Au sommet du backswing, Ballesteros a parfaitement pivoté, l'avant-bras droit étant ajusté à l'angle formé par la colonne vertébrale. Notez aussi que le dos de la main gauche se trouve au même angle que la face du club, ce qui indique que la position est parfaite.

6 LE FOLLOW-THROUGH
Severiano Ballesteros effectue un finish parfaitement équilibré alors que la balle, après être partie légèrement sur la gauche de l'objectif, revient en fade se remettre en ligne.

FRED COUPLES
Il est aussi très doué pour travailler la balle, même si son extrême puissance a tendance à faire oublier sa superbe maîtrise du jeu de fer. Ses balles hautes en fade, qui se posent en douceur, sont parmi ses coups favoris.

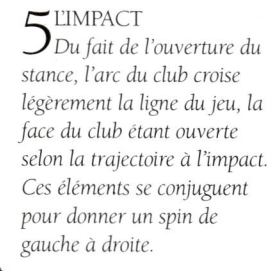

5 L'IMPACT
Du fait de l'ouverture du stance, l'arc du club croise légèrement la ligne du jeu, la face du club étant ouverte selon la trajectoire à l'impact. Ces éléments se conjuguent pour donner un spin de gauche à droite.

4 LE DOWNSWING
Ballesteros ramène le club au downswing selon un plan parfait en commençant à déporter progressivement son poids sur le côté gauche. Notez comme le coude droit reste près du corps.

LES LEÇONS

Les leçons présentées ici vous permettront de découvrir les secrets qui permettent d'agir sur la volée d'une balle.

Page 168
LEÇON 1

Le fade et le slice

1 PRÉDÉTERMINER L'IMPACT CORRECT
2 FRANCHIR LA LIGNE À L'APOGÉE
3 EFFACER LA HANCHE GAUCHE
4 FRAPPER «À 2 HEURES»

Page 170
LEÇON 2

Le draw et le hook

1 FERMER LE STANCE
2 SUIVRE UNE TRAJECTOIRE INTÉRIEURE
3 VISER SUR LA DROITE À L'APOGÉE
4 FRAPPER «À 4 HEURES»
5 LIBÉRER LA TÊTE DU CLUB APRÈS L'IMPACT

Page 172
LEÇON 3

Le coup punché

1 CHOIRIR LE BON CLUB
2 PIVOTER JUSQU'AU SOMMET
3 RESTER BAS DANS LA ZONE DE FRAPPE
4 FINIR AVEC LE POIDS VERS L'AVANT

LEÇON 1

Le fade et le slice

Frapper la balle de sorte qu'elle file sur la gauche pour revenir vers la droite s'appelle jouer en fade ou en slice. Sa trajectoire est le résultat d'un arc de club extérieur puis intérieur à la ligne de jeu et d'une face de club légèrement ouverte, qui imprime à la balle l'effet latéral nécessaire.

1 PRÉDÉTERMINER L'IMPACT CORRECT

Dans une large mesure, la position à l'adresse déterminera l'impact. Pour faire dévier le balle de gauche à droite, l'arc du club doit être extérieur-intérieur à la ligne du jeu et la face du club ouverte par rapport à l'arc. De l'ouverture de votre stance dépendra le degré de fade que vous souhaitez. C'est grâce au stance que l'arc du club, extérieur avant l'impact, coupe la ligne du jeu à l'impact.

Haut du corps
Ouvrez le haut du corps et les hanches.

VISUALISATION
LE CADRAN DE PENDULE

Imaginez un cadran de pendule. Par exemple, frappez à 3 heures pour un coup droit. Pour obtenir une déviation de droite à gauche, frappez à 4 heures : vous obtiendrez ainsi une trajectoire de swing de l'intérieur vers l'extérieur qui donnera l'effet latéral nécessaire pour un draw ou un hook. En frappant à l'inverse la balle à 2 heures, vous obtiendrez une déviation de gauche à droite.

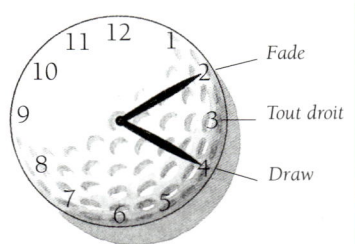

Fade
Tout droit
Draw

Le lie idéal pour exécuter un fade est un gazon tondu ras : il est alors plus facile de travailler la balle, notamment avec un fer relativement fermé.

Nick Faldo a très bien tiré profit de ces éléments lors de la finale de la Volvo PGA en 1989. Complètement bloqué sur le côté droit du trou n° 15, il tapa une balle basse, coupée en fade, qui l'amena au green, d'où il réalisa un birdie.

L'ADRESSE IDÉALE
Au takeaway, le club reste parallèle à la ligne des pieds pendant les premiers 50 cm, avant de suivre l'arc intérieur du swing lié au pivot.

Ligne du jeu
Ligne de pieds

Pieds
Alignez les pieds sur la gauche de l'objectif.

Ligne du jeu

Tête du club
Orientez la face du club droit sur l'objectif.

2 FRANCHIR LA LIGNE À L'APOGÉE

Un takeaway extérieur à la ligne fait, au sommet du backswing, pointer le manche du club vers la gauche de l'objectif, ce qui convient. Le corps n'en a pas moins pivoté complètement, le genou droit fléchi en supportant le poids.

Genoux
Le genou droit doit être fléchi et supporter le poids du corps.

Épaule
Chassez l'épaule gauche du menton.

Arc du club
La tête du club se rapproche de l'impact en suivant un arc extérieur à la ligne du jeu.

UN FOLLOW-THROUGH JUSQU'À LA GAUCHE DE L'OBJECTIF
Poursuivez le follow-through jusqu'à ce que votre boucle de ceinture soit dirigée vers la gauche de l'objectif ; votre poids doit être supporté par le pied gauche.

Corps
Effacez bien le corps pour faciliter la qualité du contact.

Balle
Elle démarre vers la gauche avant de revenir vers l'objectif.

Club
Le swing suit un mouvement de l'extérieur vers l'intérieur.

3 EFFACER LA HANCHE GAUCHE

Déroulez le corps au downswing. La cheville gauche doit commencer à s'effacer pendant que le club s'abaisse.

4 FRAPPER «À 2 HEURES»

Frappez la balle à 2 heures (voir page 168). Du fait que la tête du club va franchir la ligne, essayez de retenir la face du club pour l'impact. L'arc du club doit aller de l'extérieur vers l'intérieur.

LEÇON 2

Le draw et le hook

Le draw ou hook (déviation de la balle de droite à gauche) est l'opposé du fade. Il s'obtient par la combinaison d'un arc de club allant de l'intérieur vers l'extérieur et d'une orientation fermée de la face du club. Le coup n'est pas facile à exécuter, mais il est utile de savoir le jouer.

1 FERMER LE STANCE

Comme pour le fade, la face du club est dirigée vers l'objectif, mais ici le stance est fermé. L'alignement se faisant à droite de l'objectif, la face du club va suivre une trajectoire de l'intérieur vers l'extérieur parallèle à la ligne des pieds. Vous devrez aussi adopter un grip à main gauche forte (plus fermée). Cela favorisera l'action des mains et l'effet latéral qu'il faut imprimer à la balle.

JOHNNY MILLER – FAÇONNER SES COUPS AVEC LES MAINS

Chaque joueur façonne ses coups selon des méthodes différentes. **Johnny Miller,** par exemple, modifie subtilement son grip. Pour un fade, il serre les trois derniers doigts de la main gauche : cela retarde la libération du club d'une fraction de seconde très précieuse. Pour un draw, il adopte un grip relativement lâche de la main gauche pour faciliter la libération de la tête du club après l'impact.

L'ADRESSE IDÉALE
Comme pour le fade, la tête du club doit suivre la ligne des pieds au takeaway. Pour choisir un club, tenez compte de ce qu'un draw va généralement plus loin qu'un coup normal, tout particulièrement pour faire rouler la balle.

Jambes
Vous devez sentir une tension dans les cuisses à l'adresse.

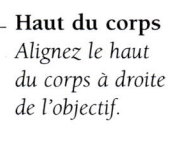

Haut du corps
Alignez le haut du corps à droite de l'objectif.

Main gauche
Adoptez un grip plus fort en fermant plus la main gauche : présentez une articulation de plus.

Pieds
Fermez le stance pour que, à l'exception de la face du club, tous les éléments pointent à droite de l'objectif.

2 SUIVRE UNE TRAJECTOIRE INTÉRIEURE

Tout dans le backswing doit avoir pour objectif l'obtention d'un arc de club intérieur-extérieur. Vous devez sentir qu'au début du takeaway la tête du club suit la ligne des pieds.

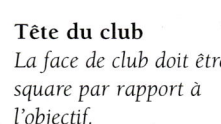

Tête du club
La face de club doit être square par rapport à l'objectif.

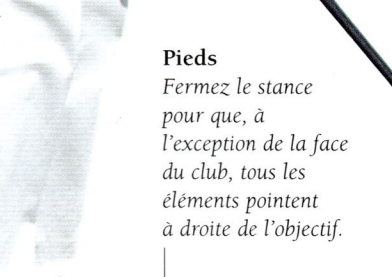

Club
Pointez le manche vers la droite de l'objectif à l'apogée du backswing.

3 VISER SUR LA DROITE À L'APOGÉE

La clef du mouvement se situe au sommet du backswing, où la tête du club doit être pointée sur la droite de l'objectif, selon une amplitude dépendant du cas de figure : pour un grand hook, environ 50 m sur la droite ; pour un léger draw, 2 m peuvent suffire.

SUR LE PRACTICE
ARRIVER À LA BONNE SENSATION

Voici deux exercices utiles pour arriver plus facilement aux bonnes sensations dans le travail de la balle. Gardez bien en tête qu'ils sont outrés par rapport à la normale : malgré leur efficacité à aider à mieux ressentir les coups, ils ne doivent pas être pratiqués lors d'un parcours pour de vrai.

1 *Pour un draw, le pied droit est éloigné de la ligne du jeu : cela facilite un takeaway intérieur.*

2 *Pour «ressentir» un fade (voir page 168), éloignez le pied gauche de la ligne du jeu. Vous obtiendrez un takeaway extérieur à la ligne.*

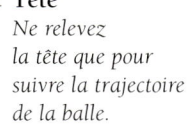

4 FRAPPER «À 4 HEURES»

Au downswing, attaquez la balle franchement depuis l'intérieur de la ligne du jeu. Attachez-vous à viser à 4 heures du cadran de la pendule (voir page 168).

Dos
Maintenez à la colonne vertébrale sa position d'origine pour l'impact.

Tête
Ne relevez la tête que pour suivre la trajectoire de la balle.

Épaules
Envoyez l'épaule droite au-delà du menton.

Tête du club
La pointe doit dépasser le talon.

5 LIBÉRER LA TÊTE DU CLUB APRÈS L'IMPACT

La tête du club se déplace vers la droite de l'objectif après l'impact. Votre avant-bras gauche doit pivoter dans le sens inverse des aiguilles d'une montre après la zone de frappe. L'arc du club de l'intérieur vers l'extérieur va faire partir la balle sur la droite, et le spin la ramènera en ligne.

LEÇON 3

Le coup punché

Rien, pas même la pluie, ne compromet un score autant qu'un vent violent. Mais à l'inverse, rien n'est plus impressionnant et plus gratifiant pour le joueur qu'un bon score obtenu un jour de vent. Pour éviter de perdre toutes vos chances sur le parcours, vous devez être capable de protéger la balle des effets ravageurs du vent, donc de savoir ce qui est efficace et ce qui ne l'est pas. Nous allons voir ici comment jouer avec un fer moyen par grand vent.

1 CHOISIR LE BON CLUB

En cas de vent, le «carnet de parcours» perd toute pertinence, et la sélection d'un club est nettement plus une question de feeling et d'expérience. Ce qui est certain en tout cas, c'est que vous devrez monter : un, deux ou trois clubs de plus. Adoptez un stance légèrement plus large pour la stabilité et exécutez un swing plus court et plus ramassé.

Stance plus large
Augmentez l'écartement des pieds pour obtenir une stabilité maximale.

SUR LE PRACTICE
MOINS DE LOFT ET PLUS D'EFFET

Utilisez toujours des fers longs pour vous exercer à travailler vos balles. Ils ont une face relativement verticale qui donne plus d'effet latéral et moins de back spin ; ils augmentent donc vos chances de faire «voyager» la balle. Les fers courts auront un effet inverse. Tenez-en compte pour évaluer la distance et la courbe des trajectoires. Et souvenez-vous que, pour obtenir une forte déviation, vous devez utiliser une face droite.

NICK FALDO – PUNCH EN FADE

Lors du British Open 1992, le fer 5 de **Nick Faldo** fut l'instrument d'un coup parfait contre le vent. Avec un vent contraire soufflant de droite à gauche, Faldo puncha une balle en fade qui s'accrocha à la ligne bec et ongles avant de se poser parfaitement sur le green. Avec un club de plus, il voulait lutter contre le vent, mais c'est en travaillant la balle en fade qu'il réussit à lui résister tout au long de la trajectoire et à finalement poser la balle où il fallait sur le green.

À l'apogée
Positionnez le club pour l'attaque.

2 PIVOTER JUSQU'AU SOMMET

Une fois bien installé à l'adresse, faites un backswing normal. Attachez-vous à bien pivoter, en gardant un rythme fluide et en transférant le poids du corps en harmonie avec le mouvement du club.

Stance en cas de vent debout

Stance normal

50%   50%

3 RESTER BAS DANS LA ZONE DE FRAPPE

Aplatissez l'arc du club dans la zone de l'impact (60 cm environ). Vos mains restent en avant de la tête du club comme pour piloter une trajectoire de balle basse et mordante. Ne frappez pas : vous devez vous concentrer sur un swing fluide et doux à l'impact, afin d'empêcher un excès de back spin.

Épaule
Traversez la balle avec l'épaule droite.

BALAYER LA BALLE
Le mouvement au downswing est le même que pour un autre coup, mais à l'impact vous devez avoir la sensation que la tête du club rase le sol à la poursuite de la balle.

40%   60%

Équilibre
Vous devez sentir que le poids du corps est au-dessus de la balle après l'impact.

Épaule
L'épaule droite doit être la partie du corps la plus proche de l'objectif.

4 FINIR AVEC LE POIDS VERS L'AVANT

Attachez-vous à exécuter un finish dans lequel le poids du corps sera sur le pied gauche, l'épaule droite étant la partie du corps la plus proche de l'objectif. Vous aurez le corps «au-dessus» de la balle après l'impact plutôt qu'en arrière.

Mains
Libérez la tête du club après l'impact, la main droite passant au-dessus de la gauche.

Équilibre
Maintenez un équilibre parfait jusqu'au finish.

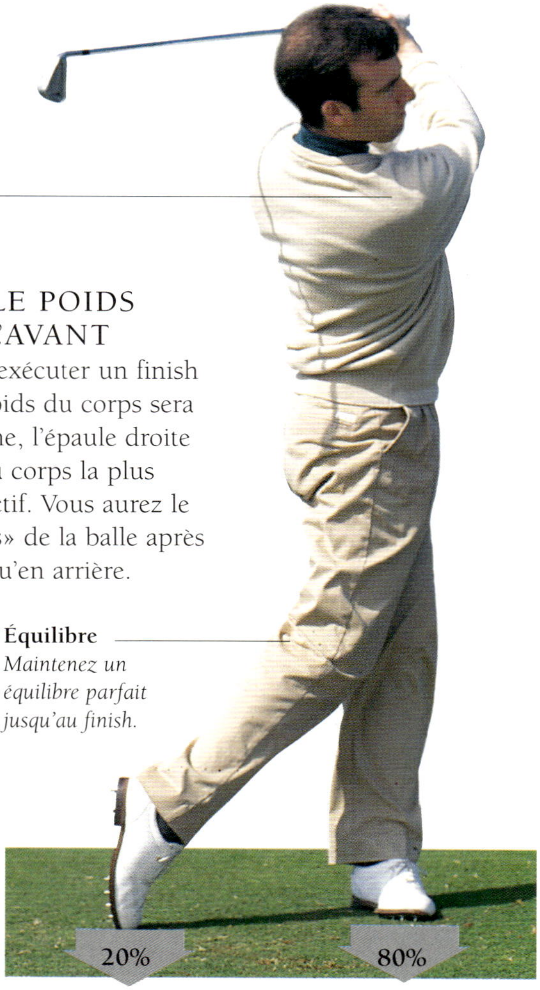

20%   80%

SUR LE PRACTICE
POUR ALLER HAUT ET LOIN

Sur un trou par 4 ou 5, c'est le coup de départ qui offre la meilleure opportunité de profiter d'un vent arrière : celui-ci peut en effet augmenter de 50 m ou plus la portée de votre coup. Pour l'exploiter, positionnez la balle à 2 ou 3 cm plus en avant du stance et reportez votre poids sur le côté droit ; attachez-vous à être «derrière la balle». Faites une véritable extension au backswing, en longueur et en largeur. Au downswing, retenez votre poids sur le côté droit.

CHAPITRE 5

La STRATÉGIE

Au golf, la réussite tient beaucoup à la limitation des dégâts. Peu importe que l'on joue bien les quatorze premiers trous si, sur les quatre derniers, on ruine son score irrémédiablement. Le légendaire Ben Hogan avait coutume de dire qu'à chaque parcours, il n'arrivait à faire qu'un ou deux coups parfaits. Nous qui sommes moins experts, nous avons des chances encore moindres. Il s'agit d'exploiter au mieux nos bons coups et de minimiser les effets des mauvais : cela s'appelle la stratégie.

En prenant comme supports quelques moments clefs de grands championnats, nous allons voir comment on peut réduire son score par la réflexion et la préparation du coup, et montrer comment, à l'inverse, de mauvaises décisions et un manque de stratégie sont aussi dommageables qu'un coup mal exécuté.

Huit fois vainqueur de tournois du grand Chelem dont le British Open, Tom Watson est un stratège très avisé.

Une stratégie pour le parcours
Pour les professionnels de haut niveau, comme ici à la Ryder Cup au Belfry, le fait de négocier les obstacles est presque devenu une seconde nature. Mais un joueur amateur, lui, devra soigneusement mûrir une réflexion et une stratégie pour éviter de gaspiller ses coups.

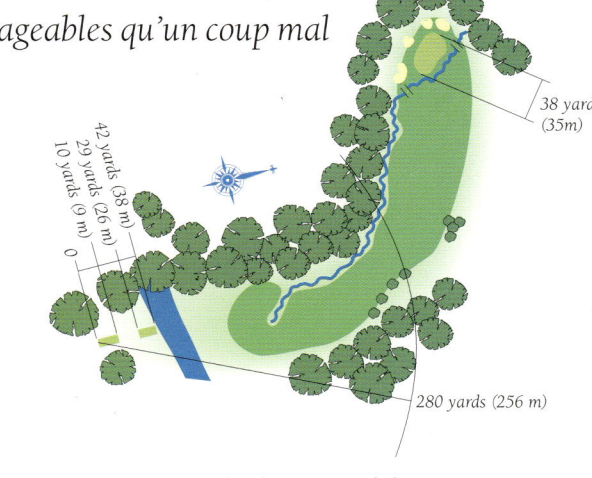

42 yards (38 m)
29 yards (26 m)
10 yards (9 m)
0

38 yards (35m)

280 yards (256 m)

Vue en plan du trou n° 13 de l'Augusta National : au Masters, une stratégie mauvaise ne pardonne pas.

L'art de la stratégie

C'est à Jack Nicklaus que l'on doit la nouvelle dimension qu'a pris l'art de limiter les risques. Il a une puissance de concentration et un sens du golf qui lui ont permis, tout au long de sa carrière, de prendre pratiquement toujours la bonne décision au bon moment et d'éviter de jouer avec le feu quand les désavantages d'une option risquaient de se liguer contre lui. C'est une leçon à méditer car, même si, évidemment, nous devons reconnaître nos forces et les exploiter, il ne faut nous cacher aucune vérité.

Un maître en stratégie
Jack Nicklaus représente le golfeur idéal dont il faut s'inspirer pour conduire une meilleure stratégie sur un parcours. Au cours de sa longue carrière, il a probablement commis moins d'erreurs de jugements que n'importe quel autre joueur.

Il ne suffit pas de savoir frapper une balle correctement et régulièrement pour se qualifier dans une compétition, quel que soit le niveau. Sans être d'excellents frappeurs, de nombreux joueurs ont réussi de très beaux scores sur un parcours.

Cela tient beaucoup à ce qu'ils étaient capables d'évaluer avec justesse ce qui était possible et ce qui ne l'était pas, et de se tenir à leur décision. Car aucun joueur n'a jamais la même qualité de jeu d'un parcours à l'autre.

TROUVER LA BONNE VOIE
Si les joueurs professionnels surpassent si nettement les autres joueurs, c'est en grande partie parce que, même lorsque leur jeu ne correspond pas à leur maximum, ils sont encore capables d'obtenir de bons scores, parce qu'ils trouvent la bonne voie, le moyen

de «s'en sortir». Même si leur score les empêche de remporter un tournoi, ils parviennent à limiter suffisamment les dégâts pour en affronter un autre en évitant de se faire saper le moral par un score désespérément trop élevé.

Un parcours de golf doit s'envisager comme une série d'obstacles comportant des itinéraires plus ou moins délicats. Savoir évaluer correctement quel doit être le trajet à suivre à un moment donné, telle est la clef de l'amélioration du jeu. Les golfeurs répètent souvent une phrase : «L'important au golf, ce n'est pas comment, c'est combien.» Par exemple, trois drives qui se terminent par des hors limites ou des balles perdues ; deux tentatives ratées de carry au-dessus d'un obstacle d'eau ; et trois putts sur quatre greens. Additionnez tout cela sur un parcours : vous obtiendrez un score de 91 au lieu de 79, soit un écart de 12 coups.

ÉVITER LES DANGERS
On peut très rapidement améliorer son score en s'attachant à éviter les dangers. Chaque parcours comporte son lot de coups difficiles qui peuvent peser sur le résultat final ; mais c'est dans la façon dont on les négocie et les gère que l'on fait la différence entre un succès et un échec. Nous allons examiner un certain

Objectif green
Nick Faldo, lors de l'Open d'Europe 1992, à Saling Bale, en Angleterre. Faldo sait parfaitement bien peser ses coups, qu'il opte pour une attaque du trou ou pour une arrivée au milieu du green.

Évaluer les différentes options
Turespaña Open 1995 : Jarmo Sandelin évalue le pour et le contre des options possibles.

nombre de situations critiques auxquelles ont pu être confrontés des hommes comme Ben Hogan, Jack Nicklaus ou Greg Norman : devant quelles alternatives ils se trouvaient, pourquoi ils ont pris telle ou telle décision, et s'ils ont réussi ou non.

Personne n'est infaillible, et on apprend tout autant des erreurs que des succès. Il est bon également de garder en tête le niveau de pression dans lequel ces coups ont dû être joués.

Mais, même à notre niveau, il est absolument indispensable d'arriver à une concentration totale, aussi bien pour des raisons stratégiques que tactiques.

Maintenant que vous possédez les bases du jeu, fixez-vous comme objectif de passer de plus de 90 à moins de 80 en apprenant à limiter les risques, comme le font les meilleurs joueurs du monde.

LE JEU DES TROUS

Chacun des trous décrits dans ce chapitre précise l'option choisie par un grand joueur lors d'un tournoi, et la compare à l'option que devrait prendre un amateur de handicap moyen. Ces exemples permettent de mieux comprendre les stratégies adoptées.

Franchir l'eau
Quand on est confronté à un obstacle d'eau, la première chose à faire est de décider si l'on joue devant ou si l'on essaie de passer. Ici, Ian Woosnam franchit l'obstacle lors de la Coupe du Monde 1992 à La Moraleja, en Espagne.

FAIRE SIMPLE

LE CARRY AU-DESSUS DE L'EAU
Si vous n'êtes pas sûr de pouvoir réussir à franchir un obstacle d'eau, abandonnez cette idée. Attachez-vous à jouer devant l'obstacle puis tentez d'approcher au trou. Vous aurez ainsi une chance de réussir et, dans le pire des cas, vous n'aurez perdu qu'un seul coup. Car rater un carry est tout aussi efficace pour saper la confiance en soi que le score.

LES COUPS LONGS
Sur un long par 4 où vous savez que vous avez peu de chance de toucher le green en deux, déterminez à quel endroit vous aimeriez vous trouver pour vous donner les meilleures chances de faire le par. Ne tapez

pas votre drive comme un sourd en espérant réussir l'impossible : gardez la tête froide et la balle sur le parcours.
Gardez en tête que, si un par 4 est toujours meilleur qu'un bogey, cinq coups valent toujours mieux que sept et que, en définitive, chaque coup compte.

L'APPROCHE DU GREEN
Le trou ne doit pas toujours s'attaquer avec une approche. Il est beaucoup plus facile de prendre deux putts depuis le milieu du green, quel que soit l'emplacement du trou, que d'avoir à prendre plusieurs coups pour sortir d'un bunker de green pour avoir raté de peu le drapeau.

La sécurité d'abord
Si vous êtes dans le rough ou bloqué par un autre obstacle, la règle d'or est de ne penser qu'à sortir la balle et lui faire regagner le fairway. (voir pages 146 et 147), comme le fait ici Wayne Grady.

La raison

Crenshaw fait parfois dévier ses drives, mais il choisit ici un coup droit plutôt qu'un draw plus aléatoire.

Augusta - Trou n° 13

465 yards (425 m), par 5 – Augusta, Georgie, U.S.A.

Le trou n° 13 d'Augusta National est le dernier d'une série de trois qui sont appelés «Amen Corner». C'est une partie du terrain où s'est joué le sort de bien des concurrents de Masters successifs et où la stratégie joue un rôle crucial. Quand, le dernier jour du Masters 1984, Ben Crenshaw arriva sur ce trou, il avait pris la tête du tournoi grâce à trois birdies successifs, aux 8, 9 et 10 où il avait enquillé un très long putt. Après un bogey au trou suivant, il avait compensé par un birdie au 12, court et dangereux. Restait le n° 13…

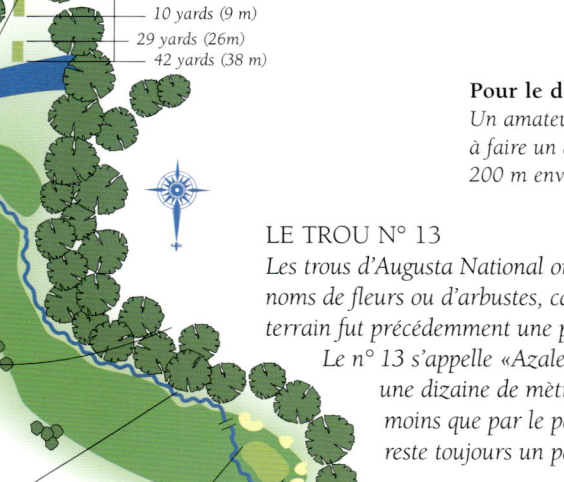

0
10 yards (9 m)
29 yards (26m)
42 yards (38 m)

280 yards (256 m)

Rae's Creek

38 yards (35 m)

Pour le départ

Un amateur a intérêt à faire un drive de 200 m environ.

LE TROU N° 13

Les trous d'Augusta National ont tous des noms de fleurs ou d'arbustes, car le terrain fut précédemment une pépinière. Le n° 13 s'appelle «Azalea». Il a une dizaine de mètres de moins que par le passé, mais reste toujours un par 5.

Le 2e coup

Depuis ce lie, Crenshaw amena la balle à proximité de Rae's Creek pour atteindre ensuite le green avec un pitch.

LE JEU DU TROU

Pour la plupart des golfeurs, Azalea se négocie au troisième coup. La place est suffisante sur la droite pour éviter Rae's Creek, mais gare aux arbres. Mieux vaut placer le deuxième coup nettement avant le ruisseau, pour se laisser un plein wedge, plutôt qu'un demi-coup hasardeux. Les as du jeu long touchent le green en deux, mais il faut driver en draw pour tenir la balle sur le fairway. Certains joueurs, comme Crenshaw en 1984, visent les arbres faisant saillie qui marquent le dogleg.

Un triple obstacle

Les magnifiques massifs d'azalées et de cornouillers qui servent de toile de fond ne doivent pas endormir la méfiance, le green étant défendu par quatre bunkers et un obstacle d'eau : le Rae's Creek.

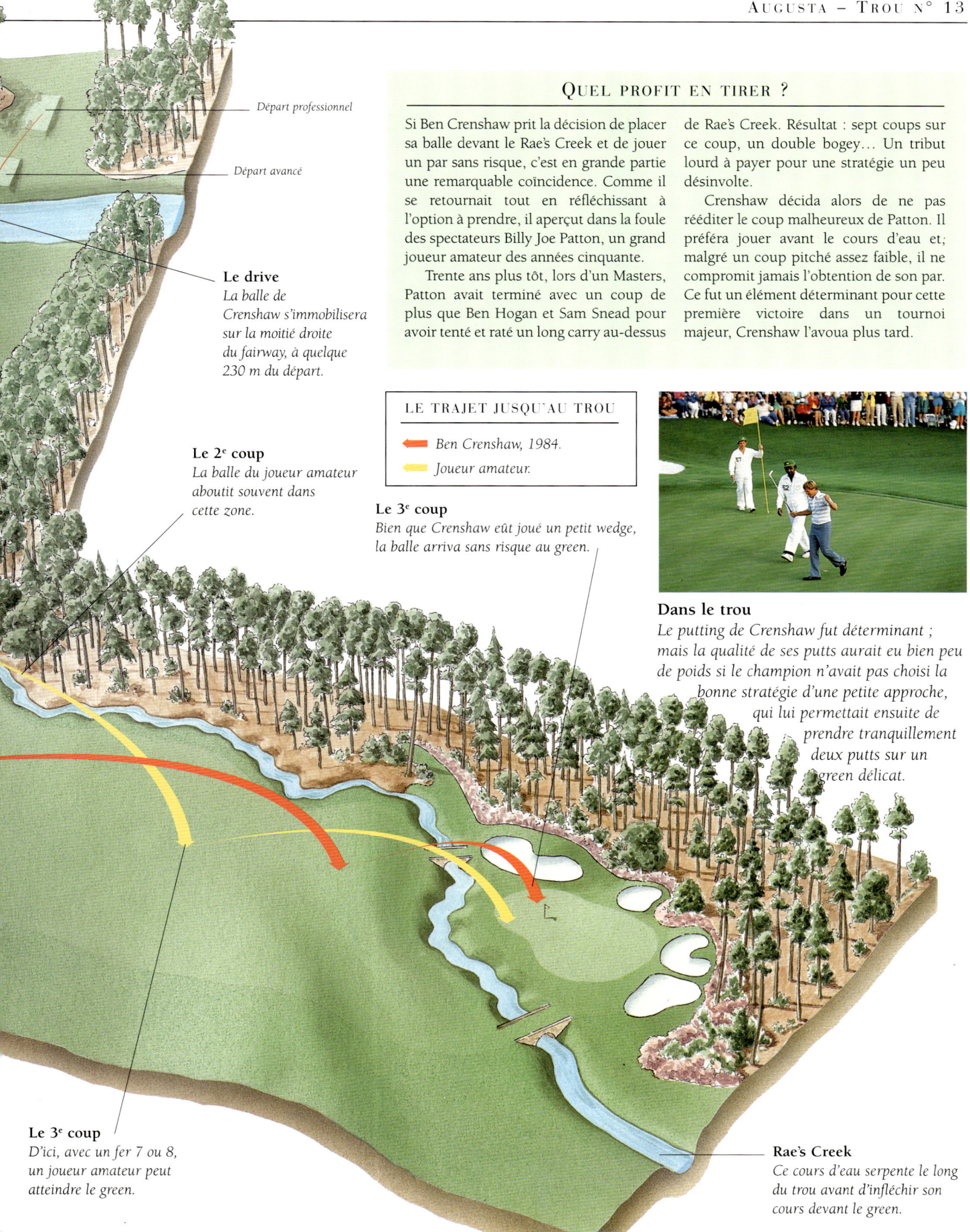

Départ professionnel

Départ avancé

Le drive
La balle de Crenshaw s'immobilisera sur la moitié droite du fairway, à quelque 230 m du départ.

Le 2e coup
La balle du joueur amateur aboutit souvent dans cette zone.

QUEL PROFIT EN TIRER ?

Si Ben Crenshaw prit la décision de placer sa balle devant le Rae's Creek et de jouer un par sans risque, c'est en grande partie une remarquable coïncidence. Comme il se retournait tout en réfléchissant à l'option à prendre, il aperçut dans la foule des spectateurs Billy Joe Patton, un grand joueur amateur des années cinquante.

Trente ans plus tôt, lors d'un Masters, Patton avait terminé avec un coup de plus que Ben Hogan et Sam Snead pour avoir tenté et raté un long carry au-dessus de Rae's Creek. Résultat : sept coups sur ce coup, un double bogey… Un tribut lourd à payer pour une stratégie un peu désinvolte.

Crenshaw décida alors de ne pas rééditer le coup malheureux de Patton. Il préféra jouer avant le cours d'eau et, malgré un coup pitché assez faible, il ne compromit jamais l'obtention de son par. Ce fut un élément déterminant pour cette première victoire dans un tournoi majeur, Crenshaw l'avoua plus tard.

LE TRAJET JUSQU'AU TROU

➡ *Ben Crenshaw, 1984.*

➡ *Joueur amateur.*

Le 3e coup
Bien que Crenshaw eût joué un petit wedge, la balle arriva sans risque au green.

Dans le trou
Le putting de Crenshaw fut déterminant ; mais la qualité de ses putts aurait eu bien peu de poids si le champion n'avait pas choisi la bonne stratégie d'une petite approche, qui lui permettait ensuite de prendre tranquillement deux putts sur un green délicat.

Le 3e coup
D'ici, avec un fer 7 ou 8, un joueur amateur peut atteindre le green.

Rae's Creek
Ce cours d'eau serpente le long du trou avant d'infléchir son cours devant le green.

Merion - Trou n° 18

463 yards (423 m), par 4 – Merion, Pennsylvanie, U.S.A.

Ce trou particulièrement délicat servit de cadre à l'un des plus beaux finishes que l'on ait vus dans un US Open. Dix-huit mois après avoir frôlé la mort dans un accident de voiture, le grand Ben Hogan arriva à Merion sans être sûr que ses jambes blessées supporteraient les deux derniers tours, en ce dernier jour de l'Open 1950. Obligé de se retenir à un ami, Hogan arriva au dernier trou pour apprendre qu'il lui fallait un 4 pour finir à égalité avec Lloyd Mangrum et George Fazio, ou un birdie pour gagner.

Le drive
Hogan ne se laissa pas intimidé par la rangée d'arbres au départ du tee.

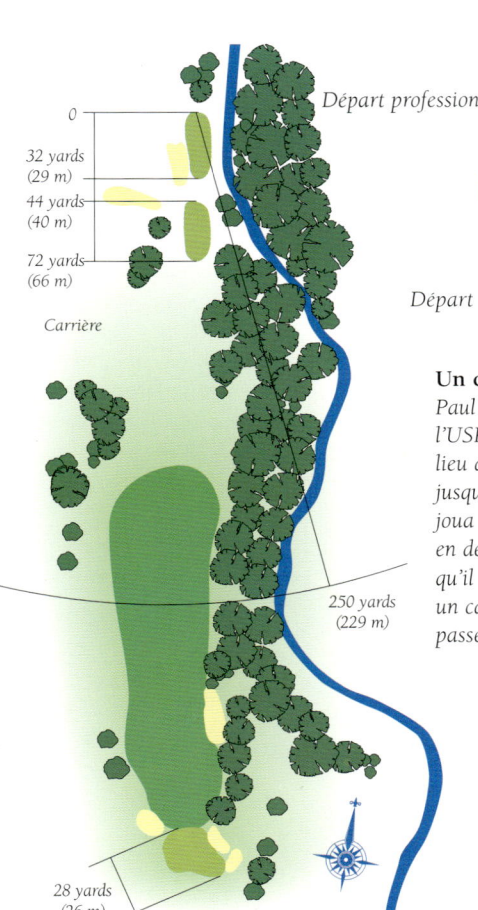

Départ professionnel

0

32 yards (29 m)

44 yards (40 m)

72 yards (66 m)

Carrière

250 yards (229 m)

28 yards (26 m)

LE TROU N° 18
Du départ, le trou est fermé, à gauche, par des arbres. Une carrière sépare le fairway de départ et barre la zone de réception des drives d'une crête d'où le fairway descend vers le green. Le green, peu profond, est défendu par trois bunkers et un bunker de fairway, à gauche, en amont.

Départ avancé

Un carry délicat
Paul Runyon, vainqueur de l'USPGA en 1934 et 1938, au lieu de driver, chippa la balle jusqu'au départ suivant, d'où il joua un bois de parcours en deuxième coup, pensant qu'il ne pourrait pas obtenir un carry suffisant pour passer la carrière.

Entrer dans la carrière
Une ancienne carrière doit être franchie au coup de départ.

Un long carry
Même en partant du départ avancé, le carry est très long pour franchir la carrière.

LE JEU DU TROU

Le drive est délicat pour ce dernier trou, car on doit franchir une ancienne carrière en suivant une rangée d'arbres ; de plus, il faut porter haut et loin la balle pour dépasser la crête et arriver sur le fairway, à 200 m du tee. Le deuxième coup se joue souvent depuis un lie en descente et doit aussi être très long si l'on veut arriver sur le green, étroit. Hogan fit un drive parfait au milieu du fairway, puis dut choisir entre deux options : tenter le trou avec un bois 4 pour tenter le birdie gagnant, ou jouer plus sûr avec un fer vers la gauche du green, pour faire un par et participer au play-off.

Des bunkers dans le gazon

Voici la perspective qu'eut Ben Hogan lors de son deuxième coup à l'Open de 1950. Alors qu'il signait sa carte, il se fit voler son fer 1, qui ne fut retrouvé que quatre ans plus tard au rayon occasion d'un magasin d'articles de golf ; il est aujourd'hui en lieu sûr au musée de l'USGA, à Far Hills.

QUEL PROFIT EN TIRER ?

L'issue de l'US Open 1950 dépendait de la décision qu'allait prendre Ben Hogan pour le deuxième coup. Hogan savait que le green présentait une pente avant de redescendre brutalement, et qu'un coup trop puissant dépasserait le trou en amenant la balle dans la tribune. Le matin, il avait utilisé un fer 4 à partir d'une position de balle similaire ; mais il était fatigué et savait qu'il devait modifier sa stratégie. Hogan étudia son lie, qui lui laissait deux options : un fer 1 pour taper la balle vers l'avant gauche, ou un bois 4 plus risqué obligeant à couper le coup pour que la balle tienne. Il choisit de jouer avec un fer 1 et, d'un coup parfait, il envoya la balle à 40 yards (37 m) du trou. Puis deux putts l'amenèrent sans risques au par qui le mettait à égalité, lui permettant ensuite de gagner au play-off.

Les drapeaux de Merion
Il n'y a qu'à Merion que les trous sont signalés par ces «fanions» en osier.

Le drive de Hogan
Hogan réussit un drive parfait en plein milieu du fairway.

Une approche inspirée
Grâce à un coup superbe avec un fer 1, la balle arriva à 40 pieds (12 m) du trou, assurant une place pour le play-off.

LE TRAJET JUSQU'AU TROU

➤ *Ben Hogan, 1950.*

➤ *Joueur amateur.*

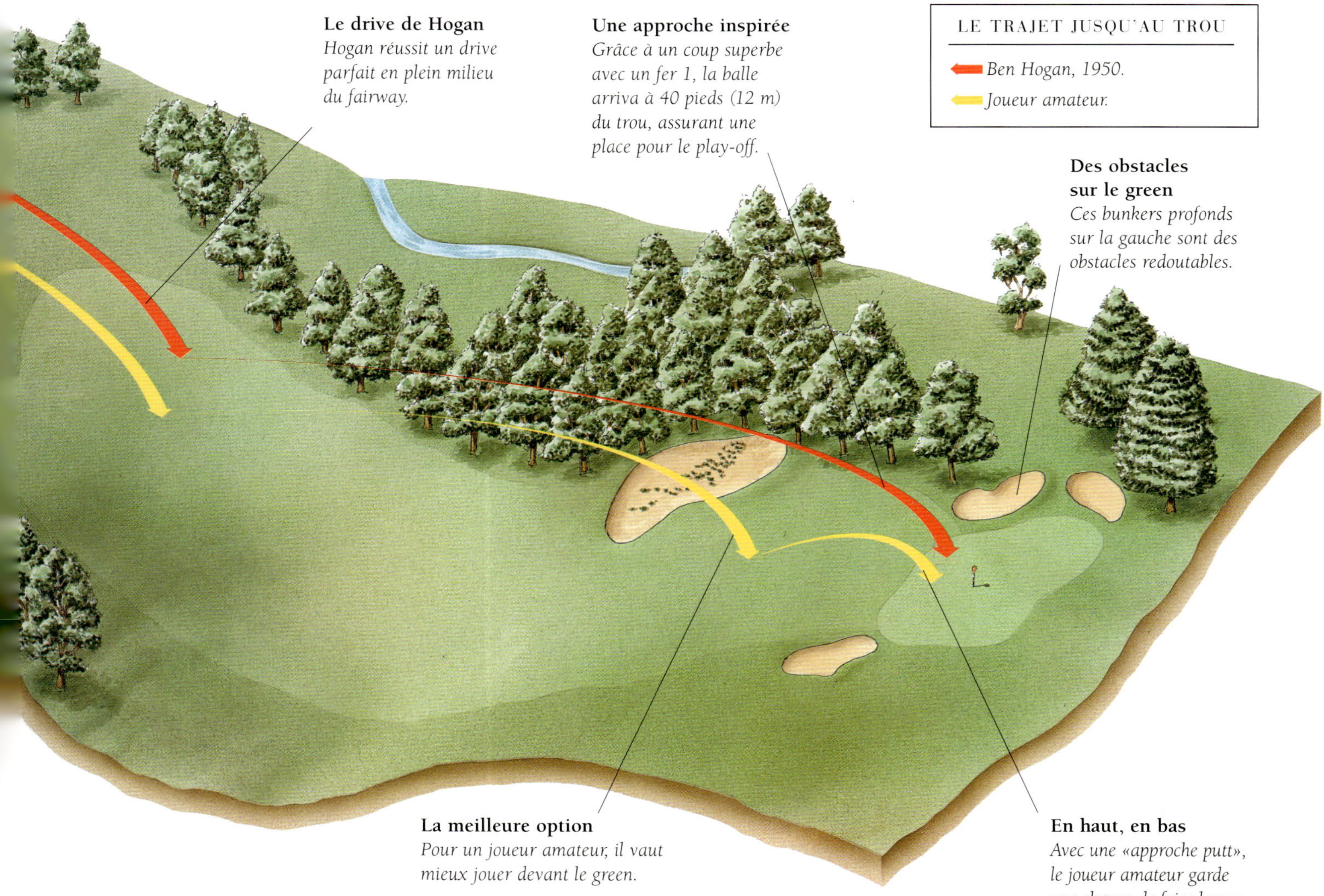

Des obstacles sur le green
Ces bunkers profonds sur la gauche sont des obstacles redoutables.

La meilleure option
Pour un joueur amateur, il vaut mieux jouer devant le green.

En haut, en bas
Avec une «approche putt», le joueur amateur garde une chance de faire le par.

Muirfield – Trou n° 9

495 yards (452 m), par 5 – Muirfield, Écosse

Le trou n° 9 de Muirfield a ruiné plus de scores que tout autre de ce parcours réputé pour sa difficulté. Le secret de la réussite consiste ici à savoir quand attaquer le trou et quand jouer sans risques. Mais il existe des circonstances dans lesquelles la bonne stratégie est celle de l'audace : ce fut ainsi le cas au cours du British Open de 1972 qui vit Tony Jacklin et Lee Trevino gagner leur billet pour affronter Jack Nicklaus dans un play-off mémorable. Le parcours rendu très roulant par un vent d'est, Trevino et Jacklin décidèrent d'attaquer le trou.

Départ professionnel

Départ amateurs

L'emplacement idéal
Voici l'emplacement idéal du drive par vent favorable.

Le drive de Jacklin
Tony Jacklin driva dans le semi-rough de gauche.

Le drive de Trevino
Lee Trevino driva dans le semi-rough de droite.

Un bunker menaçant
Ce profond bunker de fairway conditionne la stratégie à adopter pour le coup de départ.

Un coup long
Trevino réussit un superbe coup au cœur du green avec un fer long.

11 yards (10 m)
12 yards (11 m)
28 yards (26 m)
40 yards (37 m)
56 yards (51 m)
73 yards (67 m)

Mur

257 yards (235 m)

Hors limites

32 yards (29 m)

LE JEU DU TROU

Le drive est délicat ici. Le mur sur la gauche est déterminant dans le choix d'une stratégie. Le premier bunker de fairway est lui aussi un obstacle critique. À partir du départ avancé, un joueur amateur doit pointer la balle à plus de 180 m pour éviter le bunker ; pour le deuxième coup, il doit jouer à gauche en direction du mur, ceci pour éviter la série de bunkers sur la droite. La stratégie la moins risquée consiste à driver avant le premier bunker, puis à jouer un deuxième coup court des bunkers de droite, ce qui laisse un coup de wedge d'une centaine de mètres. Dans des conditions favorables, on peut néanmoins toucher le green en deux.

LE TROU N° 9

Le trou n° 9 de Muirfield, par 5, est bordé par un mur indiquant le hors limites. Le fairway compose un étroit corridor de 220 m environ depuis le départ professionnel. Un bunker garde jalousement l'entrée de ce corridor, un autre bunker se trouvant à l'autre bout. À droite du green se trouve encore un groupe d'autres bunkers.

Gardiens du fairway

Les bunkers situés près du green, sur la droite du fairway, obligent à frapper vers le mur au deuxième coup. C'est une situation délicate pour un joueur amateur, car une balle s'immobilisant dans l'un des cinq bunkers devra presque à coup sûr être droppée.

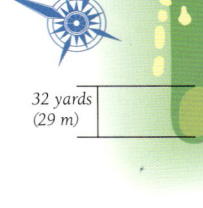

Depuis le rough

Jacklin fit un long drive, vent arrière jusqu'en lisière du rough de gauche ; le dispositif de bunkers défendant l'avant-green droit n'était plus une menace pour lui. Son deuxième coup prit le green à hauteur du trou. De là, il ne prit qu'un seul putt pour un eagle.

Un mur à risques

Ce mur hors limites constitue une menace pour le deuxième coup.

Un rough coriace

De part et d'autre du fairway, le rough est dangereux.

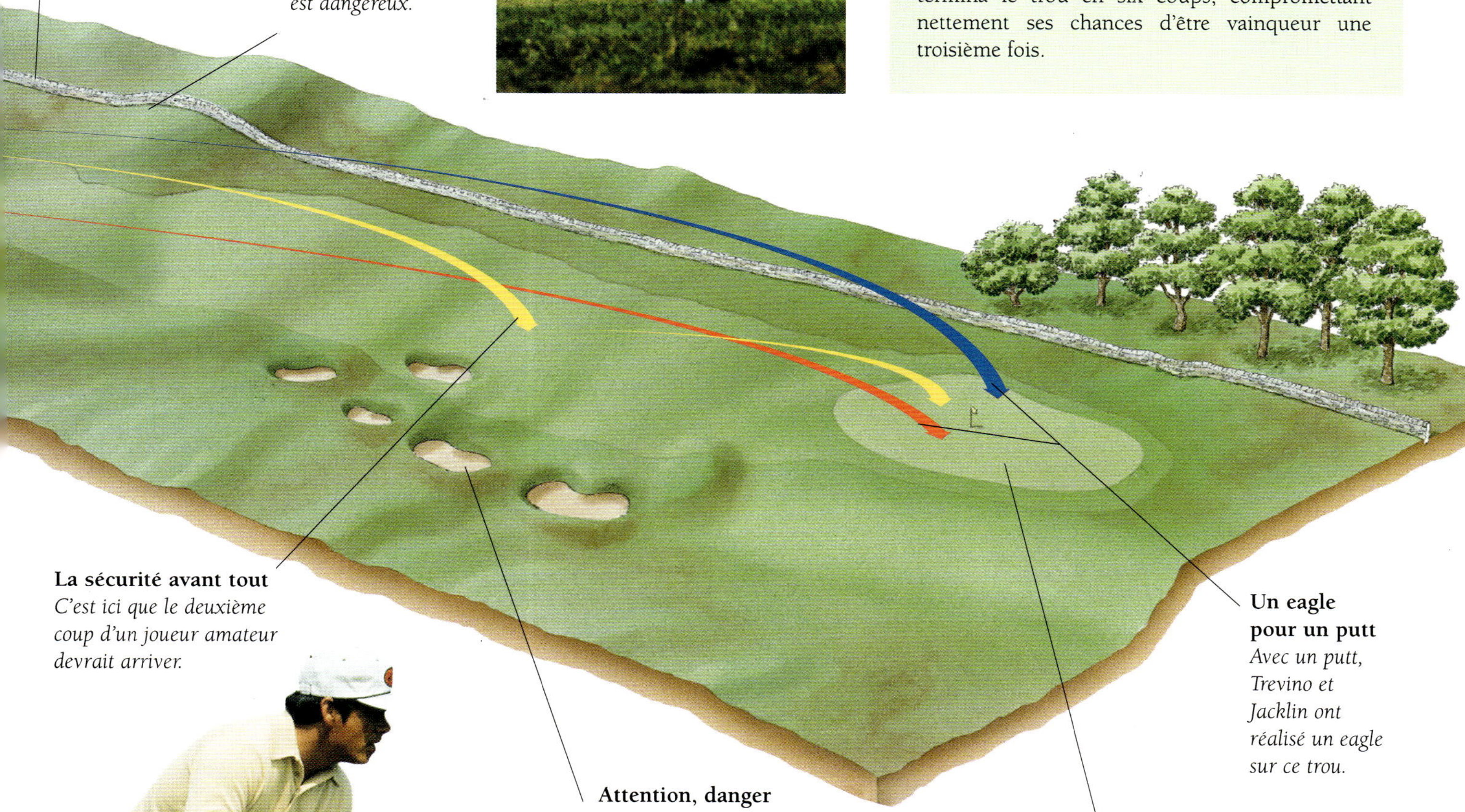

QUEL PROFIT EN TIRER ?

Jacklin et Trevino ont adopté pour ce trou des stratégies d'attaque très différentes. Jacklin a décidé de franchir le bunker de fairway à gauche, tandis que Trevino a plus classiquement joué vers la droite. Les deux hommes ont terminé dans le rough, un seul coup au fer les séparant du green. S'ensuivit pour chacun un coup impeccable qui fit atterrir la balle à moins de 20 m du trou, puis rouler. Grâce à un putt, ils firent alors un eagle. On voit l'intérêt de bien évaluer le meilleur moment pour attaquer.

Au British Open de 1966, Arnold Palmer avait pris au départ l'option vers la droite, plus sûre. Il termina le trou en six coups, compromettant nettement ses chances d'être vainqueur une troisième fois.

La sécurité avant tout

C'est ici que le deuxième coup d'un joueur amateur devrait arriver.

Attention, danger

Cette série de bunkers oblige à orienter le deuxième coup vers le mur.

Un eagle pour un putt

Avec un putt, Trevino et Jacklin ont réalisé un eagle sur ce trou.

Un green offert

Le trou n'est défendu qu'au niveau du fairway : il n'existe pas de bunker de green.

Eagle en vue

Grâce à un coup au fer depuis la droite du rough, Lee Trevino aboutit dans le green, ce qui lui permit de réaliser un eagle.

LE TRAJET JUSQU'AU TROU

→ *Lee Trevino, 1972.*

→ *Tony Jacklin, 1972.*

→ *Joueur amateur.*

Pebble Beach – Trou n° 18

548 yards (501 m), par 5 - Pebble Beach, Californie, U.S.A.

Le Texan Tom Kite avait gagné plus d'argent que quiconque. Pourtant, il n'avait gagné aucun des championnats composant le Grand Chelem lorsqu'il se présenta au trou n° 18 du tour final, lors de l'US Open 1992. Cette ambition, Kite savait qu'il pouvait la satisfaire par mauvais temps s'il parvenait à faire le par sur ce trou qui borde l'océan Pacifique. Il s'agit d'un trou difficile dans des conditions météorologiques normales, mais en ce jour un vent de mer soufflait et on avait peine à rester immobile pour un putt. Pour s'assurer la victoire, Kite devait donc signer un 5 sur l'ultime trou.

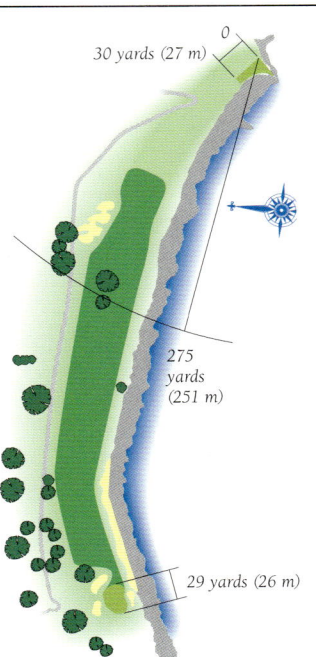

LE TROU N° 18
Ce trou final borde la baie de Monterey. Au centre du fairway, deux arbres trônent à distance de drive. Le green est défendu sur la droite par un énorme bunker.

Le pitch de la victoire
Kite approcha en toute sécurité, ce qui lui permit de remporter sa première grande victoire.

Un placement idéal
D'un coup de fer, Kit plaça sa balle pour se laisser une approche sans problème.

Mer et sable
Situé en bordure du Pacifique, le trou n° 18 est entouré de bunkers.

La zone de sécurité
Un joueur amateur jouera la sécurité en visant cette zone proche du green.

La victoire, enfin
Tom Kite peut jubiler en sortant sa balle du trou : il vient de remporter sa première grande victoire.

LE JEU DU TROU

Pour le coup de départ, la balle doit passer au-dessus de la baie, pour autant que l'on ait un bon jeu et que l'on veuille faire preuve d'audace. Dans le fairway, deux arbres (dont le premier à 250 m environ du tee) doivent être évités sous peine d'être gêné pour le deuxième coup. Celui-ci doit rester au milieu du fairway de façon à rejoindre un green bien défendu grâce à un coup pitché. Le rideau d'arbres qui borde le fairway sur la droite, du départ jusqu'au green, est très dangereux, pour le deuxième coup comme pour le drive, surtout si le vent souffle de l'océan.

LE TRAJET JUSQU'AU TROU

← *Tom Kite, 1992.*

← *Joueur amateur.*

Des arbres gênants
Ces deux arbres au milieu du fairway peuvent compromettre la ligne du deuxième coup.

Des arbres en bordure
Une rangée d'arbres court sur le bord du fairway, du départ jusqu'à la ligne du green.

Le drive maîtrisé
Tom Kite a joué un drive de prudence et profité du vent de mer pour amener la balle bien sur la droite, à l'écart des deux arbres de milieu de fairway. La balle arriva dans le rough, mais Kite savait que, de là, il pourrait atteindre sans risques le green en deux coups.

Le drive tactique
Le drive de Kite prit du champ par rapport aux arbres.

Départ professionnel

Départ avancé

La ligne hardie
Un joueur amateur peut adopter une ligne plus audacieuse par beau temps.

La baie de Monterey
Du départ, elle est beaucoup plus en jeu qu'il ne paraît.

QUEL PROFIT EN TIRER ?

Au départ de ce dernier trou, Tom Kite était confronté à un problème à la fois simple et complexe. Il n'avait besoin que d'un par 5, ce qui aurait représenté, pour un joueur de son niveau, un objectif facile à atteindre dans des conditions normales. Mais il y avait un violent vent de mer et l'enjeu était une victoire à l'US Open.

Le vent offrait l'avantage d'éliminer le danger de la baie de Monterey. Kite savait qu'il devait jouer la prudence en profitant du vent pour éloigner la balle de l'océan ; mais il devait aussi éviter les arbres du fairway qui risquaient de sérieusement compliquer son deuxième coup.

Dans ce contexte, Kite exécuta un drive parfait qui amena la balle en bordure de rough, à bonne distance des arbres. Il joua ensuite la prudence au deuxième coup et, d'un coup de fer, il plaça la balle à une centaine de mètres du green. Cela lui laissait une approche pitchée, qu'il exécuta sans problème. Il ne restait plus alors à Kite qu'à faire le trou en deux putts pour remporter l'Open. Cette victoire est principalement à mettre au compte d'un sang-froid dans la programmation des coups et d'une bonne maîtrise des coups dans des conditions météorologiques précaires.

La marche vers la victoire
Tom Kite va entrer dans la légende de l'US Open en s'approchant du trou n° 18. Grâce à un drive parfaitement maîtrisé, son deuxième coup sera sans problème et il lui suffira d'un petit coup de wedge pour atteindre le green.

Royal Liverpool – Trou n° 16

560 yards (512 m), par 5 – Hoylake, Angleterre

Dernier parcours du British Open 1967 : à l'issue du trou n° 15, le grand Roberto de Vicenzo menait de trois coups devant Jack Nicklaus. Mais au trou suivant, Nicklaus qui jouait le premier fit un birdie. Vicenzo dut alors choisir : opter pour la sécurité en faisant le par sur un trou qui n'était pas commode ou tenter un birdie pour maintenir son avance. Ce sont de telles décisions qui font qu'un championnat se gagne ou se perd. L'Argentin décida d'adopter une stratégie d'attaque, conscient que, pour réussir, il devrait prendre le risque des hors limites.

LE TRAJET JUSQU'AU TROU

→ *Roberto de Vicenzo, 1967.*
→ *Joueur amateur.*

Attention, bunkers
Des bunkers profonds menacent les drives joués à gauche.

La sécurité
Un joueur amateur devrait jouer la sécurité en visant cette zone.

Départ compétition

0
14 yards (13 m)

84 yards (77 m)
103 yards (94 m)
119 yards (109 m)
143 yards (131 m)

Départ amateurs

LE TROU N° 16
Le parcours de Hoylake est officiellement dénommé Royal Liverpool. Le trou n° 16 est dominé par le terrain de practice dont une partie avance sur le fairway. Les deux bunkers sur la gauche sont une menace pour le drive ; trois autres bunkers défendent le green.

Le drive de Vicenzo
Grâce à un long drive, Vicenzo arrive sur le côté droit du fairway.

Le practice
Le terrain de practice longe la plus grande partie du trou n° 16 dont il est séparé par un muret.

265 yards (242 m)

38 yards (35 m)

Un muret de séparation
Ce muret clôt le terrain de practice qui est hors limites. Le drive de Vicenzo s'en approcha.

LE JEU DU TROU
On a le choix entre deux stratégies : tenter d'atteindre le green en deux coups, en courant le risque d'un hors limites, ou jouer vers la gauche, option plus sûre. Seul un long drive vers la droite peut mettre le green à portée de balle. La solution la plus sûre consiste à placer son drive à droite du bunker de fairway, puis à jouer court du green à gauche du practice, ce qui laisse une petite approche pour le green. Les deux bunkers situés à droite du green dissuadent de couper au-dessus du practice, ce qui, de toute façon, demanderait un très long carry.

Champion et populaire

En tant que golfeur, Vicenzo était un prodigieux frappeur de balles et un habile stratège ; en tant qu'homme, il était modeste et agréable. Tous ces atouts expliquent qu'il ait été l'un des plus populaires vainqueurs du British Open des temps modernes.

QUEL PROFIT EN TIRER ?

Sachant que Nicklaus avait fait un birdie avant lui sur ce trou et réduisait du même coup l'écart, Vicenzo prit la décision d'essayer d'atteindre le green en deux coups afin de maintenir son avance en faisant lui aussi un birdie. L'Argentin a toujours été un magnifique frappeur de balles, et il savait qu'il avait les capacités pour réussir. Il partit pourtant mal puisqu'il fit un drive l'amenant un peu trop près du muret du practice. Mais il fit un deuxième coup superbe avec un bois 3. La balle passa au-dessus du muret sans problème pour atteindre le centre du green. Puis en deux putts il fit le birdie qui neutralisa le coup de Nicklaus et assura à Vicenzo la victoire, qui fut d'ailleurs la première et la seule victoire majeure de son palmarès.

La stratégie de Vicenzo constitue l'illustration parfaite d'un coup d'audace dans une situation certes difficile, mais il avait les moyens de prendre un tel risque. Toutefois, à vouloir imiter Vicenzo, un joueur amateur risque de prendre une option hardie en ayant des chances de succès très minimes.

Le placement de la balle
Voici la zone que devrait chercher à atteindre un joueur amateur au deuxième coup.

Une ouverture étroite
Vicenzo était confronté au problème des profonds bunkers qui défendent le green sur sa droite.

Le piège
Le green est gardé à gauche par un profond bunker.

Un long carry
Vicenzo toucha le green en deux.

187

Royal Lytham – Trou n° 18

412 yards (377 m), par 4 – Lytham St Annes, Angleterre

Lorsque Tony Jacklin arriva au dernier trou de Royal Lytham, lors du British Open 1969, il menait de deux coups. Il dépendait de lui que s'achevât une trop longue période de domination (dix-huit ans) des joueurs d'outre-Atlantique ou du Pacifique. Mais il devait négocier le drive le plus délicat du parcours. Il ne bénéficiait que d'une avance limitée et savait que ce trou avait ruiné les espoirs de bien des grands champions.

Un drive magnifique
Jacklin parvint à cette zone grâce à un drive superbe le mettant à l'écart des obstacles.

Clubhouse

45 yards
(41 m)

250 yards
(228 m)

124 yards
(113 m)

91 yards
(83 m)

50 yards
(46 m)

0

L'approche gagnante
D'un fer 7 (son club favori) très contrôlé, Jacklin toucha le green en ce point.

Des bunkers en faction
Des bunkers de green disposés en rond obligent à une approche très ciblée.

Tapis vert
Pour son deuxième coup, un joueur amateur aura une bonne distance à parcourir, mais sur un espace dégagé.

Le long carry
Jacklin était persuadé d'arriver à franchir le premier groupe de bunkers.

LE TROU N° 18

Il se caractérise par deux dispositifs de bunkers en diagonale, en jeu au drive. Les trois bunkers de gauche, à 250 yards (228 m), sont les plus dangereux. Le drive doit aussi tenir compte de buissons sur la droite. Huit autres bunkers sont situés autour du green.

LE JEU DU TROU

C'est le drive qui conditionne tout le score pour ce trou final. Sauf si l'on a vent arrière, la zone de réception des drives est étroite, que ce soit pour l'amateur ou pour le professionnel. Pour atteindre le fairway, il faut soit jouer vers la gauche pour arriver à faible distance des bunkers, soit franchir les bunkers par la droite en passant par un étroit goulot entre rough et bunkers. La première option est la plus sûre, mais impose un deuxième coup plus long et plus difficile vers un green bien défendu.

Sous les applaudissements

Royal Lytham, 1969 : en relevant sa balle du trou du dernier green, Tony Jacklin vient de mettre fin à dix-huit ans de domination du British Open par des champions d'outre-mer. Grâce à un coup de départ audacieux et courageux, Jacklin n'a plus eu qu'à se promener avec un fer 7 pour atteindre commodément le green. Après quoi, il se livra avec bonheur aux applaudissements de la foule.

QUEL PROFIT EN TIRER ?

Tony Jacklin n'ayant qu'une courte avance au départ du trou n° 18, il devait prendre une décision. Allait-il opter pour la sécurité en plaçant la balle devant les bunkers de gauche ou, au contraire, attaquer le trou au driver, en bravant et les bunkers de gauche et les buissons de droite ?

Comme il préparait son coup, il lui revint en mémoire tous les bons joueurs qui avaient perdu l'Open en faisant six sur le trou. Jacklin n'hésita plus.

Avec son swing très bien maîtrisé, Jacklin savait qu'il pouvait atteindre la zone du fairway convoitée avec un driver. Il envoya son drive au-dessus des bunkers puis regarda la balle faire un fade pour revenir au centre du fairway. Jacklin venait de faire son meilleur drive de la journée : 260 yards (238 m), et avec vent contraire. Après cela, le coup au fer 7 qu'il amena au green, puis les deux putts lui assurant la victoire n'étaient plus qu'une formalité.

Jacklin a gardé malgré la pression du moment un calme qui encourage chacun d'entre nous à faire confiance à son swing quand il s'agit de faire preuve d'audace. Dans une telle situation, il faut absolument s'attacher à faire un swing fluide, après avoir choisi où faire tomber la balle.

LE TRAJET JUSQU'AU TROU

→ Tony Jacklin, 1969.

→ Joueur amateur.

Terrain miné

Cette vue aérienne illustre bien les dangers constitués pour ce trou par les bunkers et les buissons.

Les buissons

Ces buissons situés à la droite du fairway font que les coups de départ sont souvent orientés plus à gauche, vers les bunkers.

Un rough touffu

De part et d'autre du fairway, le rough fait à coup sûr perdre un coup.

Départ amateurs

Départ compétition

Un drive sûr

Pour un joueur amateur, cette ligne de jeu permet d'arriver au centre du fairway.

À quoi pensait-il ?

Jacklin se rappelait les grands joueurs qui avaient fait six sur ce trou. Il ne jouerait pas la prudence.

Le drive capital

Pour ce drive qui fut le plus important de toute sa carrière, Jacklin a fait confiance à son swing.

Royal Troon – Trou n° 18

452 yards (413 m), par 4 - Troon, Écosse

En arrivant au parcours final du British Open 1989, Greg Norman prévoyait qu'il lui faudrait un score de 63 pour l'emporter. La suite lui donna raison ; mais il fit 64, ce qui l'amena à un play-off sur quatre trous (pour la première fois dans l'histoire de l'Open) avec Mark Calcavecchia et Wayne Grady. Norman avait remporté le British Open 1986, mais à voir ses scores navrants à l'US Masters et à l'USPGA, on pouvait se dire qu'il ne gagnerait jamais plus un grand tournoi.

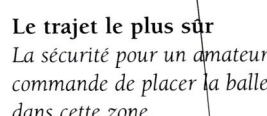

Attention, danger
Le chemin devant le clubhouse est hors limites.

Le trajet le plus sûr
La sécurité pour un amateur commande de placer la balle dans cette zone.

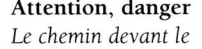

Clubhouse

Hors limites

38 yards (35 m)

Sécurité d'abord
Un joueur amateur aura intérêt à attaquer le green en s'écartant au maximum des bunkers de droite.

262 yards (239 m)

Un rough à problèmes
La précision des coups est essentielle pour éviter un rough bordant le fairway des deux côtés.

Halte là...
C'est dans ce ce bunker que s'envolent les espoirs de Norman. Calcavecchia avait atteint sans risques le green en deux coups et se trouvait très près du trou. Norman aurait dû y aller directement depuis le bunker pour prendre l'avantage...

Le bunker à risques
Situé à 180 m environ du départ amateurs, ce bunker menace très sérieusement le parcours du joueur amateur.

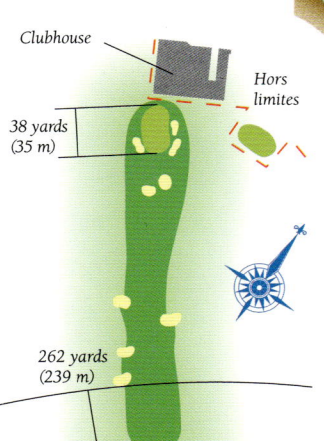

37 yards (34 m)
30 yards (27 m)
6 yards (5 m)
0

LE TROU N° 18
Le drive est menacé par trois bunkers situés sur la gauche du fairway. Le quatrième bunker, à droite, est normalement hors de portée. Le green est gardé par une grappe de bunkers.

LE JEU DU TROU
L'enjeu est important au coup au tee du fait de la diversité des départs. Les bunkers de fairway menacent aussi bien le joueur partant du départ amateur que les professionnels démarrant du départ-arrière. Il est absolument indispensable d'atteindre le fairway, même si cela impose un long deuxième coup d'approche pour franchir les bunkers gardant le green. Un drive vers la droite écourte le deuxième coup. À l'approche du green, il faudra tenir compte de la proximité du clubhouse.

Le pari de Norman

Pour son drive, Norman visa le bunker situé à environ 300 m, car il ne pensait pas pouvoir l'atteindre ; mais quand il s'y trouva, il n'eut d'autre choix que d'essayer de toucher le green du bunker : une sortie qui lui imposait un exploit, un choix qui tenait du pari. Il échoua. Sa balle prit à nouveau un bunker, encore à bonne distance du green.

QUEL PROFIT EN TIRER ?

Quand Greg Norman fit un très long drive lors du play-off du British Open 1989, il cherchait à obtenir un fade lui permettant d'éviter les bunkers profonds situés sur la gauche du fairway. Malgré ses qualités reconnues au long jeu, Norman lui-même considérait que le bunker de droite, situé à 300 m du départ, serait hors d'atteinte, particulièrement avec un fade.

En cela, l'Australien se trompait dans des proportions désastreuses. Son drive phénoménal l'amena en plein dans le bunker. En ayant ainsi sous-estimé la portée de son coup, Norman venait de ruiner toutes ses chances de remporter le British Open.

La leçon gagne à être méditée. S'il est certain que bien peu de joueurs pourraient répéter le coup de Norman, il n'en est pas moins vrai que, quand on veut jouer la sécurité, il faut mettre tous les atouts de son côté. Un coup «sûr», joué comme tel, qui se termine en désastre, est bien pire qu'un coup d'audace.

LE TRAJET JUSQU'AU TROU

➤ *Greg Norman, 1989.*

➤ *Joueur amateur.*

Vue aérienne

Avec cette photographie aérienne du trou n° 18 de Royal Troon, on comprend nettement à quel point l'adoption d'une bonne stratégie est essentielle dès le drive : c'est bien ce qui a écarté Greg Norman de la victoire au British Open.

Mark le magnifique

Au drive, Mark Calcavecchia joua la sécurité en plaçant la balle dans cette zone, d'où il fit un birdie lui assurant la victoire au play-off.

Le faux espoir

À l'origine, le long coup de départ de Norman semblait parfait.

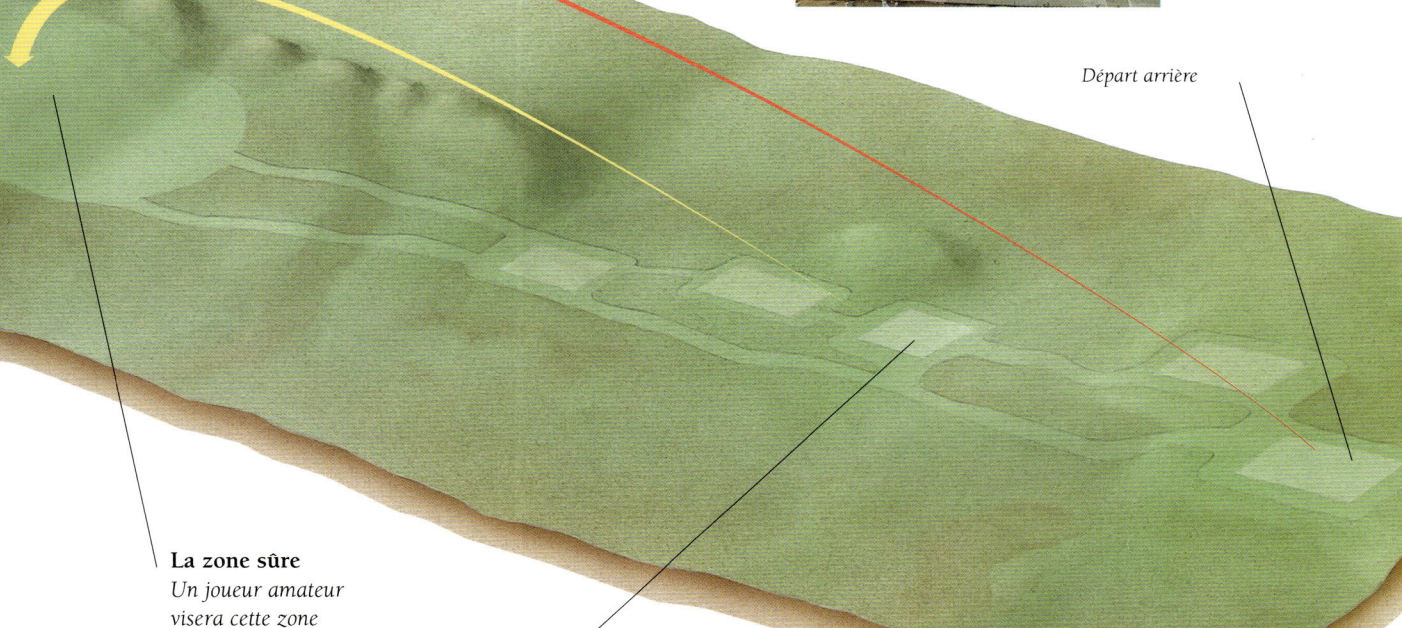

Départ arrière

La zone sûre

Un joueur amateur visera cette zone suffisamment éloignée des bunkers de fairway.

Départ amateurs

St Andrews – Trou n° 17

461 yards (421 m), par 4 – Old Course, St Andrews, Écosse

Est-il trou plus célèbre dans le monde du golf que ce «Road Hole», trou n° 17 de l'Old Course de St Andrews ? Même les plus braves le redoutent et, au cours de son histoire fort longue, il a été le théâtre de bien des drames : par exemple lors de ce parcours final du British Open 1984. Déjà cinq fois vainqueur du titre, Tom Watson se trouvait au coude à coude avec Severiano Ballesteros. Au départ, il réussit un coup parfait au-dessus des «hangars de chemin de fer». Mais par la suite, il commit une erreur d'appréciation qui ruina définitivement ses chances d'égaler le record d'Harry Vardon, six fois vainqueur du British Open.

Le dos au mur
Après un deuxième coup désastreux l'amenant très près du mur, Watson se récupéra avec un magnifique coup et aboutit sur le green. Mais ce n'était pas suffisant pour assurer le 4 dont il avait besoin pour égaler le score de Severiano Ballesteros, qui finit par remporter l'Open.

0

37 yards
(34 m)

Hangars
ferroviaires

Cheape's
bunker

220 yards
(201 m)

Hôtel

Hors
limites

65 yards
(59 m)

Route

LE JEU DU TROU
Au coup de départ, il faut franchir les répliques des hangars de chemin de fer annexées au Old Course Hotel. Seul un coup parfait au-dessus de cette zone hors limites permet d'attaquer le green au deuxième coup, qui lui aussi devra être impeccable si l'on veut éviter les problèmes de roughs. En 1984, Watson se trouva face une alternative : attaquer le green et avoir deux putts pour le par, ou jouer la sécurité : jouer court et faire une «approche putt» pour le par.

LE TROU N° 17
Ce long trou est marqué par un dogleg. Le départ compétition est situé très près du mur qui autrefois séparait le parcours de l'emprise du chemin de fer. Sur la droite se trouve l'Old Course Hotel Country Club. Un rough très touffu sépare les fairways des trous n°s 17 et 2 ; quand on y atterrit, il est pratiquement impossible d'atteindre le green.

La route
La route et le chemin d'où vient le nom du célèbre Road Hole.

Le coup chippé
C'est de là que Watson joua le sien.

Le Road Bunker
Ce bunker profond mord dans le green.

QUEL PROFIT EN TIRER ?

Pour ce Road Hole, Tom Watson choisit d'attaquer plutôt que de jouer court en bordure du green. Il hésitait sur le club à utiliser ; peut-être fut-il influencé par le fait que son fer 2 avait joué un rôle essentiel dans sa première victoire au British Open à Carnoustie en 1975, et à nouveau pour le trou final à Royal Birkdale en 1983.

Dans les situations difficiles, la stratégie consistant à se reposer sur ce que l'on connaît bien s'avère bien souvent la bonne. Mais ayant environ 200 m à parcourir, à plus forte raison sous le poids du stress, soit il frappait la balle beaucoup plus fort qu'il ne l'envisageait, soit la balle allait plus loin que prévu ; en l'occurrence, la sagesse consistait à choisir un fer plus court. Une telle décision aurait donné à Watson son sixième titre au British Open.

L'histoire prouve qu'il est indispensable de peser le pour et le contre dans les moments délicats. Et Watson a commis une erreur de jugement.

Le drive
Tout pourtant semblait sourire à Tom Watson, qui avait fait un drive parfait.

Old Course Hotel
Les fenêtres de l'hôtel comportent des vitrages renforcés pour résister aux balles ratées.

Le drive de Watson
Le drive de Watson s'immobilisa dans cette zone idéale sur la droite du fairway.

Départ compétition

Départ amateurs

Les hangars ferroviaires
C'est une des curiosités du trou n° 17. Quand le rail fut supprimé, on en fit des répliques pour recréer la physionomie du trou.

Le trajet sûr
Voici la ligne assurant à l'amateur une sécurité maximale.

Le rough
Le rough séparant les fairways des trous nᵒˢ 2 et 17 est traître car très haut et fourni.

Le lie sûr
Un amateur a intérêt à rechercher à placer la balle dans cette zone.

Le coup de départ
La meilleure option, mais la plus risquée, consiste à franchir le mur et les hangars. Il est plus sûr de passer à gauche, mais un rough touffu complique le deuxième coup.

LE TRAJET JUSQU'AU TROU

➤ Tom Watson, 1984.
➤ Joueur amateur.

Turnberry – Trou n° 18

411 yards (376 m), par 4 – Ailsa Course, Turnberry, Écosse

On parle de « duel au soleil » pour désigner cette bataille désormais légendaire entre Jack Nicklaus et Tom Watson à l'occasion du British Open 1977. La partie se jouait sur le célèbre Ailsa Course de Turneberry, sur la côte ouest de l'Écosse. En parvenant à ce dernier trou, nos deux grands champions étaient au coude à coude. Watson menait d'un coup, mais savait bien que son adversaire n'avait pas dit son dernier mot. Nicklaus devait trouver le moyen de faire un birdie, Watson devait maintenir son avance pour gagner. Le suspense fut complet jusqu'à l'issue de ce trou.

Un duel très regardé
Une foule nombreuse assistait à ce duel au soleil qui reste l'un des moments les plus forts de l'histoire du British Open.

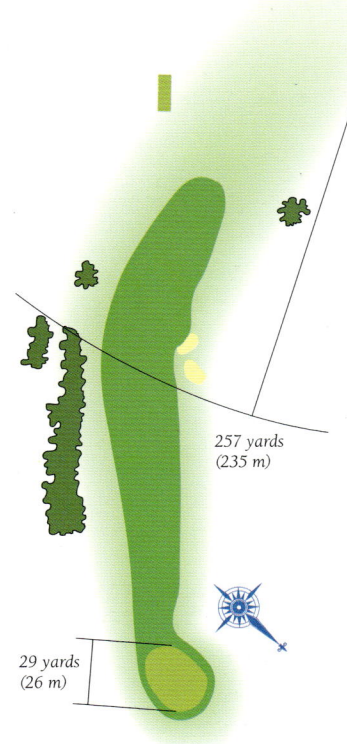

0

16 yards (15 m)

257 yards (235 m)

29 yards (26 m)

LE TROU N° 18
Sur l'Ailsa Course, le départ-arrière du 18 allonge sensiblement le trou et force le dogleg gauche, dont l'angle est flanqué de deux bunkers. Ceux-ci, situés à 230 m de l'aire de départ, forcent à orienter le drive vers les buissons à droite. Le rough entoure le green et en mord la lisière gauche ; il n'y a pas de bunker de green.

LE JEU DU TROU

Entre un professionnel et un amateur, il existe une différence d'approche très marquée pour ce trou. Le départ-arrière, tout en rendant le trou plus long, accentue l'angle du dogleg. Le drive doit être joué plus vers la droite, en direction d'épais buissons. Une fois sur le fairway, il suffit d'un deuxième coup droit pour toucher le green. Étant mené, Nicklaus n'hésita pas à prendre le risque de jouer le driver, car il voulait réduire au maximum la longueur de l'approche ; Watson, lui, arriva au centre du fairway avec un fer 1.

Le coup miraculeux
Nicklaus réussit à toucher le green depuis le rough avec un fer 8.

Dans les buissons
Le drive de Jack Nicklaus se nicha dans un rough d'ajoncs.

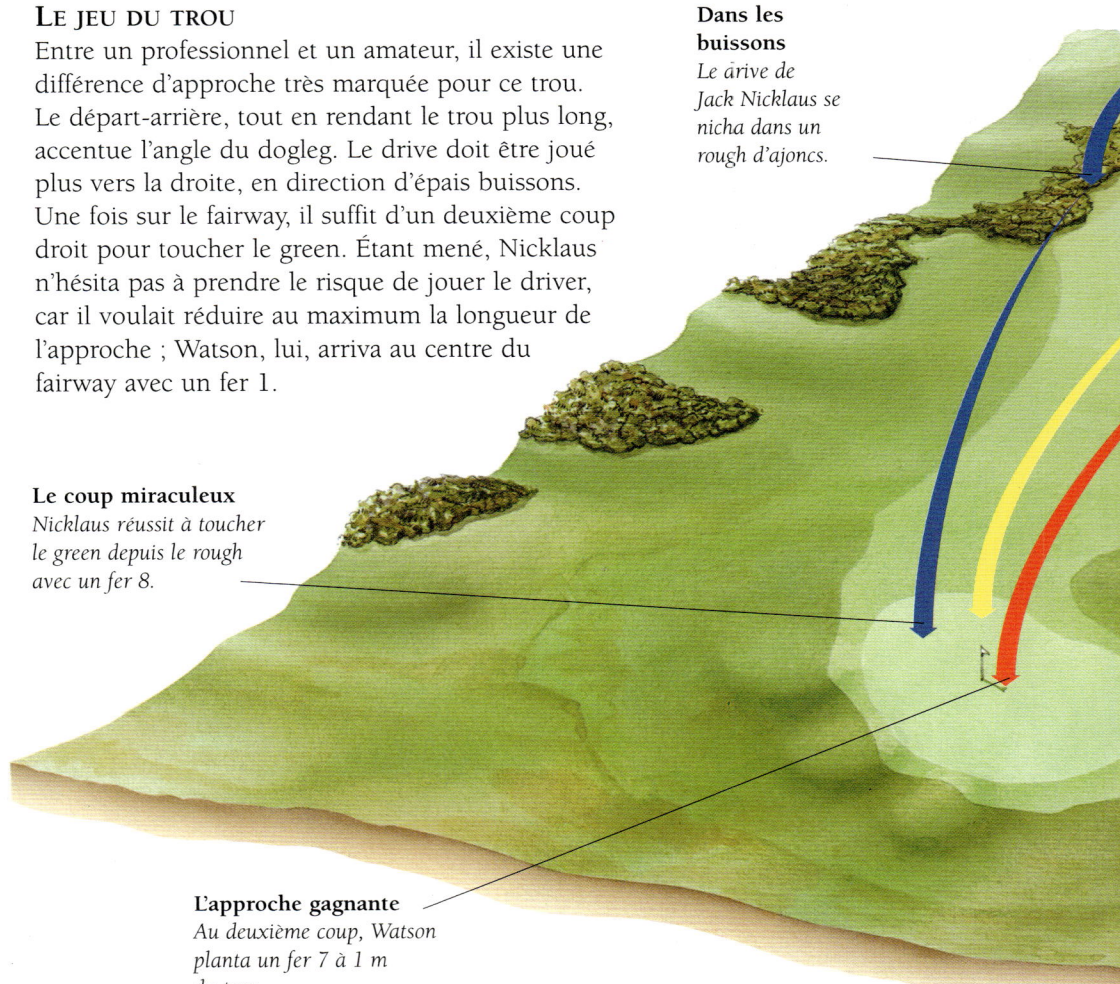

L'approche gagnante
Au deuxième coup, Watson planta un fer 7 à 1 m du trou.

QUEL PROFIT EN TIRER ?

L'analyse de ce dernier trou du British Open 1977 constitue l'illustration de l'opposition entre la sécurité et le risque. Jouant l'audace au coup de départ, Nicklaus arriva sous un buisson sur la droite du fairway. Watson, lui, atteignit une position parfaite d'où, jouant le premier, il planta un fer 7 à 1 m du mât.

Nicklaus démontra ici qu'il n'abandonnait jamais. Optant à nouveau pour l'audace, il s'aida d'un fer 8 pour déloger la balle et l'expédier sur le green. Il enquilla ensuite un énorme putt qui ne laissait d'autre choix à Watson que de faire de même, ce que fit celui-ci, remportant ainsi la victoire. La stratégie de Watson avait été sans faille ; quant à Nicklaus, il n'avait pu faire autrement que de prendre tous les risques. Watson avait eu l'intuition que Nicklaus mettrait tout en œuvre pour faire un birdie, et devait donc en réaliser un lui-même.

Pendant la volée
Nicklaus, qui vient de jouer l'audace d'un long drive, suit la volée de sa balle qui se dirige vers les buissons à droite du trou. Watson, qui a déjà amené sa balle au milieu du fairway, est un spectateur privilégié.

Un drive plus facile
Cette aire de départ facilite le jeu du trou à un joueur amateur.

Le pressentiment
Dès le départ, Tom Watson eut l'intuition que Nicklaus ferait un birdie.

Départ amateurs

Départ-arrière

La sécurité d'abord
Avec un fer 1, Tom Watson joua la sécurité.

Le dogleg
Les bunkers au coin du dogleg sont en jeu du départ-arrière.

Pour le joueur amateur
Un amateur a intérêt à opter pour la sécurité : faire tomber le drive dans cette zone, parfaitement en ligne avec le green.

LE TRAJET JUSQU'AU TROU

 *Tom Watson, 1977.*
Jack Nicklaus, 1977.
Joueur amateur.

Sur le parcours
Bien qu'ayant réalisé le meilleur drive, Watson savait qu'il lui faudrait faire un birdie pour gagner sur Nicklaus. Il y parvint grâce à un magnifique coup de fer 7.

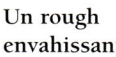

Un rough envahissant
Le rough cerne pratiquement le green, sur lequel il mord sur la gauche.

CHAPITRE 6

LE RESPECT *des* RÈGLES

Le marquage personnalisé facilite l'identification des balles.

Être golfeur, c'est comprendre et respecter le code des valeurs qui font du golf un sport si différent des autres ; c'est honorer des traditions et des conventions remontant à cinq siècles et préserver l'esprit d'une compétition loyale et honnête.

De génération en génération, le golf a transcendé le simple sport pour devenir un mode de vie ; un code unissant des personnes autour de mêmes valeurs, dans un lien universel d'amitié et de respect d'un héritage. Aucun autre sport n'exige autant d'intégrité. Le golf obéit à des règles complexes qui donnent d'infinies possibilités d'abus, mais en fait ceux-ci sont très rares. Nous allons voir dans ce chapitre les règles et l'étiquette.

Drop libre
À gauche : Nobuo Serizawa (Japon) détermine, sous la conduite d'un officiel, où il va dropper pour s'affranchir des câbles de télévision.

La loi du score
À droite : le golf est le seul sport où les scores sont inscrits par un autre compétiteur.

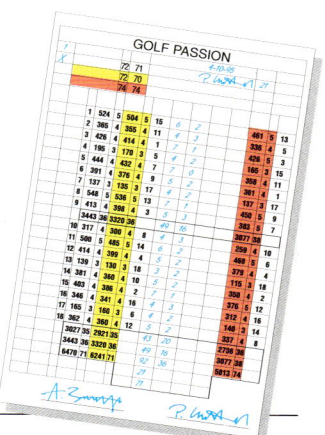

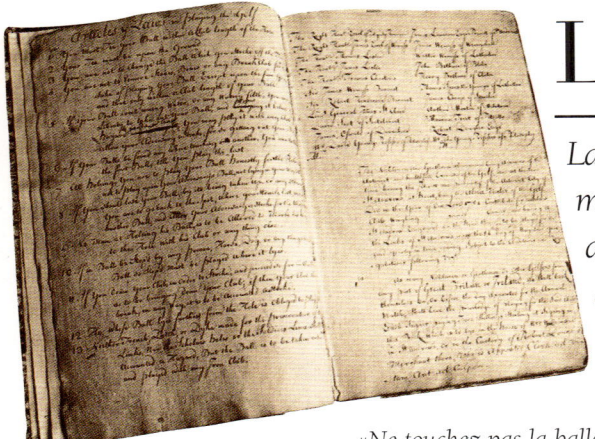

Les instances suprêmes

La codification des Règles du Golf ne s'est avérée nécessaire qu'au milieu du XVIIIᵉ siècle. Il existait à l'origine treize règles ; elles sont aujourd'hui trente-quatre, composées de multiples sous-sections et annexes. Les Règles de Golf restent, dans un monde troublé, le seul code dont l'acceptation est volontaire et universelle.

Le premier code
Les treize règles des origines ont été édictées en 1744 par les Gentlemen Golfers of Leith. Elles sont aujourd'hui exposées au British Golf Museum de St Andrews, en Écosse.

«Ne touchez pas la balle entre le moment où vous la mettez en jeu du départ et celui où vous la sortez du trou.
Quand vous êtes dans le rough, ne vous penchez jamais en avant.
Quand vous êtes au milieu d'arbres, claquez constamment des mains.»

Charlie Price

En ces trois phrases seulement, ce grand auteur américain a peut-être le mieux résumé les principes constituant les bases des Règles de Golf. Chaque joueur est en somme son propre arbitre, et le fait de transgresser les règles et l'étiquette revient à n'offenser personne d'autre que soi-même. Le golf est révélateur de l'individu autant dans la technique que dans le caractère et l'esprit. C'est la façon dont nous gérons ces trois éléments qui va nous permettre de nous juger nous-mêmes, et de l'être par les autres. Le golf a réussi à survivre sans aucune codification écrite pendant trois siècles, jusqu'en 1744 : c'est en effet à cette date que les Gentlemen Golfers of Leith – qui allaient devenir The Honourable Company of Edinburgh Golfers – édictèrent «13 Articles and Laws in Playing at Golf.» Ces règles furent exposées après que l'on eut présenté à ces Gentlemen un club en argent destiné à récompenser le vainqueur d'une compétition.

DES DÉCISIONS PRISES EN COMMUN

À mesure que se constituaient de nouveaux clubs, chacun procéda à sa propre interprétation des règles ; cela dura jusqu'en 1897, date à laquelle les principaux clubs de l'époque demandèrent la rédaction d'un code qui serait commun à tous au Royal & Ancient Golf Club of St Andrews (R & A). Pendant ce temps, le golf avait connu un essor rapide aux États-Unis ; dans ce pays, la fixation des règles fut l'œuvre de l'United States Golf Association (USGA), fondée en décembre 1894 par les cinq clubs les plus importants du pays. C'est ainsi que le R & A (pour le monde entier à l'exception des U.S.A. et du Mexique) et l'USGA devinrent les législateurs reconnus en matière de golf.

La plupart des différences de vues entre le R & A et l'USGA furent aplanies en 1951. À cette occasion, il fut également décidé de la formation d'un Comité des Décisions destiné à unifier les

L'instance américaine
L'United States Golf Association (USGA) gouverne le jeu, conjointement avec le R & A, dans le monde entier. Elle siège à Far Hills, dans le New Jersey.

futurs changements de codification, à une exception notable concernant les dimensions de la balle : ce n'est qu'en 1974 que le R & A ratifia l'utilisation généralisée d'une balle ayant un diamètre de 1,68 pouce (42,67 mm).

LES TESTS SUR LES ÉQUIPEMENTS

Tous les quatre ans, le R & A et l'USGA passent en revue les Règles de Golf et décident des modifications qui peuvent être rendues nécessaires par un changement dans l'équipement, ou par une clarification ou une nouvelle évaluation des règles existantes. Les secrétaires consignent chaque année des milliers de faits insolites ou de controverses. Les décisions concernant ceux-ci sont regroupées dans *Décisions on the Rules of Golf*, publiées par l'USGA aux U.S.A. et au Mexique, et par le R & A dans les autres pays du monde.

L'équipement de golf fait constamment l'objet d'innovations. Mais avant qu'un nouveau matériel puisse être utilisé, il doit être approuvé par les instances supérieures.

Les règles concernant l'équipement sont complexes, et l'USGA a installé en 1984 un centre de tests destiné à vérifier que les nouveaux équipements sont bien conformes.

L'USGA Research and Test Center est basé à Far Hills, New Jersey. C'est là que sont testés les équipements, dans des conditions d'impact similaires à celles d'une situation réelle. Cet organisme est, en liaison avec le R & A, le seul arbitre habilité à sanctionner, dans le monde entier, tel ou tel équipement, balle ou club. Le cœur du centre d'essais est une machine surnommée «Iron Byron». Celle-ci permet de tester dans des conditions standard tous les modèles et marques de balles.

Ce centre d'essais dispose également de laboratoires permettant la pesée et la mesure des équipements, le test de vitesse initiale d'une balle, l'évaluation de la performance d'impact, ainsi que les tests d'aérodynamisme. Son existence illustre parfaitement le fait que les progrès technologiques ne sont pas antinomiques du golf, sport «royal et ancien».

Royal & Ancient
Le clubhouse du Royal and Ancient Golf of St Andrews (R & A) est considéré, dans le monde entier, comme la patrie spirituelle du golf. Il est situé près du trou n° 18 de l'Old Course.

SPÉCIFICATION CONCERNANT LA BALLE

C'est en 1974 que le R & A autorisa l'usage d'une balle américaine plus grande au British Open ; celle-ci était homologuée, depuis 1968, dans les autres compétitions organisées par le R & A. Depuis 1974, il existe une seule dimension standard de balle. Tous les modèles doivent répondre à des critères bien précis, qui sont :

Poids - Le poids maximal autorisé est de 1,62 once (45,93 g). Pas de limite inférieure.

Dimensions - Le diamètre minimal est de 1,68 pouce (42,67 mm). Pas de limite supérieure.

Vitesse initiale - C'est la vitesse que subit la balle après l'impact ; elle ne doit pas être supérieure à 250 pieds

(76 m) par seconde, soit 174 miles (280 km) à l'heure.

Portée standard - Aucun modèle testé par «Iron Byron» à l'USGA Research and Test Center ne doit parcourir plus de 280 yards (256 m) en vol et sur le sol. Il existe une tolérance de 6% ; au-delà de ce seuil, la balle est refusée.

Swing mécanique
«Iron Byron» est le surnom d'une machine d'essais, en hommage à Byron Nelson qui gagna cinq tournois de Grand Chelem et 54 tournois entre 1935 et 1946.

Comprendre le code

L'interprétation des règles constitue l'une des principales complexités du golf. Même aujourd'hui, des professionnels se heurtent sur les Règles ; et pour un joueur plus modeste, les pénalités peuvent transformer en cauchemar un parcours honorable.

Le conseil qui coûte cher
Pendant le Tournoi des Champions en 1980, Tom Watson fut pénalisé de deux points pour avoir conseillé Lee Trevino sur une légère imperfection qu'il avait repérée dans son swing.

Le recueil officiel des Règles de Golf comprend également les Règles du Statut de l'Amateur. Publié conjointement par le R & A et l'USGA, il comporte trois sections : l'Étiquette, les Définitions, et les Règles du Jeu de Golf. Le Code 1992/1995 comprenait trente-quatre règles qui se subdivisaient en plus de cent-vingt articles, dont la plupart comportent des subdivisions. Ce fascicule constitue donc une publication à la fois exhaustive et complexe, que l'objectif de ce livre n'est pas de reproduire.

Cela dit, le fait d'ignorer ou de mal interpréter les règles peut engendrer des pénalités qui peuvent anéantir le meilleur des parcours ; par ailleurs, certains points sont souvent mal compris, même par les meilleurs joueurs. L'objet de cette section est de dissiper les malentendus, car il est de la responsabilité de chacun de connaître et de comprendre les règles et procédures. En général, les secrétariats de clubs et autres organismes remettent gratuitement aux golfeurs le Code des Règles du Golf, et il est conseillé à chacun d'en être muni à chaque parcours.

Si un différend ne peut être tranché par les Règles, il est soumis à l'appréciation du comité de l'épreuve dans le cas d'une compétition, ou à celle du R & A et de l'USGA. Mais les requêtes doivent être adressées de façon officielle par l'intermédiaire du secrétaire du club.

Les Règles ont très souvent joué un rôle capital dans l'issue d'un tournoi professionnel,

L'erreur du maître
Au Masters de 1968, Roberto de Vicenzo fut désespéré après avoir signé un score de 66 qui était en fait de 65. À un point près, de Vicenzo passait à côté d'un play-off qui lui aurait peut-être permis de remporter l'épreuve.

et nous allons en souligner les exemples les plus saillants. Ils vous permettront de retenir la règle en question.

LES RESPONSABILITÉS DU JOUEUR

Il incombe à un joueur un certain nombre de responsabilités dans un match play ou un stroke play. Ainsi, il doit connaître les conditions dans lesquelles se déroule la compétition, et communiquer son handicap aux autres joueurs.

En stroke play, il est de l'entière responsabilité du joueur de s'assurer que son handicap réel est inscrit sur sa carte de score avant le dépôt de celle-ci. Par ailleurs, un joueur ne doit donner aucun conseil à un autre, sauf s'il s'agit d'un partenaire. Un joueur a la responsabilité totale de la bonne tenue de sa carte de score à chaque trou. La disqualification sanctionne les joueurs dont les cartes indiquent un score plus bas, quel que soit le trou concerné. Si en revanche l'erreur donne un score plus élevé que la réalité, ce score majoré sera maintenu. D'autre part, un joueur ne doit pas abuser de son temps de jeu, et des conditions météorologiques défavorables

Pitié pour les greens

Les greens étant soumis au pilonnage des balles, il est indispensable d'effacer systématiquement les traces de pitch : c'est ce que fait ici Payne Stewart.

ne constituent pas en elles-mêmes une raison valable pour interrompre la partie. Mais dès les premiers signes d'orage, il est fortement conseillé aux joueurs d'éloigner leurs clubs et de s'abriter.

L'ÉTIQUETTE

Pendant le Masters qui se déroule à l'Augusta National, les cartes de score distribuées aux spectateurs mentionnent un message du grand Bobby Jones, fondateur de l'épreuve : «Au golf, l'étiquette et la bienséance sont tout aussi importantes que les règles régissant le jeu.»

Le golf a toujours été vénéré pour avoir constamment maintenu les plus grandes exigences au niveau du comportement, même si celles-ci se traduisent par de très

LE RESPECT DU PARCOURS

- Replacez soigneusement les divots.
- Ratissez toujours le bunker après y avoir joué.
- Quand vous êtes sur le green, réparez vos pitches, ainsi que ceux dont vous voyez qu'ils n'ont pas été réparés. Un pitch réparé aussitôt se cicatrise en quelques heures, tandis qu'il faut plusieurs mois pour éliminer les séquelles d'un pitch non réparé.
- Ne déposez pas n'importe où votre sac ou votre chariot ; ne les laissez jamais sur le green.
- Maniez avec délicatesse le drapeau, pour éviter d'endommager le trou.
- Ne labourez pas le green avec vos chaussures.
- Ne distrayez d'aucune façon un partenaire en train de jouer. La chose paraît évidente, mais trop souvent les joueurs font du bruit pendant un coup.
- Remplissez la carte de score une fois quitté le green : n'encombrez pas celui-ci inutilement.

nombreuses conventions qui n'ont jamais fait l'objet d'une codification aussi stricte que les règles du jeu. La façon dont un joueur se comporte et traite les autres joueurs a autant d'importance que le jeu lui-même. Les Règles de Golf ne prévoient pas de sanctions pour non-respect de l'étiquette, ni de coups de pénalité en cas d'écart de conduite. L'étiquette est un code accepté, devenu au fil des ans un élément essentiel de différenciation du golf par rapport aux autres sports, puisque l'arbitre est chargé de veiller au respect des règles du jeu et à la conduite des joueurs.

L'ESSENTIEL DE L'ÉTIQUETTE

L'étiquette constitue donc un code de base qui permet de maintenir la réputation d'excellence du comportement des joueurs et de l'honnêteté des compétitions. En voici les éléments essentiels :

- Arrivez à l'heure si vous avez rendez-vous avec des partenaires.
- Dès que vous commencez le jeu, vous devez faire preuve de courtoisie envers les joueurs avec qui vous effectuez le parcours ou qui sont sur d'autres trous.
- Ne jouez pas tant que les joueurs se trouvant devant vous ne sont pas hors d'atteinte.
- Soyez prêt à jouer quand vient votre tour ; gardez une distance suffisante avec les joueurs qui sont devant vous, ne les harcelez pas.
- Soyez vigilant au rythme de votre jeu, et montrez l'exemple à cet égard.
- Faites toujours passer devant vous des joueurs qui vous suivent si vous devez prendre du temps pour rechercher une balle.

GARDER LE CONTRÔLE DE SOI

Si d'aventure vous faites un mauvais parcours, conservez toujours la maîtrise de vous-même. Un joueur qui montre sa mauvaise humeur a toutes les chances de devenir un joueur médiocre. Si vous restez calme et prévenant, vous ferez preuve de bonnes manières et vous pourrez éviter quelques coups superflus qui alourdiraient votre score.

«Un joueur de golf réalise très rapidement que son adversaire le plus immédiat et peut-être le plus puissant, c'est lui-même.»

Bobby Jones

Surveiller le score

Arnold Palmer en train de vérifier la carte de score.

Rester sur le terrain

La plus grande partie des Règles de Golf traite des procédures à suivre quand un joueur s'est égaré du fairway et a terminé dans une position moins favorable, ce qui est un jour ou l'autre le lot de tous les golfeurs. Nous allons voir ici comment chercher une balle, que faire en cas de perte, où et quand on est autorisé à dégager une balle (avec ou sans pénalité, selon les cas), et comment éviter les sanctions quand vos coups s'écartent de l'objectif que vous poursuiviez.

Une adresse informelle
Le grand Jack Nicklaus ne pose jamais son club sur le sol, ce qui lui évite d'être considéré comme ayant officiellement adressé la balle, et donc d'encourir des pénalités en cas de déplacement de balle.

Trouver la bonne balle
Severiano Ballesteros, qui n'échappe pas aux zones les moins léchées du terrain, peut mesurer à quel point un marquage explicite des balles est important.

Une balle portant un marquage est plus facile à identifier sur le fairway, mais le repérage se pose quand elle s'immobilise dans le rough ou s'enfonce dans le sable d'un bunker. Il existe des dispositions concernant l'identification correcte d'une balle.

Un joueur est autorisé, sans encourir de pénalités, à relever une balle qu'il suppose être la sienne pour l'identifier. Mais avant de la prendre en main, il doit l'annoncer à ses adversaires, ses marqueurs et co-compétiteurs, pour que ceux-ci observent la manœuvre, l'emplacement et la position de la balle. Il est permis de la nettoyer, dans les limites nécessaires à son identification.

Le fait de jouer avec une balle qui n'est pas la bonne expose le joueur à de lourdes pénalités. Ainsi il perdra le trou dans un match play ; en stroke play, il sera pénalisé de deux coups, à condition que l'erreur soit découverte et réparée avant que le joueur ne joue sa balle au trou suivant.

Un trop grand nombre de joueurs croient, à tort, que s'ils jouent un ou plusieurs coups avec une balle qui n'est pas la bonne avant de réaliser leur erreur, les coups joués avec la mauvaise balle viennent s'ajouter aux deux coups réglementaires de pénalité. En réalité, les coups joués avec une mauvaise balle ne comptent pas dans le score du joueur en faute. Si cette balle appartient à un autre compétiteur, celui-ci doit placer une balle à l'endroit d'où le

Une balle à votre nom
Un golfeur peut identifier sa balle par son nom ou par une marque personnalisée pratiquée au stylo.

premier coup a été joué avec cette mauvaise balle. Il n'est pas prévu de pénalités à l'encontre d'un joueur qui se tromperait de balle dans un bunker ou un obstacle d'eau, vu la difficulté de l'identification.

LA BALLE AU REPOS DÉPLACÉE

Si Jack Nicklaus ne pose pas son club à l'adresse, c'est pour limiter le risque de se voir infliger une pénalité si une balle au repos vient à bouger (Règle 18). Selon les Règles de Golf, un joueur a «adressé la balle» quand il a pris son stance et a posé son club sur le sol. Si la balle bouge de sa position après que le club a été posé à l'adresse, le joueur se voit pénalisé d'un coup.

N'ayant pas posé son club, Jack Nicklaus n'est donc pas considéré comme ayant adressé la balle de façon formelle. Et si par exemple la balle est déplacée par le vent au moment où il prépare son coup, il n'encourra pas de pénalité (la seule exception à cette règle concerne un coup donné depuis un obstacle : dans ce cas, le joueur est réputé avoir adressé la balle dès qu'il a pris son stance).

Si une balle au repos est déplacée pour une raison quelconque — sauf par le vent ou l'eau —, elle doit être replacée. Parmi les problèmes les plus fréquents figurent la balle

Recherches frénétiques
Open de France, Trophée Peugeot 1994 : sous l'œil vigilant de son cadet, Mark McNulty cherche sa balle dans les roseaux.

perdue ou la balle hors limites. Cependant, il existe des incompréhensions sur la définition de balle perdue, sur la procédure à suivre pour la rechercher, sur le jeu de la balle provisoire, et sur ce qui se passe quand une balle est hors limites.

LA BALLE «OFFICIELLEMENT» PERDUE

Il est très fréquent qu'un joueur déclare une balle «perdue», alors qu'en fait le terme recouvre des choses très précises. Une balle est déclarée officiellement perdue si :

1 Elle n'est pas trouvée ou identifiée par le joueur au bout de cinq minutes de recherches.
2 Le joueur a mis en jeu une autre balle selon les Règles, qu'il ait ou non recherché la balle d'origine.
3 Le joueur a joué un coup avec une balle provisoire d'un point plus proche du trou que l'emplacement présumé de la balle d'origine.
Si un joueur pense qu'il aura des difficultés à retrouver sa balle, il peut jouer une balle

provisoire depuis un point aussi proche que possible de celui d'où la balle d'origine a été jouée. Toutefois, le joueur doit préalablement annoncer son intention aux autres joueurs. La balle provisoire peut alors être jouée jusqu'à l'endroit où a été perdue la balle d'origine. Jouée au-delà, elle deviendrait alors balle en jeu.

LA BALLE EN JEU

Il existe aussi risque de confusion lorsqu'un joueur, ayant raté un coup, ne retrouve pas sa balle, revient au départ pour mettre une autre balle en jeu, pour s'apercevoir alors que son partenaire a retrouvé la balle d'origine. Les règles régissant ce cas sont pourtant très claires.

Tant que le joueur n'a pas mis une autre balle en jeu, et que la balle d'origine a été localisée dans un délai de cinq minutes après le début des recherches, il doit continuer à jouer avec la balle d'origine. Celle-ci reste la balle en jeu et doit être utilisée jusqu'à ce que le trou soit terminé (sauf si, ultérieurement, elle devient perdue ou hors limites).

Le joueur est seul juge pour apprécier si une balle est injouable ; il peut la déclarer injouable à tout endroit du

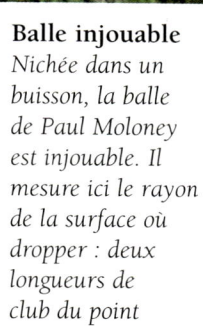

Balle injouable
Nichée dans un buisson, la balle de Paul Moloney est injouable. Il mesure ici le rayon de la surface où dropper : deux longueurs de club du point où repose la balle.

COMMENT DROPPER ?

Dans les cas où la balle doit être droppée, le joueur doit se tenir bien droit et tenir la balle à bout de bras et à hauteur d'épaule, pour la laisser alors tomber. Si la balle touche le joueur, un partenaire, un cadet ou un équipement, elle doit être droppée à nouveau sans pénalité. Elle ne doit pas être redroppée plus près du trou et doit toucher d'abord une partie du terrain où la règle impose qu'elle soit droppée.

Ainsi, pour s'affranchir d'une gêne (sans pénalité), il faut ne pas dépasser d'une longueur de club l'endroit où la balle s'est immobilisée. Dans le cas d'une balle injouable ou qui a atterri dans un obstacle d'eau contre un coup de pénalité, c'est une longueur de deux clubs qui s'applique.

Le drop champion
Sandy Lyle exécute ici un drop parfait conforme à la procédure.

Si la balle s'immobilise en dehors de la zone spécifiée, elle doit être redroppée. Mais si, après ce second essai, la balle repose toujours au-delà de la distance autorisée, elle doit être placée le plus près possible de l'endroit où elle a touché le sol au second drop.

Déloger la balle
Au Dunhill British Masters 1994, à Woburn : sous l'œil vigilant d'un officiel, Miguel Martin cherche à évaluer si cette balle est jouable depuis le pied d'un arbre.

terrain, sauf si elle est dans ou touche un obstacle d'eau.

La procédure à suivre après avoir déclaré une balle injouable peut se résumer à trois options de base :

1 Le joueur peut jouer une balle aussi près que possible de l'endroit d'où la balle a été jouée pour la dernière fois.

2 Le joueur peut dropper une balle, dans la limite de deux longueurs de club, de l'endroit où se trouve la balle injouable, mais pas plus près du trou.

3 Le joueur peut dropper une balle en arrière du point où se trouve la balle injouable, en gardant ce point directement entre le trou et la place où frappe la balle (il n'existe pas de

limitation de distance vers l'arrière). Les seules variantes interviennent quand une balle est déclarée injouable dans un bunker. Dans ce cas de figure, les options n°s 2 et 3 restent valables tant que la balle est droppée dans le bunker. La pénalité sanctionnant le drop est d'un coup.

Une balle soupçonnée d'être hors limites est traitée comme une balle perdue : s'il existe un quelconque doute sur le fait qu'elle est ou non hors limites, il faut toujours jouer une balle provisoire. Celle-ci, peut être jouée tant que l'emplacement de la balle d'origine n'est pas dépassé. Si l'on constate que la balle d'origine est hors limites, la balle provisoire devient la balle en jeu. Si la balle d'origine n'est pas hors limites, c'est elle qui reste la balle en jeu.

DÉGAGER LA BALLE

Il existe des cas (Règle 25) où le joueur est autorisé, sans encourir de pénalité, à dégager la balle : l'eau fortuite (flaque), le terrain en réparation et un certain nombre de dommages du terrain (trous, rejets ou pistes réalisés par un animal fouisseur ou un oiseau).

La Règle 25 couvre également tous les chutes et déchets de gazon tondu qui auraient pu être laissées sur le terrain par le greenkeeper, les tours de télévision, les câbles à haute tension et les tribunes temporaires. Dans tous ces cas, le joueur peut dropper la balle, sans encourir de pénalité, à une longueur de club du point le plus proche qui permet de s'affranchir de la gêne.

Il existe un autre cas où le dégagement n'est pas sanctionné : il s'agit des détritus. La Règle 23 les définit ainsi : «Les objets naturels tels que pierres, feuilles, brindilles, branches ou similaires, les excréments, les vers et les insectes ainsi que les rejets ou tas faits par eux, à condition qu'ils ne soient pas fixés, ne poussent pas, ne soient pas solidement

incrustés dans le sol et n'adhèrent pas à la balle.» Les détritus peuvent être retirés sans pénalité, mais le joueur encourt deux coups de pénalité si la balle se déplace après qu'il a relevé un détritus.

La transgression la plus fréquente de cette règle intervient juste avant le green, quand un joueur décide de putter et déplace du sable ou un sol meuble de sa ligne de putt. Or le sable et le sol meuble ne sont considérés comme détritus que sur le green ; si on les déplace en tout autre endroit du terrain, on encourt deux coups de pénalité.

SUR LE GREEN

Les Règles de Golf définissent ainsi le green : «Toute partie du trou joué, spécialement aménagée pour putter, ou dans certains cas définie comme telle par le Comité.» Il existe en effet des règles spécifiques au jeu sur le green.

Ainsi par exemple, un joueur est autorisé à marquer, relever et nettoyer une balle une fois qu'elle est sur le green, mais il doit veiller à suivre les procédures correctes concernant le marquage de la balle et l'interférence avec la ligne d'un autre joueur (voir ci-dessous).

À la différence des autres zones du terrain, le green est un endroit où est autorisée la réparation d'un certain nombre de dommages subis par la surface de

Toute la pluie tombe sur Saint-Cloud
Paris Open 1985, Saint-Cloud : Severiano Ballesteros dégage une balle sans pénalité après une averse.

putting (les marques de pitch ou les bouchons d'anciens trous), mais pas les dommages ou éraflures des clous de chaussures des joueurs.

Par ailleurs, il existe un autre élément du green qui est soumis à des règles particulières : c'est le drapeau indiquant le trou. Un joueur qui joue sur un green peut retirer le drapeau ; si en revanche la balle touche le mât après qu'un coup a été joué, le joueur est pénalisé de deux coups (stroke play) ou perd le trou (match play). Cette règle ne s'applique qu'aux coups joués depuis le green.

Signalons également un autre point de confusion, lorsqu'une balle s'arrête en suspens sur le rebord du trou pour n'y tomber qu'un peu plus tard. Les règles allouent au joueur «un délai raisonnable» pour rejoindre la balle, augmenté de dix secondes. Si passé ce délai la balle n'est toujours pas tombée dans le trou, elle doit être rejouée.

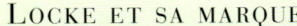

LOCKE ET SA MARQUE

Alors qu'il s'acheminait vers une quatrième victoire au British Open en 1957, le Sud-Africain Bobby Locke commit involontairement, sur le dernier green du tour final, une infraction aux Règles de Golf restée célèbre dans les annales.

Locke avait exécuté un magnifique coup d'approche à ce 18e trou final, amenant la balle à environ 1,20 m du trou. Bruce Crampton, son co-compétiteur, demanda que Locke marquât la balle à une tête de putter de sa ligne de façon à lui laisser un libre accès au trou. Le Sud-Africain s'exécuta mais, en replaçant sa balle, il oublia de

replacer la marque. Il putta donc d'un mauvais endroit et, sans en avoir pris conscience, il savoura les applaudissements qui saluaient sa victoire. Ce n'est que plus tard dans la journée que l'on réalisa la faute commise par Locke.

Le comité de l'épreuve entama d'intenses discussions sur la conduite à tenir ; il finit par décider de ne rien faire, Locke ayant gagné avec trois coups d'avance et ayant déjà reçu le trophée de l'Open.

Les enregistrements filmés confirmèrent qu'avait bien été enfreinte la Règle 20. Si l'on avait voulu observer les Règles à la lettre, Locke aurait dû être pénalisé de deux coups ; mais comme il aurait de toute façon gagné, c'est le bon sens qui prévalut.

La mauvaise marque
Bobby Locke s'apprête à faire le trou depuis une mauvaise position de balle.

Les obstacles d'eau

Même les plus grands professionnels ne sont pas épargnés par les obstacles d'eau, tout particulièrement aux États-Unis où ils sont très fréquents sur les terrains. Mais ils sont alors très attentifs à la procédure à suivre : c'est un comportement dont devraient s'inspirer tous les joueurs.

À sec
Les lignes rouges indiquent très explicitement que Jose Maria Olazabal joue ici depuis un obstacle d'eau latéral, même si on ne relève aucune trace d'eau dans l'obstacle.

Consultation
Greg Turner (Nouvelle-Zélande) en discussion avec un officiel sur le point de dégagement, après une arrivée dans l'eau au trou n° 18, au cours de l'Open d'Italie en 1993.

Le problème vient de ce que ce type d'obstacle, couvert par la Règle 26, donne lieu à des controverses dans l'interprétation de la règle.

De très nombreux joueurs ont sur le sujet des idées confuses, pensant qu'il existe deux sortes d'obstacles d'eau, ce qui est faux. Les Règles de Golf définissent en effet comme tel «toute mer, lac, étang, rivière, fossé, fossé de drainage ou autre cours d'eau à ciel ouvert (qu'ils contiennent ou non de l'eau) et tout ce qui est de même nature». Sur le terrain, ces obstacles d'eau sont signalés par des poteaux et des lignes de couleur jaune. Mais là où peut naître la confusion, c'est que les Règles prévoient des dispositions particulières pour un «obstacle d'eau latéral», obstacle ou partie d'obstacle d'eau «situé de telle sorte qu'il est impossible, ou considéré comme mal pratique par le Comité, de dropper une balle derrière l'obstacle d'eau en application de la règle 26-1b». C'est donc un obstacle d'eau qui n'est pas situé entre le joueur et le green. Un obstacle d'eau latéral devrait être clairement signalé par des poteaux ou des lignes rouges. C'est une forme d'obstacle d'eau, mais elle donne souvent matière à infraction.

Les différentes options sont les suivantes :
1 Une balle peut être jouée aussi près que possible de l'emplacement depuis lequel avait été jouée la balle d'origine.
2 Une balle peut être droppée en arrière de l'obstacle d'eau, en gardant le point où la balle d'origine avait franchi pour la dernière fois la

Ligne de drop
Ligne imaginaire formée entre le trou et le point où la balle a traversé l'eau pour la dernière fois.

Lisière de l'eau
Point où la balle a traversé l'eau pour la dernière fois. La balle peut être droppée derrière ce point.

Coup raté
Coup qui a fait arriver la balle dans l'eau.

Où dropper depuis un obstacle d'eau
Ce schéma permet de voir où la balle peut être droppée si celle-ci a atterri dans un obstacle d'eau.

lisière de l'obstacle d'eau sur la ligne allant du trou à l'endroit où la balle peut être droppée. Il n'existe pas de limite vers l'arrière à la distance de l'obstacle d'eau à laquelle la balle peut être droppée, à partir du moment où le point de franchissement de la lisière est maintenu dans une ligne reliant le point de drop et le trou.
3 Le joueur a également la possibilité de jouer la balle dans l'obstacle d'eau ; mais cette option est rarement exercée.
Si la balle atterrit dans un obstacle d'eau latéral, le joueur a deux possibilités :
4 Une balle située dans un obstacle d'eau latéral peut être droppée en dehors de l'obstacle

Sortir de l'eau
Payne Stewart a préféré jouer la balle depuis l'eau plutôt que dropper celle-ci. C'était à la Ryder Cup 1969, dans un match contre Jose Maria Olazabal. Il fit le mauvais choix : il perdit le trou et le match.

Où dropper depuis un obstacle d'eau latéral ?

Si l'on choisit l'option consistant à dropper la balle depuis un obstacle d'eau latéral, celle-ci doit être droppée d'un côté ou de l'autre de l'obstacle, à condition que le drop soit à moins de deux longueurs de club.

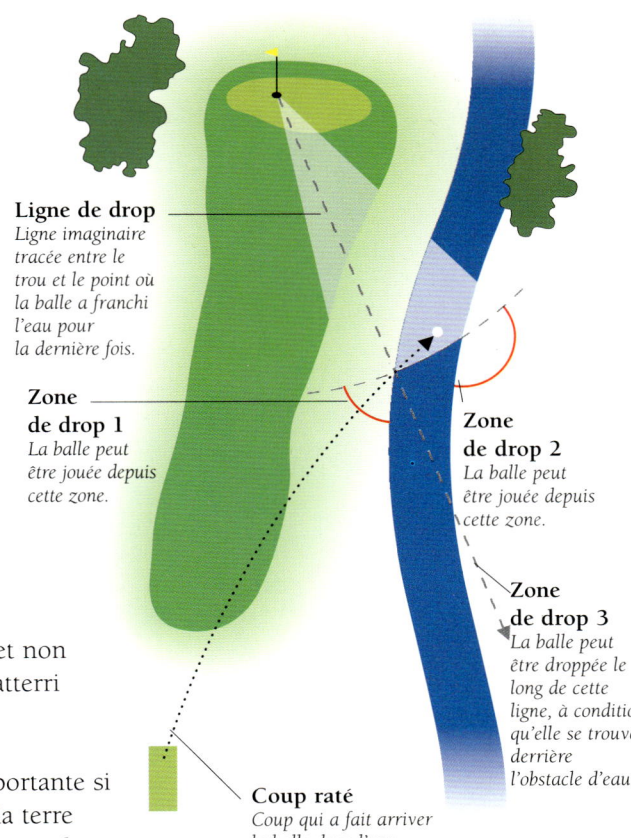

Ligne de drop
Ligne imaginaire tracée entre le trou et le point où la balle a franchi l'eau pour la dernière fois.

Zone de drop 1
La balle peut être jouée depuis cette zone.

Zone de drop 2
La balle peut être jouée depuis cette zone.

Zone de drop 3
La balle peut être droppée le long de cette ligne, à condition qu'elle se trouve derrière l'obstacle d'eau.

Coup raté
Coup qui a fait arriver la balle dans l'eau.

dans la limite maximale de deux longueurs de club du point où la balle a franchi l'eau pour la dernière fois (zone de drop 1 sur l'illustration en haut à droite) ou d'un point sur la lisière opposée de l'obstacle d'eau à égale distance du trou (zone de drop 2). Toutefois, la balle droppée ne doit pas s'immobiliser plus près du trou que le point où elle a franchi pour la dernière fois l'eau lors du coup d'origine.

L'infraction la plus courante à la Règle 26 provient d'une mauvaise détermination de l'endroit où la balle a franchi l'obstacle. La balle doit être droppée par rapport à l'endroit où la balle a franchi pour la dernière fois la lisière de l'obstacle, et non à l'endroit où elle a atterri dans l'obstacle. La distinction est particulièrement importante si une balle arrive sur la terre ferme avant de rouler ou de tournoyer jusqu'à l'eau.

Le mieux consiste à vous rendre au point où la balle se trouvait pour la dernière fois sur la terre ferme ou au-dessus avant d'entrer dans l'eau. Déterminez également si ce point est compris dans une zone délimitée par des poteaux ou des lignes de couleur jaune ou rouge.

AUTRES OBSTACLES

Le seul autre «obstacle» officiellement considéré comme tel par les Règles de Golf est le bunker, qui est défini comme «une surface aménagée, souvent en creux, d'où le gazon ou la terre ont été retirés et remplacés par du sable ou un matériau similaire. Le terrain gazonné bordant ou situé à l'intérieur du bunker ne fait pas partie de celui-ci. La lisière d'un bunker se prolonge verticalement vers le bas, mais pas vers le haut».

Dans un bunker ou un obstacle d'eau, les règles n'autorisent pas un joueur à poser son club à l'adresse (voir page 202). Cette règle est couramment enfreinte quand, dans un bunker, un joueur adresse correctement la balle en tenant le club bien au-dessus du sable, mais ratisse accidentellement celui-ci à la montée au cours du backswing (voir page 140).

Cette faute peut être involontaire, mais constitue en tout état de cause une infraction aux Règles de Golf. Elle est sanctionnée par une pénalité de deux coups en stroke play et par la perte du trou en match play. Il convient donc de jouer avec précautions, le fait de sortir d'un bunker étant déjà suffisamment délicat en soi pour s'éviter des difficultés supplémentaires avant même d'avoir touché la balle.

Sortir du sable sans risques
Nick Faldo montre comment sortir sans risques du sable. Son club entre en contact avec le sable juste avant l'impact.

Noter les scores au golf

Il existe deux principaux systèmes de notation au golf. En match play, on comptabilise le nombre de trous gagnés ; en stroke play (ou medal play), le nombre de coups de la totalité du parcours. À côté de ces deux systèmes, il existe un certain nombre de variantes permettant à des joueurs de force différente de s'affronter, ce qui apporte à chacun un piquant supplémentaire.

Le stroke play joue encore un rôle très important dans le golf amateur. En général, les clubs organisent tous les mois des «médailles mensuelles» ainsi qu'un certain nombre d'autres compétitions en stroke play pendant la saison ; c'est par le biais de ces manifestations que l'on établit le handicap d'un joueur (voir page 209). Ce handicap sert à la fois pour un stroke play ou un match play, mais également pour un jeu noté selon le système Stableford, dans lequel le joueur joue contre un adversaire, mais aussi contre le par.

LE STROKE INDEX

Le Stroke Index d'un parcours de golf est un système de notation tenant compte du degré de difficulté présenté par un trou ; c'est un élément essentiel pour améliorer son handicap. Le trou ayant le Stroke Index n° 1 est donc le plus difficile, le n° 18 le moins délicat. Les joueurs à qui l'on accorde des coups les prennent aux trous correspondant au Stroke

Concéder un putt
En match play, un joueur peut concéder un putt à son adversaire plutôt que le forcer à terminer le trou. L'une des illustrations les plus célèbres et les plus «fair play» eut lieu au cours de la Ryder Cup de 1969 : Jack Nicklaus concéda à Tony Jacklin un putt de 3 pieds (90 cm), donnant ainsi à la rencontre un équilibre entre joueurs qui fut captivant.

Un génie universel
Aussi à l'aise en stroke play qu'en match play, le grand Walter Hagen remporta cinq fois le British Open, et gagna cinq fois aussi l'USPGA au temps où il s'agissait d'une compétition en match play.

Index, jusque, et y compris, au nombre égal à celui de leur handicap. Ainsi, un joueur qui a un handicap de sept se verra allouer des coups aux trous numérotés de 1 à 7 à l'Index.

En 1983, l'USGA a mis au point une variante de l'indexation des coups, le Slope System, destiné à donner une évaluation réaliste du niveau de difficulté d'un terrain. Ce système étalonne le parcours aussi bien pour le joueur moyen que pour le golfeur de haut niveau, en donnant des handicaps à la fois équitables et transférables à d'autres clubs. Il permet donc d'ajuster correctement le nombre de coups accordés à un golfeur ne jouant pas

LE SYSTÈME STABLEFORD

Le Stableford est un système de notation qui fut inventé en 1932 par Sir Frank Stableford, membre du Wallesey Golf Club (Angleterre). Les joueurs jouent individuellement contre le par d'un parcours sous handicap, et se voient affecter des points comme suit :

- Trou en un coup au-dessus du par = 1 point.
- Trou en un nombre de coups égal au par = 2 points.
- Trou en un coup au-dessous du par = 3 points.
- Trou en deux coups au-dessous du par = 4 points.
- Trou en trois coups au-dessous du par = 5 points.

Le gagnant est le joueur qui obtient le plus grand nombre de points. Si un joueur ne parvient pas à obtenir au moins un point pour un trou, il prend sa balle pour la placer au trou suivant.
Le système Stableford ainsi que ses nombreuses variantes permettent de jouer beaucoup plus vite qu'en stroke play ; de ce fait, il s'est largement répandu.

dans son club habituel. Sur un terrain plus difficile, les joueurs reçoivent plus de coups que d'habitude. À l'inverse, on accorde aux joueurs un nombre inférieur de coups sur un terrain considéré comme plus facile.

Depuis sa mise en œuvre, ce système a permis de réétalonner plus de 12 000 terrains aux États-Unis.

MATCH PLAY

C'est de loin la formule la plus populaire, notamment parce qu'elle est plus rapide que le stroke play. En match play, le trou est gagné par le joueur ou l'équipe qui fera le moins de coups. Si les deux adversaires sont à égalité sur ce trou, ils partagent.

Un match implique la détermination à l'avance d'un parcours ou d'un nombre de trous, le gagnant étant le camp qui gagne de plus de trous «up» qu'il en reste à jouer. Si tous les trous ont été joués et que les adversaires sont à égalité, le match se poursuit sur un certain nombre de trous jusqu'à ce que l'un des camps fasse la différence.

Les deux formes les plus courantes de match play sont le quatre-balles et le foursome, qui opposent deux joueurs à deux joueurs. Au fourball, le trou est gagné par celle des quatre balles qui fait le meilleur score. Au foursome, il n'y a qu'une seule balle par camp, les joueurs la jouant en alternance. Ces deux formules sont utilisées parallèlement aux rencontres individuelles dans le cadre des compétitions.

Match play
Nick Faldo prend sa ligne, lors de la Ryder Cup de 1989. Cette compétition est l'une des rares où les professionnels jouent en match play.

REMPLIR LA CARTE DE SCORE

La carte de score permet bien sûr de consigner les coups, mais donne aussi des informations intéressantes sur le terrain, comme par exemple les distances et les règles de jeu locales.

Votre score sera toujours inscrit par un marqueur, et il est donc toujours utile de vous assurer que la carte vous crédite du nombre exact de vos coups.

Longueur du tee
La plupart des parcours offrent l'occasion de jouer avec différents tees.

Longueur du trou
Longueurs des trous mesurées depuis les différents départs.

Stroke Index
Trous auxquels les coups alloués doivent être utilisés.

Scores
Colonne permettant de consigner le nombre de coups pour chaque trou.

Points obtenus
Colonne permettant de consigner le nombre de points pour chaque trou (cas d'un jeu par points).

Signatures
Une carte de score n'est valable que si elle est signée par le joueur et le marqueur.

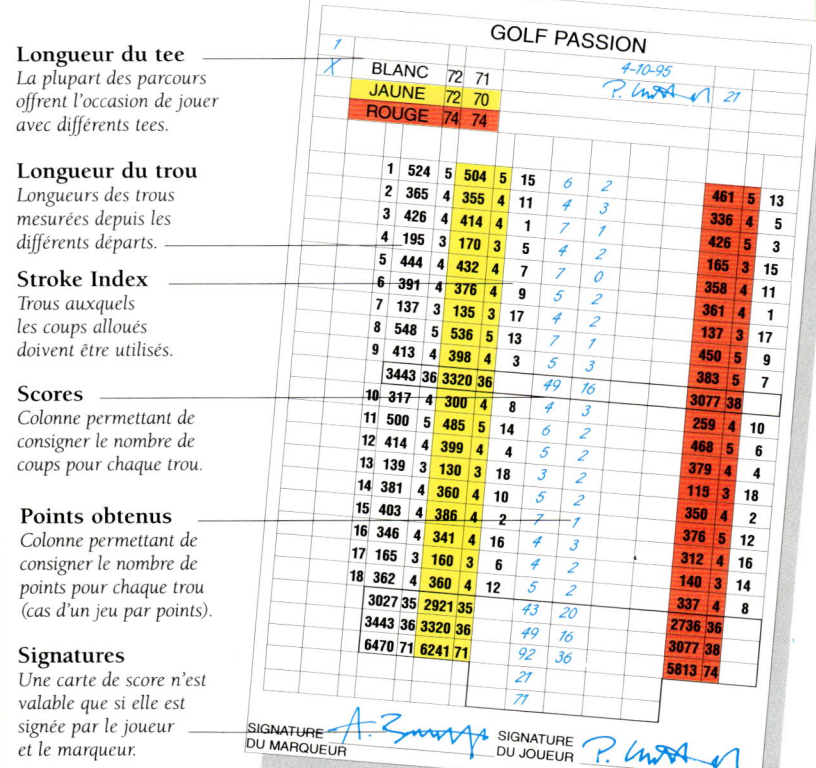

LE HANDICAP

Le handicap n'étant pas traité dans les Règles de Golf, il n'existe pas de système universel de détermination. Cependant, cette évaluation du handicap s'établit toujours en gros sur la base d'un «standard scratch score». Il s'agit du score que pourrait espérer faire un joueur de première classe dans des conditions normales.

Le handicap d'un membre d'un club donné se calcule sur la base de la moyenne de ses performances, comparée à un score standard. Le joueur en question se voit alors attribuer un certain nombre de coups correspondant au Stroke Index de chaque terrain sur lequel il jouera.

Au Royaume-Uni, l'évaluation du handicap ne se fait généralement que d'après les scores obtenus dans les compétitions ; aux États-Unis, en revanche, la réactualisation du handicap s'effectue après chaque tour. C'est l'USGA qui la première a mis au point au début des années vingt un système national d'évaluation du handicap ; elle dispose aujourd'hui d'une équipe, la Handicap Research Team, qui a pour mission de mettre à jour et d'améliorer les méthodes de notation du handicap, comme l'introduction du Slope System. Au Royaume-Uni, c'est le CONGU (Council of National Golf Unions) qui est chargé de toutes les questions relatives à l'évaluation et au contrôle des handicaps.

On peut également tenir compte des handicaps dans le cadre d'épreuves en match play : le nombre total de coups accordés à un joueur représente alors les trois quarts de la différence entre les handicaps.

GLOSSAIRE

A

Albatros : terme utilisé en Grande-Bretagne pour désigner un score de trois coups au-dessous du par. Aux États-Unis, ce score est appelé «double-eagle».

Approche : coup joué jusqu'au green depuis le fairway ou le rough.

B

Back nine : seconde série de neuf trous sur un parcours en comportant 18 ; on parle aussi de «retour».

Backswing : mouvement complet de montée du club depuis l'adresse, allant jusqu'au sommet du swing.

Balata : composant naturel ou synthétique utilisé dans le revêtement des balles de première qualité. Il est très apprécié par les joueurs de tournoi pour sa douceur et son élasticité qui permettent de travailler la balle.

Balle à noyau de caoutchouc : balle inventée en 1898 par Coburn Haskell et qui révolutionna alors le golf. Cette balle, appelée aussi Haskell Ball, se composait d'un noyau en caoutchouc solide autour duquel était enroulée une très grande longueur de fil élastique sous tension, recouvert par de la gutta-percha. Ce type de balle remplaça la «guttie».

Balle de plumes (feathery) : ancien type de balle consistant en une poche de cuir remplie de plumes bouillies. Ce type de balle, très fragile, fut progressivement remplacé, à partir du milieu des années 1880, par les balles en gutta-percha, moins onéreuses par ailleurs.

Balle Haskell : nom de la première balle à noyau élastique, qui fut inventée en 1898 par l'Américain Coburn Haskell.

Bent grass (agrostide) : type d'herbe fine qui constitue un gazon idéal sur les greens. Cette plante supporte mal les climats chauds.

Birdie : terme utilisé pour désigner, sur un trou, un score de un au-dessous du par.

Bogey : terme utilisé pour désigner, sur un trou, un score de un au-dessus du par.

C

Carry : distance entre le point d'où une balle est jouée et le point où elle touche le sol.

Chip : approche roulée vers le trou en partant du bord du green.

Coupé (coup) : effet qui fait tournoyer la balle dans le sens des aiguilles d'une montre et donne une trajectoire infléchie de gauche à droite. Il peut être ou non volontaire.

D

Divot : touffe de gazon arrachée par la tête du club.

Dogleg : trou qui change brusquement de direction en plein milieu, normalement dans la zone de réception du driver. L'inclinaison peut être à droite ou à gauche.

Dormie : en matchplay, désigne la situation dans laquelle le camp (d'un ou deux joueurs) mène d'autant de trous qu'il en reste à jouer, et ne peut donc plus être battu.

Double-eagle : terme utilisé aux États-Unis pour désigner un score de trois coups au-dessous du par. En Grande-Bretagne, ce score est appelé «albatros».

Downswing : mouvement de descente du club depuis le sommet du backswing jusqu'à l'impact.

Draw : coup délibéré frappé avec un effet de droite à gauche (dans le cas d'un droitier) et qui infléchit de droite à gauche la trajectoire de la balle. Réalisé involontairement, ce coup s'appelle un hook

Driver : club comportant un long manche et un loft fermé, permettant à la balle de parcourir la plus grande distance depuis le tee.

E

Eagle ; terme utilisé pour désigner, sur un trou, un score de deux au-dessous du par.

F

Fade : coup délibéré joué avec un effet de gauche à droite (dans le cas d'un droitier) et qui infléchit de gauche à droite la trajectoire de la balle. Réalisé involontairement, ce coup s'appelle un slice.

Fairway : zone située entre le tee et le green et revêtue d'un gazon tondu très court ; elle est bordée soit par une herbe plus longue, appelée semi-rough, soit par de l'herbe non coupée appelée rough.

Follow-through : mouvement final de remontée du club sur la gauche (pour un droitier) après l'impact.

Fourball : match opposant deux paires, dans lequel chacun joue avec sa propre balle.

Foursome : match opposant deux paires, les deux joueurs composant la paire jouant alternativement la même balle ; l'un drive les trous impairs, l'autre les trous pairs.

Front nine : les neuf premiers trous d'un parcours en comportant 18 ; on parle aussi d'«aller».

G

Grand Triumvirat : nom donné à un groupe de trois éminents professionnels britanniques qui dominèrent le golf avant la Première Guerre mondiale : James Braid, J.H. Taylor et Harry Vardon.

Graphite (fibre de carbone) : matière à base de carbone qui, quand elle est liaisonnée en couches, donne un matériau résistant et très léger, idéal pour les manches de club. Son utilisation progresse aussi pour les têtes de clubs.

Green : zone revêtue d'un gazon tondu ras, spécialement aménagée pour le putting et où se trouve le trou. Le green est séparé du fairway par un «apron», frange de gazon plus long que celui du green mais plus court que celui du fairway. À l'origine, le terme green désignait le parcours tout entier : un tournoi en trois greens comportait donc trois parcours.

Grip entrecroisé : technique de prise en main du manche du club, dans laquelle le petit doigt de la main droite s'intercale entre les doigts de la main gauche (et inversement pour un gaucher). Ce type de prise en main, qui assure un grip ferme, est généralement apprécié par les joueurs ayant de petites mains ou des doigts courts.

Grip superposé : autre terme pour désigner le Vardon grip.

Guttie : balle apparue en 1848 et réalisée en gutta-percha, substance élastique obtenue à partir du latex que donne un arbre de Malaisie.

H

Handicap : système qui retranche des coups du score des joueurs plus faibles et qui permet à des golfeurs de forces différentes de jouer les uns contre les autres sur des bases d'égalité théorique.

Handicap plus : le score des joueurs qui ont + 1, + 2 ou + 3 hcp est régulièrement inférieur au standard scratch score de terrain. Au lieu de retrancher leur handicap de leur score brut, on l'ajoute donc.

Honneur : un joueur ayant l'honneur est celui qui joue le premier le coup du départ du trou.

Hook : coup déviant la trajectoire vers la gauche, provoqué par l'effet de rotation de la balle dans le sens inverse des aiguilles d'une montre.

L

Lie : situation dans laquelle se trouve une balle au repos, une fois jouée. Le lie peut être bon ou mauvais selon que la balle est plus ou moins enfoncée dans l'herbe, ou dans le sable si elle est dans un bunker.

Lie perché : situation dans laquelle la balle s'immobilise dans le rough légèrement suspendue au-dessus du sol.

Lie pluggé : situation dans laquelle la balle se trouve enfoncée dans son propre pitch. Elle doit alors être jouée ensuite depuis cette position, sauf si une Règle Locale autorise de la relever et de la dropper sans pénalité.

Links : Terrain situé en bordure de mer et aménagé en parcours de golf. La configuration propice est généralement assez plate, avec des dunes de sable revêtues de plantes résistant au sel. Le terme provient probablement du verbe anglais *to link* (relier), car un links fait la jonction entre la laisse et les terres agricoles, siuées plus en retrait.

Loft : angle formé par la face de la tête de club avec la verticale. Le loft augmente en même temps que les numéros des clubs et donne une trajectoire plus haute mais une moindre distance.

LPGA : acronyme de Ladies Professional Golf Association.

M

Matchplay : forme de compétition dans laquelle le gagnant se détermine par le nombre de trous perdus ou gagnés et non par le nombre total de coups, comme c'est le cas dans d'autres formes de compétitions. Chez les professionnels, le matchplay est moins joué que le medal play ou strokeplay.

Medal play : synonyme de strokeplay.

P

Par : score standard estimé pour un trou, basé sur la longueur du trou et sur le nombre de coups qu'il demanderait à un joueur de première catégorie dans des conditions normales.

PGA : acronyme de Professional Golfers' Association.

Pitch : coup lofté vers le green. La balle a de l'effet et roule peu.

Pitch and Run : la balle peut être levée, mais elle roule après l'impact sur le sol.

Plus Handicap : handicap inférieur au scratch score du parcours. Les joueurs disposant d'un Plus Handicap ont des coups additionnés à leur score, car ils battent régulièrement le scratch score standard en medal play.

R

Rough : zone comportant une herbe non tondue en bordure du fairway et qui sanctionne les écarts de trajectoire.

S

Sand wedge : club extrêmement lofté, désigné également sous le nom de «sand iron», et comportant une épaisse semelle conçue pour sortir la balle d'un bunker en la faisant

rebondir. C'est au joueur américain Gene Sarazen que l'on doit son invention.

Scratch : le score d'un golfeur scratch équivaut à celui du scratch score du parcours. Le joueur scratch donne des coups à tous les joueurs ayant un handicap plus haut et reçoit des coups de la part des joueurs ayant un Handicap plus.

Slice : la trajectoire de la balle est fortement déviée à droite (pour un droitier) en raison de l'effet de rotation donné à la balle qui tourne sur elle-même dans le sens des aiguilles d'une montre.

Socket : coup raté dans lequel la balle est généralement frappée avec le talon d'un fer.

Splash : coup joué d'un bunker, dans lequel le sand wedge pénètre dans le sable avant de frapper la balle et dégage celle-ci dans une explosion de sable.

Strokeplay : forme de compétition dans laquelle le gagnant se détermine par le nombre total de coups. Chez les professionnels, elle a nettement supplanté aujourd'hui le traditionnel matchplay.

Stymie : autrefois, mais au match-play seulement, le joueur n'était pas autorisé à faire marquer la balle de son adversaire lorsque, sur le green, elle interférait avec sa ligne de putt. Pour parvenir au trou, la trajectoire de son putt était donc tenue d'«enjamber» la balle qui l'avait «mis stymie».

Surlyn : marque d'une résine thermoplastique similaire au balata naturel et utilisée dans la fabrication des balles. Très élastique, cette matière est pratiquement indestructible sous le choc des clubs.

Sweet spot : point très précis sur la face d'un club, généralement situé au centre, qui permet d'exercer sur l'arrière de la balle la plus grande masse. Une balle tapée par ce point parcourra une plus grande

distance que si elle est frappée par une autre partie du club.

Swing : course complète du club depuis l'adresse et jusque après l'impact.

T

Takeaway : amorce du backswing. Il correspond en gros aux cinquante premiers centimètres du backswing.

Tee : zone revêtue de gazon tondu très ras, d'où l'on met la balle en jeu à chaque trou. C'est ce même terme qui est utilisé pour désigner le petit support de balle.

Tête creuse (ou évidée) : tête de fer dont le poids est réparti à la périphérie de la tête de façon à créer un plus grand sweet spot.

Top : coup dans lequel le club frappe le haut de la balle, ce qui fait rouler celle-ci sur le sol.

Trou : terme général désignant toute la région située entre le tee et le green ; mais le terme désigne également la cible à atteindre, dont le diamètre normalisé est de 4 1/4 pouces (10,7 cm).

U

USGA : acronyme de United States Golf Association, qui est l'organisme suprême régissant le golf aux États-Unis et au Mexique.

USPGA : acronyme de United States Professional Golfers' Association.

V

Vardon grip : méthode de prise en main du manche du club, dans laquelle le petit doigt de la main droite vient recouvrir l'index de la main gauche (et inversement pour les gauchers). Elle fut popularisée, mais non inventée, par Harry Vardon. On l'appelle également grip superposé.

INDEX

REMERCIEMENTS

Remerciements de l'auteur

Il est bien évident que si ce livre a pu voir le jour, c'est grâce à l'assistance et au soutien de très nombreux contributeurs auxquels je souhaite exprimer mon immense gratitude.

Je suis très reconnaissant à David Lamb (Dorling Kindersley) de m'avoir encouragé dans la mise au point de mon projet, ainsi qu'à James Harrison pour sa contribution assidue dans ses premières phases ; à David Preston, j'exprime mes plus chaleureux remerciements pour son stoïcisme envers son auteur. Je suis tout particulièrement reconnaissant envers Arthur Brown (Cooling Brown), dont la contribution a été essentielle dans le développement du projet et dont l'amitié ne s'est jamais démentie. Alistair Plumb, de son côté, a fait un remarquable travail de conception dont je lui suis très reconnaissant.

J'ai également eu la chance de bénéficier de l'assistance technique de Steve Newell : son savoir-faire et son soutien m'ont été très précieux.

J'exprime également ma gratitude à Mr Jamie Patino et à toute son équipe pour avoir autorisé des prises de vues dans son superbe club de Valderrama, à Charlotta Sorenstam qui s'est prêtée avec tant de charme aux photographies, et à Dave Cannon (Allsport) qui a réalisé celles-ci. J'adresse aussi des remerciements tout spéciaux à Steve Gorton et à son équipe pour leur contribution en studio et à Ted Pollard et Mike Wood pour leur assistance très experte.

Pour terminer, il me reste à témoigner d'une gratitude toute particulière envers Jane McCandlish, dont l'indéfectible soutien et les attentions continues ont été déterminantes pour que ce livre puisse voir le jour, ainsi qu'envers mes excellents amis, les Docteurs Ian Wallace et Charlie Croll, qui ont beaucoup apporté au livre grâce à leurs défis régénérateurs sur le links du Lundin Golf Club.

Remerciements de l'éditeur

Dorling Kindersley exprime sa reconnaissance aux personnes physiques et morales qui ont bien voulu lui prêter leurs équipements de golf : The David Leadbetter Academy, Chart Hills, Footjoy, Proquip, Harold and Alma Swash (Align Engineering Ltd), Roy Stirling (Silvermere Golf Club), Titleist, Wilson Sporting Goods.

L'Éditeur exprime également sa gratitude aux clubs qui lui ont fourni des références et informations particulièrement utiles : Augusta National Golf Club , The Belfry, Pebble Beach Golf Links (Pebble Beach et Pebble Beach Golf Links sont des marques déposées de Pebble Beach Company), Royal Liverpool Golf Club, Turnberry Hotel and Golf Courses.
Ainsi qu'aux personnes physiques et morales pour leur contribution à la parution de ce livre : Biovision, Bernard Cooke, pour le prêt de ses films pédagogiques, the PGA European Tour, toute l'équipe de l'USPGA, Matthew Farrand et Andrea Sadler, pour leur assistance éditoriale, The Maltings Partnership, pour leurs illustrations, Arthur Phillips pour la mise en page, Libby Pepper et Strokesaver. L'impulsion artistique et éditoriale de Roger Tritton, Tracy Hambleton-Marsh et Bob Gordon nous ont également été d'un précieux secours.

Crédits photographiques

(Abréviations : b = bas, c = centre d = droit, g = gauche, h = haut)
Photothèque A. Orloff, 13b. Allsport, 28g, 28hd, 45bd, 46hg, 69hg, 76bc, 94g, 147hd, 177c, 183h, 183b, 195h, 195b, 199h, 202b, 203hg, 203hd, 203b, 209h. Allsport/Hulton Deutsch, 15hg, 16hg, 16hd, 16bg, 17hg, 17hd, 17bd, 19h, 20g, 22b, 26h, 26b, 45bg, 47hg, 47hd, 135hd, 205bg. Allsport/MSI, 188g, 189d. Howard Boylan/Allsport, 21d, 76bg, 107bd, 201b. Simon Bruty/Allsport, 35hg, 45hg, 46bg, 78hd, 143bg. Dave Cannon/Allsport, 6, 23hd, 29hd, 30–31, 32hg, 38hg, 40hg, 46hd, 47bg, 47bchd, 58–59, 59hd, 68hg, 68hd, 68b, 69g, 69bd, 69hd, 71bg, séquence 73bg, séquence 78–79, 79hg, séquence 80hg, séquence 83hd, séquence 84hd, séquence 87bg, 88hd, séquence 90–91, 91hg, 99hd, 99hc, séquence 101bd, 104hd, séquence 104–105, 105hg, séquence 109bd, séquence 114–115, séquence 117d, séquence 119hd, 120b, 122hg, 124hd, séquence 124–125, 126hd, 128hd, séquence 129hd, 130bd, 133hd, séquence 139, séquence 141hd, 142c, 142hg, 143hg, 144hd, 148hd, 153hd, séquence 156–157, 157hd, 158bg, 159hd, 162bg, 163hd, 164bg, 165hg, séquence 166–167, 167hg, 168hd, 170hd, 172hd, 176b, 178h, 179c, 184, 185h, 190b, 201h, 204h, 207h. Russell Cheyne/Allsport, 97hg. Phil Cole/Allsport, 39hd. Mike Cooper/Allsport, 84hd. John Gishigi/Allsport, 177h, 206b. Michael Hobbs/Allsport, 186b. Phil Inglis/Allsport, séquence 136. Rusty Jarrett/Allsport, 114hd. Trevor Jones/Allsport, 161hd, 175, 192h, 193h. Joe Mann/Allsport, 177b. James Meehan/Allsport, 190/1. Steve Munday/Allsport, 23hg, 36bd, 44bg, 90hd, 103hd, séquence 106g, 113hd, 115hg, 151hd, 155hd, 176h, 200h, 205h, 206h, 207b. Adrian Murrell/Allsport, 47bd. Jon Nicholson/Allsport, 44hg. Gary Newkirk/Allsport, 156hd, 166hd. Gary Prior/Allsport, 142bg. Dave Rogers/Allsport, 174–175. Pascal Rondeau/Allsport, 42–43, 142bd. Dan Smith/Allsport, 143hd. Anton Watt/Allsport, 44d, 69hc, 99hg. Sarah Baddiel, 14h, 14b, 15g, 15hd, 21b, 24hg, 24d, 25bd. Colorsport, 23bg, 187h. Frank Gardner, 208b. Golf World, 18h, 24b. Imperial Tobacco, 25h. Jollands Editions, 18g. Lawrence Levy, séquence 121hd. London News Agency, 20d. G. Low, 93bg. Brian Morgan, 181hg, 182b, 187d, 189g. Popperfoto, 21h, 22h, 48hd, 180h, 208h. Phil Sheldon, 46bd, toutes séquences 62–63, 89hd, 178b, 185b, 191, 193b, 194h, 196–197, 198hg, 200b, 204b, Sothebys, 15bd, 31h. USGA, 19b, 181hd, 198b, 199b.